당신이
먼저
회사를
잘라라

성공적인 직장생활과 행복한 삶을
위한 방향성을 제시한다

당신이
먼저
회사를
잘라라

임규남 지음

좋은땅

《회사가 키워 주는 신입사원 비밀》, 이 책은 지금으로부터 약 10년 전, 사회에 첫발을 내딛는 새내기 직장인을 위하여 출간되었다. 시골에서 가전제품을 판매하는 영업사원으로 첫 직장생활을 시작했던 필자가 외국계 기업의 사장으로 도약하기까지 경험했던 이야기들을 이제 막 직장생활을 시작한 신입사원들에게 들려주고 싶었다. 적잖은 독자들이 필자의 이야기에 공감해 준 덕에 강산이 변할 법한 지금까지도 지속적인 관심과 사랑을 받고 있는 사실에 그저 감사할 따름이다. 독자들 가운데 어떤 이는 블로그나 SNS 등을 통해 과분할 정도로 긍정적인 서평을 남겨 주었고, 어떤 이는 이메일로 격려의 메시지를 보내 주기도 했으며, 또한 어떤 이는 직접 대화를 나누고 싶다며 먼 길을 마다하지 않고 일터까지 방문해 주기도 했다.

그들 가운데 어떤 이는 대리 또는 과장으로 승진을 하기도 했고, 어떤 이는 첫 직장에서 상사와의 갈등 때문에 다른 회사로 옮겨야 했으며, 어떤 이는 다니던 직장을 그만두고 사업을 준비하고 있다고 했다. 그들이 직장 내에서 승승장구하고 있든지, 혹은 다니던 직장을 그만두려고 계획하고 있든지 간에 공통점이 하나 있는데, 그것은 바로 그들이 직장생활을 매우 힘들어하고 있다는 것. 회사에서 인정을 받고 있든지 못 받고 있든지 지금의 직장생활이 행복하지 않다는 것이다. 삶의 무게가 점점 무겁게만 느껴지기도 하고, 만성피로를 경험하기도 하며, 점점 쌓여만 가는 스트레스는 감당이 되지 않을 정도라고 한다. 특히 코로나19로 인한 팬데믹 현상이 지속되고 있는 상황에서 불확실한 미래에 대한 두려움 때문에 하루하루 살얼음 위를 걷고 있는 것만 같다고 한다. 어차피 해야만 하는 직장생활을 어떻게 하면 좀 더 보람 있고 행복하게 할 수 있을지에 대한 고민이 머릿속에서 잠시도 떠나지 않는다고들 한다. 내일 당장이라도 직장을 때려치우고 싶은 마음이 굴뚝 같은데, 대체 언제 사표를 던져야 할지, 어느 회사로 언제 옮겨야 할지, 사표를 내기 전에 무엇을 어떻게 준비해야 좋을지 잘 모르겠다는 것이다.

현재 경희대학교 테크노경영대학원에서 직장인들을 대상으로 MBA 과정을 지도하고 있는 필자는 한동안 그들의 절규에 가까운 소리를 마치 못들은 척 외면해 왔다. 불확실한 미래에서 방황하고 있는 젊은 직장인들에게 적잖은 도움을 줄 수 있는 메시지들이 분명히 있음에도 불구하고, 마치 강 건너 불구경하듯이 수수방관해 왔다. 지난 10년 동안 학부생들과 대학원생들을 위한 수업준비를 위해 수없이 많은 논문과 책을 섭렵한 덕에 그들과 나눌 수 있는 자료가 방대함에도 불구하고 그 자료들을 그저 노트북의 하드 드라이브에 차곡차곡 쌓아 두기만 했다. 특히 경영대학원에서 필자의 강의를 수강했던 학생들의 대다수는 크고 작은 기업에서 중추적인 역할을 하고 있는 경영자나 중간 관리자들이었는데, 그들과 함께 수업 시간에 공유했던 다양한 경험담들은 참으로 값진 것들이었다. 또한 국내 기업과 외국계 기업의 초청으로 틈틈이 진행했던 외부 강연을 통하여 엿볼 수 있었던 직장생활의 트렌드는 나에게 늘 변화관리의 중요성을 일깨워 주었다. 요약해서 말하자면, 장차 대한민국을 이끌어 나갈 젊은 직장인들에게 전해 줄 수 있는 가치 있는 메시지, 보다 성공적인 직장생활을 할 수 있는 가이드라인, 그리고 행복한 삶을 유지할 수 있는 노하우들을 충분히 준비해 왔던 것이다.

그런데, 시간이 흐르면 흐를수록 '앞으로는 불특정 다수를 위한 책은 쓰지 말아야겠다'는 생각이 점점 굳어져 갔다. '주어진 업무에 만족하고 괜히 욕 먹을 짓하지 말자'라는 생각에 집필을 미루고 또 미루었다. 그것은 바로 두려움 때문이었다. 괜히 젊은이들을 위한 조언이랍시고 어쭙잖은 훈계를 늘어놓았다가 속칭 '꼰대'라는 비난을 받을 것만 같은 생각이 들었다. 유명한 기업의 최고경영자 출신도 아니고, 그렇다고 연구실적이 남다른 학자도 아닌 일개 교수의 목소리에 귀를 기울여 줄 직장인들이 과연 몇이나 될까? 하는 걱정스러움이 계속되었다. 또한 불혹의 나이를 훌쩍 넘겨 벌써 지천명에 이른 소위 X세대의 이야기에 대해 과연 MZ세대가 얼마나 공감할 수 있을까? 하는 의구심도 시시각각으로 들었다. 나는 이렇게 이런저런 핑계를 대가며 지난 10년 동안 집필을 미루고 또 미루기만 했다. 따라서 내가 이 책을 펴내기로 마음먹기까지는 엄청난 양의 용기가 필요했는데, 그 용기는 보다 행복한 직장생활을 갈망하는 수많은 직장인들의 소리를 경청함으로써 얻을 수 있었다. 그들이 나에게 준 용기는 '꼰대의 잔소리쯤으로 받아들이면 어떡할까?' 하는 두려운 마음을 이기고도 남음이 있었다.

이 책은 성공적인 직장생활과 행복한 삶을 추구하는 사람들에게 직장생활에 대한 방향성을 제시해 주고, 그 과정에서 직장인들이 꼭 습득해야 할 가이드라인을 제공하기 위해 기획되고 집필되었다. 따라서 이 책은 필자가 국내외 기업의 업무 현장에서 직접 체험한 20여 년 동안의 경험, 대학캠퍼스에서 10년 동안의 연구, 그리고 기업의 최고경영자에서 사원에 이르기까지 수백 명의 인터뷰를 통해서 얻은 결과물이다.

이 책의 제1부는 사표에 관한 이야기다. 바야흐로 4차 산업혁명 시대를 맞이하여 다양한 분야에서 경력 있는 직원들에 대한 수요가 급증하고 있는 추세다. 따라서 신입사원보다 경력사원을 더 많이 채용하는 기업들이 점점 더 늘어나고 있지만, 일반직장인들에게는 언제 어떻게 무엇을 준비하여 이직을 해야 할지에 대한 정보가 턱없이 부족하다. 따라서 이 책의 첫 부분에서는 사표와 관련한 전반적인 내용을 다루고자 한다. 사표의 진정한 의미는 무엇이고, 사표를 내는 과정에서 자신이 왜 주도적인 역할을 해야 하며, 지금 다니고 있는 회사에 사표를 던져야 하는 베스트 타이밍은 언제인가에 관한 이야기가 구체적으로 전개된다.

제2부는 보다 성공적인 직장생활을 하기 위해 꼭 필요한 가이드라인에 관한 이야기다. 직장을 선택하는 기준을 먼저 다룰 예정인데, 이직을 할 경우에는 '자신만의 분명한 기준을 세우고 신중하게 선택해야 한다'는 메시지를 담고 있다. 이어서 직장생활을 구성하고 있는 필수

요소들, 즉 승진과 연봉, 상사와의 갈등, 스트레스, 리더십, 커뮤니케이션, 비즈니스 매너 등에 대한 이야기들이 사례 중심으로 전개된다. 가급적 필자의 얄팍한 지식은 최소한으로 줄이고, 각 분야별 전문가들의 연구결과에 관한 정보를 충실하게 제공하고자 한다. 제2부에 소개되는 각 영역을 확실히 숙지하고 하나씩 실천에 옮기게 된다면, 머지 않아 강력한 경쟁력을 갖춘 직장인으로 변신한 당신의 모습을 보게 될 것이다.

제3부는 '더 나은 나', 그리고 '보다 성공하는 직장인'이 되기 위해 꼭 필요한 자기계발에 관한 이야기다. 시중에 자기계발을 다룬 서적들이 헤아리기 힘들 정도로 많이 출간되었을 뿐만 아니라, 자기계발을 위해서는 이런저런 것들을 실천해야 한다면서 너도나도 목청을 높이고 있는 게 현실이다. 따라서 이 책의 3부에서는 기존의 자기계발서들이 다루고 있는 잡다한 내용들을 과감하게 생략하고, '시간'과 '영어'에 관한 이야기에 집중하고자 한다. '시간을 효과적으로 관리하는 비법', 그리고 '토종으로서 영어를 사냥하는 비법', 바로 이 두 가지 비법이 글로벌 시대에서 무한경쟁을 펼치고 있는 대한민국 직장인들에게 꼭 필요한 절대불가결의 요소라는 사실을, 비로소 30년이라는 긴 직장생활을 통해서 절실히 깨달았기 때문이다.

코로나19 사태를 계기로 더욱더 변화무쌍한 시대에 살고 있는 우리 모두는, 현재 자신의 지위가 대기업의 최고경영자이든 중소기업의 말단 사원이든지 간에, 누구나 다 크고 작은 두려움을 느끼며 살아가고 있다. 이 세상에는 그 두려움 때문에 주저하고 퇴보하는 직장인이 있는가 하면, 그 두려움으로 인하여 스스로에게 강력한 동기를 부여하여 더욱더 성장하고 발전하는 직장인이 있다. 부디 이 한 권의 책을 통하여 자신의 비전을 더욱 확실히 만들고, 이제 더 이상 불확실한 미래를 두려워하지 않으며, 보다 성공적인 직장생활을 통하여 행복한 삶을 추구하는 여러분이 되길 바란다.

2021년 가을 경희대학교 국제캠퍼스 연구실에서 저자 씀

성공적인 직장생활을 위한 노하우

제2부

제 1 부

사표학 개론

당 신 이 먼 저 회 사 를 잘 라 라

1

당신이 먼저 회사를 잘라라

이 취업난 속에서 마치 정신 나간 소리처럼 들릴 것이다. 회사에 매달려도 부족한 판에 회사를 자르다니 대체 무슨 뚱딴지 같은 소리인가? 특히 대학을 갓 졸업하고 현재 구직 중에 있거나 최근에 직장을 잃은 독자라면 매우 껄끄러운 소리로 들릴지도 모르겠다. 그렇다면 독자 스스로 다음과 같은 질문을 한번 해 보라.

'회사가 나를 먹여 살리고 있는가?'
'내가 회사를 먹여 살리고 있는가?'

마치 정답이 없는 우문처럼 들리겠지만, 위의 질문에 대한 분명한 답은 '내가 회사를 먹여 살리고 있다'이다. 이유는 매우 간단하다. 회사에 속하지 않는 개인은 존재할 수 있으나, 직원이 없는 회사란 존재할 수 없기 때문이다. 그것이 제조업이든 금융업이든 간에 제품을 만들고 서비스를 제공하는 조직 구성원이 없이는 그 어떠한 기업도 존재할 수가 없다. 연구소에서 제품을 개발하는 연구원, 디자인을 담당하는 직원, 공장에서 생산하는 직원, 고객들을 발굴하고 제품을 판매하는 영업사원, 그리고 사후처리를 담당하는 서비스요원이 있기 때문에 삼성전자도 존재하고 현대자동차도 존재하는 것이다. 적게는 수십 명, 많게는 수만 명에 이르는 조직 구성원들이 각자의 분야에서 기업활동을 하고 있기에 회사가 존재할 수 있다는 이야기다. 회사를 구성하고 있는 직원들이 이익을 창출하는 활동에 기여하고 있기 때문에 기업이 존재할 수 있는 것이다.

그런데 현실은 어떤가? 기업은 필요할 땐 사람을 뽑고 필요 없을 땐 사람을 잘라 버리는 주체가 되어 버린 지 오래다. 기업과 근로자 간의 불평등한 채용공식이 너무도 오랜 기간 동안 정착되어 버렸기 때문에 근로자들은 '기업의 필요에 의해서 채용되었다가 기업의 요구에 의해서 떠나야 한다'는 지극히 수동적인 자세를 취해 왔던 게 사실이다. 따라서 근로자 자신이 기업의 수익창출과정에 얼마나 기여하고 있는지도 모르고, 자신이 얼마나 회사에서 필요한 존재인지도 모르는 채 그저 매달 급여통장에 자동으로 이체되어 오는 급여에 만족하고 감사하면서 살아가는 것이다. 특히 기업들이 경기침체와 장기불황이라는 명목으로 구조조정이라는 무기를 휘둘러 댈 때는 바로 그 기업을 먹여살려 왔던 근로자들은 비명소리 한번 제대로 질러 보지도 못한 채 쓰러지고 마는 것이다. 무능력하고 탐욕스러운 경영인들 때문에 얼마나 많은 근로자들이 길거리로 내몰리고 경제적으로 어려움을 겪고 있는지 헤아릴 수가 없다.

회사를 자른다는 것은 회사에 사표를 제출한다는 말인데, 사표(辭

表)의 사전적 의미는 '직책에서 사임하겠다는 뜻을 적어 내는 문서'이다. 근로자에 대한 해고는 기업이 주체가 되지만, 기업을 상대로 하는 사표는 근로자 개인이 주체가 된다. 1960~1970년대 급속한 성장을 했던 우리나라의 기업문화에서 사표는 다분히 부정적인 의미로 받아들여졌던 게 사실이다. 사표를 터부시했을 뿐만 아니라, 사표는 조직에 대한 배신행위로 간주하기도 했고, 직장에 사표를 내는 사람에 대해서는 색안경을 끼고 바라보는 게 일반적인 현상이었다. 기업이 주체가 되어 직원을 내보낼 때는 어쩔 수 없는 경영환경 탓을 하며 관대하게 받아들여진 반면, 개인이 주체가 되어 회사를 떠날 때면 비판과 오해를 감수해야 했던 경우가 많았다. 같은 유부남의 처지에 바람을 피웠는데, '남이 하면 불륜, 내가 하면 로맨스'라는 이중 잣대로 평가되었다는 이야기다. 취직은 희망과 긍정의 의미를, 사표는 절망과 부정의 의미로 받아들여지고 있으며, 사표라는 말을 꺼내는 것 자체가 가족 구성원들에게 걱정과 부담을 주는 것처럼 되어 버렸다.

지금 혹시 당신은 당신이 잘하지도 못하고, 하고 싶지도 않은 일을 억지로 하고 있지는 않은가? 과중한 업무와 반복되는 야근으로 혹시 당신의 건강을 심각하게 위협받고 있지는 않은가? 쌓여만 가는 업무 스트레스 때문에 간혹 자살충동을 느끼는가? 회사 업무에 쫓긴 나머지 가족을 돌볼 시간이 전혀 없는가? 당신의 그 바쁜 일정이 부부간 부모 자식 간 대화의 기회마저 빼앗고 있지는 않은가? 당신은 생계만을 유일한 목적으로, 그저 오로지 먹고살기 위해서 직장생활을 하고 있는가? 현재 다니고 있는 직장이 당신의 존재가치를 반복적으로 무시하고 있는가?

만약 그렇다면 지금 이 순간, 당신은 사표를 한 번쯤 신중하게 고려해 볼 필요가 있다. 사표의 진정한 의미는 새로운 출발이다. 사표는 인생의 끝이 아니라 새롭게 인생을 시작하는 것이다. 해고는 기업이 주체가 되지만, 사표는 내가 주체가 된다. 사표는 내가 나의 인생을 나의 의지대로 새롭게 출발하기 위한 도전이고, 희망이며 비전인 것이다. 나는 이 세상에서 가장 귀하고 소중한 존재로서 나의 건강과 자아실현을 위해서, 그리고 어제보다 더 나은 나를 위해서 사표를 낼 수 있는 주체가 된다. 사표는 회사에 의해서 강요되는 것이 아니라, 나와 내 가족의 행복을 위해서 내가 행사할 수 있는 권리인 것이다.

대학강단에서 10년 째 '조직행동론'이라는 과목을 강의하고 있는 필자는 조직이 갖고 있는 본질적인 속성 가운데 '배신하는 속성'을 꼭 기억할 것을 학생들에게 강조한다. 이 세상에 영원한 조직은 단 하나도 없으며, 조직은 언젠가 구성원들을 배신하게 되어 있다. 요즘 아무리 잘나가는 기업도 10년 후, 또는 20년 후에 어떠한 모습으로 변하게 될지 예측하기 쉽지 않다. 기업이 잘나갈 때야 직원들에게 급여도 제때 주고, 때로는 두둑한 보너스를 챙겨 주기도 하며, 마치 직원들의 생계를 평생 책임질 것처럼 대한다. 하지만, 기업의 경영여건이 악화되면 악화될수록 직원들을 '내가 언제 그랬냐?'는 식으로 대하기 마련인데, 기업도 우리 인간과 마찬가지로 생존의 욕구에서 자유로울 수 없기 때문이다. 치열한 글로벌 경쟁에서 기업이 생존하기 위해서는 이익을 지속적으로 발생시키고 유지해야 하는데, 우리 인간이 생로병사의 과정을 겪듯, 이 세상에 존재하는 모든 기업은 흥망성쇠의 과정을 필연적으로 겪게 되어 있다. 한때 대한민국 재계서열 3위였던 대우그룹이 그랬고, 〈포춘〉이 '미국에서 가장 혁신적인 기업'으로 6년 연속 선정했던 엔론(Enron Corporation)이 그랬으며, 100년이 넘는 역사를 자랑했던 세계적인 면도기 회사 질레트(The Gillette Company)가 그랬다.

근로자가 조직에서 퇴출될 때까지 그 조직에서 버티게 되면 조직에게도 손해가 되고 근로자에게도 손해가 된다. 물론 고용주가 불법적인 방법으로 근로자를 해고할 경우 법적으로 대응할 수도 있겠지만, 조직에서 그 누군가를 내보내려고 한다는 것은 그 구성원의 이용가치가 이미 상실했다는 것을 의미한다. 조직이 당신을 배신하는 그날이 올 때 가만히 넋 놓고 있지 말라. 조직에서 맡은 임무를 오늘 충실히 수행하되, 언젠가 소리 없이 찾아올 변화에 능동적으로 대처하기 위해서는 반드시 내일을 준비해야 한다. 일할 수 있는 직장이 있음에 기뻐하되 만족하지 말고, 회사가 꼬박꼬박 주는 급여에 감사하되 조직을 완전히 믿지는 말라. 나를 보호해 주고 있는 조직에 소속감을 갖되 그 조직이 나를 영원히 필요로 할 것이라는 착각은 하지 말라. 준비하고 또 준비하라. 그리고 때가 되거든 당신이 먼저 회사를 잘라라. 회사가 당신을 자르기 전에.

2

사표를 두려워하지 마라

멕 휘트먼(Meg Whitman)은 경매사이트 '이베이(eBay)'를 CEO 취임 4년 만에 20조 원 회사로 키운 여성이다. 그녀가 회사 주식을 나스닥에 상장시킬 당시 보유했던 주식은 자그마치 6억 달러어치. 미국의 경제지 〈포춘〉은 한때 그녀를 '영향력 있는 여성 경영자 1위'에 선정했다. 대학원 졸업 후 피앤지(P&G)의 브랜드 매니저로 직장생활을 시작했던 멕 휘트먼이 이베이 최고경영자의 자리에 오르기까지 이전 회사에 제출했던 사표는 모두 7번. 피앤지, 베인앤컴퍼니, 월트디즈니, 하스브로, FTD 등의 인사담당은 그녀가 던진 사표를 접수해야만 했다.

'여성 최고경영자' 하면 금방 떠오르는 인물이 바로 칼리 피오리나(Carly Fiorina)다. 대학에서 중세철학을 전공했던 그녀 역시 HP의 최고경영자에 오르기까지 여러 번 방향전환을 한 경력이 있다. 법학대학원(로스쿨)을 중퇴하였고, 이탈리아에서 영어교사로 일한 적도 있으며, 통신회사인 AT&T 영업팀에서 근무하였고, HP의 CEO가 되기전에는 루슨트 테크놀로지(Lucent Technologies)사의 국제영업 부분의 책임을 맡고 있었다.

〈비즈니스 워크(Business Week)〉는 세계 최고의 CEO 25인을 발표하면서 당시 IBM의 CEO였던 루이스 거스너(Louis V. Gerstner)를 1위로 선정했다. 맥킨지(McKinsey & Company)의 컨설턴트로 직장생활을 시작한 거스너는 11년간 일했던 아메리칸 익스프레스(American Express)와 4년간 몸담았던 나비스코(Nabisco)에 사표를 던졌다. 그의 과감한 도전은 IBM의 역사를 새로 썼다. 그는 160억 달러의 손실을 냈던 회사를 9년 만에 80억 달러의 흑자기업으로 만들었다.

뉴욕시장인 마이클 불름버그(Michael Bloomberg)는 그의 첫 직장이었던 살로먼 브라더스와 결별함으로써 세계적인 금융정보, 방송, 출판사인 블룸버그사(社)를 창업할 수 있었고, 2002년에는 〈포브스(Forbes)〉가 매긴 세계 72위의 갑부에 올랐다.

《정상에서 만납시다》로 일반 독자들에게 널리 알려진 지그 지글러(Zig Zigla)는 5년 동안 무려 17번이나 직업을 바꾼 뒤에서야 세계적인 저술가이자 강연자로 활동하며 성공철학자의 길을 걷게 되었다.

이 밖에도 전에 다니던 직장에 최소한 한 번 이상의 사표를 던진 경험이 있는 세계적인 전현직 CEO는 열거하기가 힘이 들 정도로 많다. 아마존닷컴(Amazon.com)의 제프 베조스, 콘티넨탈 항공사(Continental Airlines)의 고든 베튠, 팜(Palm)의 칼 얀코브스키, 스테이플(Staple)의 토마스 스템버그, 뱅크원(Bank One)의 제임스 디먼, 홈디포(Home Depot)의 로버트 나델리, 사치앤사치(Saatchi & Saatchi)의 케빈 로버트, 선 마이크로 시스템즈(Sun Micro Systems)의 스콧 맥닐리, QXL.com의 짐 로스 등등. 특히 팜의 전CEO 칼 얀코브스키의 경우에는 P&G, 소니, 리복, 펩시콜라, GE 등 7개 회사에서 일한 경험이 있다.

'사표가 성공을 부른다'는 표현은 지나친 비약일 것이다. 그러나 위에 열거한 인물들이 '평생직장' 운운하면서 이전에 다니던 회사에서 안정만을 추구하고 있었더라면 오늘날 그들의 위치는 과연 어떻게 되었을까? 그들이 이전에 다니던 회사를 어떤 이유에서든 과감히 자르지 않고, 미래에 대한 도전을 포기했더라면 그들과 그들이 속한 기업의 명암은 완전히 달라졌을 것이다.

당신이 만약 성공을 꿈꾸는 사람이라면 성공한 사람처럼 생각하고 성공한 사람처럼 행동할 필요가 있다. 한 직장에 오래 머물러 있는 것만이 미덕이라는 구태의연한 사고방식은 어서 빨리 던져 버려야 한다. 한 직장에서 몇 년을 근무했느냐보다 재직하는 동안 그 직장에 얼마나 기여를 했느냐가 더 중요하며, 현재 다니고 있는 직장에서의 나의 위치가 얼마나 안정적인가보다 나에게 얼마나 비전이 있는 직장인지를 살펴보는 것이 훨씬 더 중요하다. 국내외 대부분의 성공한 경영자들의 특징은 평범한 직장인들에 비해 들어갈 때와 나올 때를 잘 알고, 자신의 다음 목적지를 적절하게 선택하였으며, 이를 과감히 실행에 옮겼다는 것이다.

'성공하려면 한 우물을 파야 한다'는 말에 피상적인 의미만을 부여하고, 잘하지도 못하고 하고 싶지도 않은 일을 참고 또 참으며 한 직장에서 20년, 30년씩 근무하는 것은 결코 자랑거리만은 아니다. 물론 개인과 회사의 발전이 균형을 이루고, 개인의 행복과 회사의 성장이 수반

되는 장기근속은 매우 바람직하고 권장할 만하다. 하지만 회사의 발전과 성장을 위해서 개인의 건강과 행복이 희생되어서는 결코 안 된다. 조직을 위해서 개인이 무조건적으로 희생해야 된다는 생각은 이제 재고되어야 한다.

여든이 넘으신 어르신에게 한번 물어보라. 지난 80년의 시간이 어떻게 갔느냐고? 서슴지 않고 '금방 갔어!'라고 답할 것이다. 인생이 얼마나 짧은 것인지, 구구절절 늘어놓지 않더라도 당신이 잘 알 것이다. 지금 삼사십대의 회사원이라고 한다면, 당신이 당신의 직장생활을 주도적으로 할 수 있는 시간은 기껏해야 이삼십 년이다. 결코 길지 않은 시간이다. 어떻게 태어난 인생인데, 이 한 번뿐인 인생을 처음부터 끝까지 언제나 수동적으로 살아가야 한다는 말인가?

큰 책가방을 들고 다니는 학생들이 공부를 다 잘하는 것은 아니다. 하지만, 공부를 잘하는 학생들의 가방을 유심히 관찰해 보면 공부를 잘 못하는 학생들이 들고 다니는 가방보다 대체로 크다는 걸 알 수 있다. 인생을 주도적으로 사는 사람들이 모두 성공하는 것은 아니지만, 가정적으로나 사회적으로 성공한 사람들을 자세히 들여다보면 그들 대부분은 자기 인생에 대한 확고한 비전과 신념을 갖고 주도적인 삶을 살아가는 사람들이라는 이야기다.

주도적인 삶을 영위하고 싶은 당신, 조직에 사표 내는 것을 결코 두려워하지 마라. 당신이 진정으로 두려워해야 할 것은 현실에 안주하는 것이다. 당신이 매일같이 두려워해야 할 것은 조직에 제대로 기여하지도 못하면서 다람쥐 쳇바퀴 돌듯 정체되어 있는 직장생활에 만족하는 것이다. 이제 그 두려움을 비전으로 바꾸려는 노력을 시작해야 한다. 그것이 바로 지금 당신이 몸담고 있는 조직도 당신도 윈-윈 (win-win)하는 길임을 기억하라.

사표의 진정한 의미는 '새로운 출발'이다

사표의 진정한 의미는 변화와 새로운 출발이다. 사표는 주도적인 삶을 살고자 하는 인격체의 표현이며, 사표는 나의 발전과 가족의 행복을 안내하는 네비게이션과 같은 것이다. 사표는 결코 나의 에너지를 멈추게 하는 것이 아니며, 인생의 끝을 의미하는 것은 더욱 아니다. 혹시 현재 당신이 다니고 있는 직장이 당신의 건강을 해하는 주범이라면, 당신을 당신의 소중한 가족들로부터 멀어지게 하는 원인이라면, 혹은 현재의 직장생활이 당신을 불행하게 만들고 있다면 더 늦기 전에 사표를 준비해야 한다.

보도에 따르면 우리나라에서는 하루 평균 1천여 명의 사람들이 자살을 시도하고, 이 가운데 37명 내외의 사람들이 자살로 사망한다. 대기업 사장에서부터 공무원에 이르기까지 얼마나 많은 사람들이 직무에서 오는 스트레스와 갈등을 극복하지 못하고 자살이라는 극단의 길을 택했던가? 40대 남성 사망률 세계 1위. 한창 일할 나이에 얼마나 많은 인재들이 직장에서 격무에 시달리다 사랑하는 가족을 뒤로한 채 세상을 떠났는가? 세계 최고의 수준을 보이고 있는 이혼율. 그 누가 남편과 아내의 직장생활과 전혀 무관하다고 장담할 수 있는가? 야근을 밥 먹듯 하는 아빠에게 어떻게 아이들이 그들의 고민을 털어놓고, 사랑을 느끼며 행복을 설계할 수 있단 말인가?

그 어떤 직업이나 직장도 당신의 목숨이나 가족의 행복보다 소중할 수는 없다. 직장생활은 당신의 인생을 보다 행복하고 가치 있게 만들어 주는 도구에 불과하다. 도움이 되지 않으면 잘라야 한다. 그래도 먹고살려면 다닐 수밖에 없지 않느냐고? 한 가지 장담컨대, 이 책을 사서 보거나 빌려서 볼 수 있을 정도의 능력을 가진 사람이라면 절대 굶어 죽을 일은 없을 것이다. 굶어 죽는 걱정을 하기에 앞서 우물 밖으로 한 번 나와서 두 눈을 크게 뜨고 세상을 보라. 세상이 얼마나 넓고 할 일이 얼마나 많은지 한번 돌아다녀 보라.

인간은 누구든지, 그의 피부색이 희든지 검든지 상관없이, 최소한 한 가지씩의 재주는 갖고 태어난다. 단지 자신이 그 재주를 발견하지 못했거나, 또는 계발되지 않고 잠겨 있기 때문에 능력발휘를 못할 뿐이다. 치열한 경쟁사회에서 헐레벌떡 달려왔던 길을 잠시 멈추고, 심호흡을 하면서 한번 생각해 보자.

'나는 지금 내가 하고 싶은 일을 하고 있나?'
'나는 지금 나의 소질을 충분히 발휘하면서 일하고 있나?'
'나는 지금 직업을 통해서 나의 자아를 실현하고 있는가?'
'나는 지금 직장생활을 통해서 배우고 있으며, 성장하고 있는가?'

지금 당장 사표를 내야 하는 경우

지금부터는 사표의 타이밍에 관한 이야기다. 회사가 나를 자르기 전에 내가 먼저 회사를 자르고 싶은데, 도대체 언제 회사를 잘라야 한다는 말인가? 직장에 들어갈 때는 이성적인 판단에 의해, 직장에서 나올 때는 감성적인 판단에 의해 결정을 하는 경우가 적지 않다. 입사하기 전에는 향후 근무하게 될 조직에 대해 다양한 정보를 수집하고 분석하는 등 신중에 신중을 기하여 직장을 선택하는 반면, 직장을 그만둘 때는 감정에 치우쳐 성급하게 결정을 하는 경우가 많다는 것이다. 하지만, 이성적이든 감성적이든, 논리적이든 비논리적이든지 간에 당신이 퇴사를 하려고 하는 주된 사유가 다음의 세 가지 사항에 속한다면 오늘 당장 사표를 내야 한다.

1) 자살충동을 수시로 느낄 때

"나는 은행을 위해 일한 결과 너무 많이 잃었습니다. 우리 가족에 대해 배려해 주기 바랍니다. 사랑하는 당신, 그리고 애들아 미안하다. 그러나 아빠는 최선을 다했다. 바보 같은 아빠처럼 살지 마라. 서로 배려하는 마음으로 살기 바란다."

몇 년 전 어느 시중 은행의 지점장이 스스로 목숨을 끊기 전에 남긴 유서에 적혀 있었던 내용이다. 자살이라는 극단적인 방법을 선택한 그 지점장은 평소에 대인관계도 원만하고 적극적인 성격으로 일도 열심히 했다고 한다. 그의 가족은 쉬지 못하고 일에 시달린 것이 자살의 동기라고 설명을 했고, 회사 동료들은 과도한 경쟁분위기에서 최근 실적이 좋지 않아서 힘들어했다고 말했다. 2020년 한 해 동안 우리나라에서 스스로 목숨을 끊은 사람의 수는 무려 13,195명에 이른다. 같은 해 코로나19로 인한 사망자 917명에 비하면 그야말로 어마어마한 우리 국민이 자살로 생을 마감한 것이다.

혹시 요즘 과중한 업무로 인해 극심한 스트레스에 시달리고 있는가? 조직에서 요구하는 업무 성과를 달성하지 못해 갈수록 삶에 대한 의욕이 떨어지고 있는가? 감당할 수 없을 정도의 스트레스 때문에 시시때때로 자살충동을 느끼는가? 그렇다면 묻지도 따지지도 말고 지금 당장 사표를 써라. 이 세상에 당신의 목숨보다 더 가치 있고 소중한 것이 도대체 무엇이란 말인가? 당신이 존재하지 않는다면 이 세상의 삼라만상이 무슨 의미가 있단 말인가? 세상에는 그 수를 헤아리기 어려울 정도로 많은 직업과 직장이 있지만, 당신의 목숨은 단 하나밖에는 없음을 기억해야 한다. 당신이 이 세상에 존재하지 않는데, 가족과 친구, 그리고 직장이 무슨 의미가 있단 말인가? 만약 요즘 삶의 무게가 너무 무겁게 느껴진 나머지 당신 스스로 생을 마감하고 싶은 충동을 수시로 느낀다면 무조건 사표를 써라. 그 사표는 당신도 살리고, 당신의 가족도 살리며, 당신의 직장도 살릴 것이다. 자살하고 싶은 생각이 불쑥불쑥 드는 근로환경에서 '조금 더 참아 보자' '조금 더 기다려 보자' 식의 생각은 그야말로 위험천만한 발상이다. 신이 아닌 우리 인간은 인내하는 데에 한계가 있음을 인정해야만 한다.

2) 과로사의 위험에 장기간 노출될 때

지금 당장 사표를 내야만 하는 1순위가 '자살충동을 수시로 느낄 때' 라고 한다면, 그다음의 순위는 '과로사의 위험에 장기간 노출될 때'이다. 세계보건기구(WHO)는 주당 55시간 일한 결과 과로사로 이어져 사망한 근로자의 수가 연간 70만 명을 초과하는 것으로 추산했다. 우리나라의 사정은 어떠한가? 택배기사에서 소방관, 경비원, 대학교수, 우체부에 이르기까지 눈만 뜨면 들리는 소식이 과로사에 관한 뉴스다. 우리나라에서 순직한 경찰관의 절반 이상이 과로사라고 하니 정말 과로사의 문제는 해가 더할수록 심각한 사회문제가 되고 있다. 각종 보도자료를 종합해 보면 우리나라에서는 매년 1천 명 내외의 근로자가 과로가 직접적인 원인이 되어 사망한다고 한다. 그렇다면 대체 몇 시간 정도를 일하는 것이 과로에 속할까? 연구기관마다 약간씩 다르긴 하지만, 근로자가 주당 60시간 이상 일할 경우 이를 과로로 보는 것이 일반적인 견해인 듯하다. 주 5일 근무를 기준으로 하는 경우에는 하루 12시간 이상, 주 6일 근무를 기준으로 하는 경우에는 하루 10시간 이상을 일할 때 과로사의 위험에 노출되는 것이다. 하지만, 과로는 연령이나 업무의 강도, 작업환경 등의 변수에 영향을 받고, 무엇보다 근로자 개인의 체력과 건강상태에 따라 과로의 기준은 크게 달라질 수 있다. 소위 타고난 강철 체력을 갖고 있는 근로자의 경우 주 70시간 이상 일을 해도 끄떡없는데, 매우 빈약한 체력을 가진 근로자는 1주일에 30시간만 일을 해도 체력이 금세 바닥을 드러내 사경을 헤매는 경우도 있다. 따라서 직장인 스스로 근로시간에 대한 원칙을 세우고 수시로 자가진단을 통하여 과로사를 사전에 방지하는 것이 최선이다.

직장에서 열심히 일하고 있는 당신. 혹시 과중한 업무로 인해 피로가 누적되고, 숙면을 취하기 어려우며, 갈수록 근로 의욕이 저하되고 있는가? 자주 불안하고 우울하며, 에너지가 고갈되어 버린 듯한 상태가 지속되는가? 그러한 상태가 개선될 수 있도록 상사든 인사담당이든 직장 내에서 당신에게 도움을 줄 수 있는 사람이 전혀 없는가? 그렇다면 더 이상 고민하지 말고 사표 써라. 과로사라는 죽음의 그림자가 서서히 당신 곁으로 다가오고 있기 때문이다. 유관순 열사나 안중근 의사처럼 나라를 구하려고 돌아가신 분들은 대대손손 칭송을 받겠지만, 직장에서 일하다가 죽게 된다면 이보다 억울한 일이 또 있을까? '목구멍이 포도청'이라는 생각은 아예 하지도 말라. 졸지에 실업자로 전락한다 하더라도 '살겠다는 의지', 이것 하나만 있으면 절대 굶지 않는다. 살겠다는 의지를 갖고 있는 국민을 우리 대한민국은 그냥 굶어 죽도록 절대 내버려 두지 않음을 알아야 한다.

3) 가족이 해체되는 소리가 들리기 시작할 때

지금 당장 사표를 내야 하는 경우의 세 번째는 바로 '가족이 해체되는 소리가 들리기 시작할 때'이다. 아직도 많은 직장인들이 업무와 가정은 반드시 분리되어야 한다는 착각 속에서 살고 있으며, 가족을 거의 돌보지 않으면서 직장에서의 성공을 추구하는 사람들이 적지 않다. 상당수의 사람들이 사업적인 성공과 가족적인 성공은 양립할 수 없으며, 하나를 얻기 위해서는 나머지 하나를 반드시 버려야만 되는 것으로 알고 있는 것이다.

저명한 컨설턴트 셈라덱(James J. Semradek, 《Seven Principles for creating your future》의 저자)은 '가족을 희생시키는 성공은 실패다'라고 극명하게 단정 지은 바 있다. 〈비즈니스 위크〉가 인용한 한 인터뷰 기사에 의하면 '미국에서 가장 성공한 사업가 50인을 면접한 결과 그들만이 갖고 있는 몇 가지 원칙을 알아냈는데, 그중 하나는 그들 대부분이 매우 탄탄한 가족 구조를 갖고 있었다는 것이다. 그들 50인 가운데 84%가 아직도 첫 배우자와 결혼생활을 유지하고 있으며, 이는 미국의 전체 평균 수치에 비하면 월등하게 높다고 한다.

먼 나라로 갈 것도 없이 당신 주위를 한번 찬찬히 둘러보라. 각 분야에서 진정으로 성공한 사람들은 대부분 탄탄한 가족 구조를 형성하고 있으며, 아주 건전하고 건강한 가족관을 가지고 있다. 성공하는 사람들은 대부분 주도적인 삶을 살아가기 때문에 가족들과 함께 보낼 시간을 미리 계획하고 실행하는 반면에, 실패하는 사람들은 대부분 수동적인 삶을 살기 때문에 가족과 함께 하는 시간을 미리 계획하거나 삶의 우선순위에 두지 않는다. 즉, 그들은 업무를 다 하고 나서 시간이 남으면 가족과 함께 시간을 보내는 거고, 시간이 없으면 가족을 돌볼 수 없다는 매우 단세포적인 생각을 하는 듯하다.

성공하는 인생을 살기 위해서는 반드시 탄탄한 가족 구조를 가져야 함과 동시에 최소한의 시간을 가족들과 함께 보내야 한다. 가족과의 소중한 시간들을 업무 여건상 평일에 공유하기가 불가능하면 휴일을 최대한 이용해야 한다. 함께 교회에 나가거나 함께 외식을 하거나 혹은 함께 영화나 콘서트를 보러 가거나⋯⋯.

하지만, 당신의 직장이 혹은 당신이 하고 있는 일이 당신으로 하여금 전혀 가족을 돌볼 시간이 없게 만든다면, 그 결과 가족이 해체되는 소리가 서서히 들리기 시작하면 지금 당장 사표 내라. 가족을 잃고 성공을 얻는 것은 직장에서는 성공일 수 있을지 몰라도 인생에서는 실패한 것이기 때문이다. 물론 사표를 내기 전에 당신의 상사나 인사담당자 혹은 사장과 면담을 통하여 직무전환에 대해서 최대한의 노력을 해야 할 것이다. 그럼에도 불구하고 장기간 동안 지금 몸담고 직장이 당신을 당신의 가족들과 서서히 분리시키고 있다고 판단이 된다면 주저하지 말고 사표 내라. 당신은 졸지에 무직자가 될 수도 있고, 한동안 경제적으로 어려움을 겪을 수도 있을 것이다. 하지만, 당신은 거의 잃을 뻔했던 소중한 가정을 되찾을 것이요, 인생의 진정한 승리자가 될 것이다. 당신의 용기 있는 결정에 대해서 당신의 가족들은 당신을 더욱 사랑하게 될 것이요, 당신의 그들의 성원에 힘입어 결국에는 더 좋은 직장을 얻게 될 것이다. 기억하라. 세상에서 가장 따뜻한 말, 그것은 바로 '가족'임을.

5

절대 사표를 내지 말아야 하는 경우

이 책의 제목만 보고 감성적으로 판단하여 멀쩡하게 잘 다니고 있는 직장에 앞뒤 가리지 않고 사표를 던지는 것은 철부지들이나 하는 행동이다. 회사를 자를 때 자르더라도 시와 때가 있는 것이다. 먼저 '절대 사표를 내지 말아야 할 경우' 세 가지를 소개할 텐데, 다음의 내용 가운데 자신에게 한 가지라도 해당이 되거든 머릿속에서 '사표'라는 단어를 하루 빨리 지워 버리기를 바란다.

1) 현실도피를 목적으로

'일하기 싫다. 그저 쉬고 싶다. 모든 게 다 골치 아프다. 에라 모르겠다. 일단 사표를 날리고 보자……' 현실도피의 전형적인 케이스다.

직장인이라면 누구나 한 번쯤은 슬럼프에 빠지기도 하고, 누구나 한 번쯤 직장생활의 위기를 맞게 된다. 그 원인이 정신적 육체적 질병에서 오는 경우도 있고, 과로에서 오는 경우도 있으며, 직장 내에서 상사와의 갈등 혹은 고객과의 관계에서 오는 경우도 있다.

직장에서 일을 하다가 어려운 상황에 직면했을 때 이를 대처하는 유형이 크게 두 가지 있다. 하나는 상황을 먼저 분석하고 대안을 세워서 해결하는 유형이다. 이들은 왜 문제가 발생했는지 그 원인에 대해서 면밀히 조사한 다음, 적절한 수단과 방법을 동원하여 그 문제를 해결함과 동시에, 향후에 동일한 문제점이 발생하지 않도록 예방하는 노력을 기울이는 유형이다. 다른 하나는 각종 시련이 올 때마다 지속적으로 피해 다니기만 하는 유형이다. 이들은 직장에서 어려운 상황이 오면 일단 그 상황으로부터 회피하려는 데에만 신경을 쓴다. 일단 '왜 이런 일이 하필 나에게 일어났을까?'라며 자신의 운명을 탓하고, 그러한 문제를 발생시킨 상대방을 탓하며, 대안을 세워서 해결해 나가기보다는 어떻게 해서든 각종 어려운 상황에서 피해 가려고만 한다. 피하고 피해 다니다가 더 이상 피할 수 없다고 판단이 될 때 회사에 사직서를 제출하는 것이다.

이렇게 현실도피를 목적으로 하는 사표는 절대 내지 말아야 한다. 왜냐하면, 사표라는 도구를 통하여 본인에게 당면한 어려운 상황이 순간적으로는 해결될 수도 있겠지만, 긴 안목에서 본다면 그렇게 순간적으로 피해가는 노력들은 시간이 지나면 지날수록 그 어떠한 영향력도 발휘할 수 없기 때문이다. 오히려 본인의 이력서만 구겨질 뿐만 아니라, 본인과 관계하고 있는 많은 사람들에게 부정적인 인상을 주게 됨으로써 새로운 직장을 구하는 과정에서 걸림돌이 되는 것이다.

지금 다니고 있는 직장에서 어려운 상황을 맞고 있는가? 그렇다면 무엇보다 그 원인을 찾는 데에 최선의 노력을 기울여야 한다. 업무를 대하는 나의 태도 때문인지, 나의 지식이나 기술 부족에 기인한 것인지, 아니면 일을 정상적으로 처리할 만한 충분한 시간이나 자원이 부족한 것인지. 일단 본인이 어려운 상황에 직면하게 된 원인이 파악되었다면, 그 상황을 효과적으로 해결하기 위한 인력, 장비, 시간 등을 적절히 투입하여 문제를 해결하는 데에 전력질주해야 한다. 그다음에는 같은 실수를 반복하지 않도록, 동일한 상황이 발생하지 않도록 나름대로의 방지대책을 세워 둬야 한다.

현재의 위치에서 풀지 못하는 숙제는 다른 위치로 자리를 바꿨을 때도 풀지 못할 가능성이 대단히 높다. 쉬운 말로 안에서 새는 바가지는 나가서도 샌다는 뜻이다.

좀 피곤하다고, 업무의 양이 좀 많다고, 매일 대하는 상사나 고객이 좀 깐깐하다는 이유로 혹시 지금 사직서를 고려하고 있는가? 그렇다면 그러한 계획을 당장 집어치우고, 어떻게 하면 현재 당신이 안고 있는 문제를 보다 신속하고 효과적으로 처리할 수 있는 지에 대해 생각하고 또 생각하라. 현실도피를 목적으로 하는 사표는 결코 당신을 성공의 길로 안내할 수 없음을 명심하라.

2) 직장상사와의 갈등 때문에

이직과 관련된 각종 설문에서 직장인들이 회사를 그만두는 가장 큰 이유로 '상사와의 갈등'을 꼽는다. 어느 조사에서는 응답자의 80%가 상사와의 갈등 때문에 다니던 회사를 그만두었다고 답했다 하니 상사가 직장생활에서 차지하는 비중은 아주 크다고 할 수 있겠다. 왜 그렇게 많은 회사원들이, 특히 사회생활을 첫출발하는 신입사원들이 직장 상사와의 갈등 때문에 회사에 사표를 던지는가? 바로 코앞에 있는 것만 보기 때문이요, 지금 당장만 생각하기 때문이다. 직장생활을 개인과 개인의 관계로만 보기 때문이고, 직장상사가 회사생활의 전부라고 생각하기 때문이다. 상사를 절대적이고 영원한 존재로 보기 때문이고, 자신의 인생을 상사가 주도한다고 생각하기 때문이다.

결론부터 말하자면, 직장상사의 갈등 때문에 회사를 그만두는 것은 결코 현명한 선택이 아니다. 좀 더 적나라하게 표현하자면, 오로지 상사와의 관계 때문에 직장을 떠나는 것은 주도적인 삶을 스스로 포기하는 것이요, 자신의 존재가치를 경시하는 것이며, 인생을 멀리 내다볼 줄 아는 안목이 부족한 데에서 기인한 것이다.

"공자님 같은 소리하고 있네. 우리 상사는 정상적인 사람이 아니거든!"

"당신도 나처럼 매일같이 내 상사에게 당해 보시오. 과연 그런 소리가 나오는지……."

이렇게 볼멘소리를 하면서 저마다 처해 있는 직장상사와의 갈등상황을 자세하게 묘사하려 들 것이다. 꼰대 소리 듣기 싫어서 가급적 '나 때는 말이야~' 이 따위 이야기 정말 안 하려고 했는데, 필자는 지난 30년 동안의 직장생활을 통해 18명의 상사들과 함께 일한 경험이 있다. 대부분 실력 있고 훌륭하신 분들이었지만, 생각만 해도 등골이 오싹해지는 최악의 상사와도 함께 일을 해 본 경험이 있기 때문에 어느 정도 그 심정을 헤아릴 수 있다고 생각한다. 상사와의 인연은 길어야 2~3년이다. 어느 매장이든 갑질하는 진상 고객이 있듯이, 어느 직장이든 갑질하는 상사가 존재하기 마련이다. 단지 상사와의 갈등 때문에 직장을 그만두는 것은 현명한 결정이 아닐 수 있음을 다시 한번 강조하고 싶다.

3) 가족의 생계를 나 홀로 책임지고 있을 때

지금 당신 가족구성원의 생계를 당신 혼자서 책임지고 있을 경우에 확실한 대책 없이는 절대 사표를 내지 말아야 한다. 자식이 배가 고프다고 울고 있는데, 뒤주에 당장 밥해 먹을 쌀이 떨어졌는데 도대체 무슨 사표 타령이란 말인가?

한 가정의 생계를 책임지고 있는 가장이 하던 일이 적성에 맞지 않는다는 이유로 혹은 상사와 다퉜다는 이유로 아무런 사후 대책 없이 잘 다니던 직장에 사표를 던져 버리고 마냥 노는 경우가 종종 목격된다. 심한 경우에 아내는 아이 유치원 비용을 마련하느라 아르바이트를 전전하는데, 남편은 구직활동을 아예 포기한 채 하루 온종일 PC방에 가서 온라인 게임을 하면서 허송세월을 한다고 한다. 한 가정의 가장으로서 일말의 책임감과 양심이 있는 사람이라면 절대 있을 수 없는 일이다. 경제가 어려워 일자리가 없다고 핑계를 댈지도 모르겠다. 대한민국에 일자리가 정말 단 한 개도 없는 건지, 아니면 이른바 위험하고 더럽고 어려운 3D 업종을 기피하는 건지, 본인의 능력에 비해서 급여가 너무 낮기 때문인지, 아니면 그저 일하기는 싫고 남이 벌어다 주

는 것에 의존하여 생활하는 것에 익숙해 있는지에 대해서 생각해 볼
필요가 있다.

가족의 생계가 위협받고 있는 상황에서는 반드시 최소한의 대책을
세워 가면서 사표를 고려해야 한다.

6

이런 경우에는 심사숙고 후 사표 내라

현재 자신이 몸담고 있는 조직에 사표를 던져야 할지 말아야 할지 고민은 되는데, 현재 자신이 처한 상황이 앞에서 제시한 사표의 타이밍 6가지, 즉 지금 당장 사표를 써야만 하는 경우 3가지와 결코 사표를 내선 안 되는 경우 3가지에 해당이 되지 않는다면, 사표에 대해 심사숙고를 거듭할 필요가 있다. 또한 비록 사표를 내기로 결심을 했다 하더라도 다음의 목적지가 명확하게 정해질 때까지 현재 다니고 있는 직장에서 실력과 내공을 충분히 쌓아야만 하는데, 그렇지 않을 경우 자칫 직장생활이 사표의 연속이 될 가능성이 높기 때문이다. 다음에서 제시하는 4가지 사항에 속한다고 판단이 되거든 심사숙고 후에 사표를 내야 한다.

1) 적성에 맞지 않은 일을 장기간 해야 할 경우

K 씨는 치과의사원장에서 보험회사 영업사원으로 변신한 보기 드문 인물이다. 그의 수입은 병원을 운영하던 때의 10% 정도에 불과하

지만, 그는 '요즘처럼 인생에서 행복했던 시절이 없었다'는 말을 입에 달고 산다고 한다. 많은 사람들과 세상 사는 이야기를 좋아하는 그의 적성이 보험회사 영업사원이라는 일과 맞아떨어졌기 때문이다. 아직도 적지 않은 학부모들이 자녀들의 적성은 고려하지 않은 채 의사나 판사, 검사, 변호사 등의 전문직을 직업으로 택할 것을 요구하는 경우가 많은 듯하다. 사회적 지위와 높은 보수, 그리고 안정적인 직업 환경 때문에 그러한 전문직을 선호하는 것도 충분히 이해가 간다. 하지만, 적성에 맞지 않는 일을 직업으로 선택할 경우 불행한 인생을 살아갈 가능성이 아주 높다. 〈뉴스위크〉에 따르면 미국에서는 매년 3~4백 명의 의사가 자살을 하는데, 의사의 자살률이 일반인의 자살률보다 훨씬 높다고 한다.

미국 하버드대학교에서 행복론을 강의하고 있는 탈 벤 샤하르(TAL BEN-SHAHAR) 박사는 '행복은 즐거움과 의미의 총체적 경험이다(the overall experience of pleasure and meaning)'라고 정의하고 있다. 내가 하고 있는 일이 현재 나에게 즐거움(present benefit)을 줌과 동시에 미래에 의미(future benefit)를 담고 있어야 진정한 행복을 누릴 수 있다는 이야기다. 만약 지금 당신이 하고 있는 일이 전혀 즐겁지도 않고, 그 일에서 아무런 의미도 찾을 수 없다면 일단 당신은 불행한 직장생활을 하고 있다고 보면 된다. 자신이 하고 있는 일이 전혀 즐겁지 않다면 그 일이 일단 본인의 적성에 맞지 않을 가능성이 대단히 크다. 물론 직장생활을 하면서 내가 좋아하는 일만 골라 할 수는 없다. 때로는 궂은일 싫은 일도 조직을 위해서 해야 할 때가 있는 것이다. 문제는 내가 좋아하지 않는 일, 나의 적성에 전혀 맞지 않은 일, 그리고 장차 나의 미래에 그 어떠한 의미도 찾을 수 없는 일을 장기간 동안 해야 할 경우인데, 이 상황에서는 사표를 진지하게 생각해 봐야 한다. 평범한 직장인들의 깨어 있는 시간을 분석해 보면 직장에서 보내는 시간이 압도적으로 많기 때문에 직장에서의 불행은 곧 인생의 불행을 뜻한다. 직장에서 즐거움과 삶의 의미를 찾지 못하는 사람이 행복할 수 있다는 것은 어불성설인 것이다.

사람들을 만나서 이야기 나누는 걸 좋아하는 사람이 흰 가운을 입고 하루 종일 연구에만 몰두하는 것, 혼자 조용히 사색하고 탐구하는 걸 좋아하는 사람이 제품 안내서를 옆에 끼고 고객들을 만나러 다니는 것, 색깔과 도형에 뛰어난 감각이 있는 학생이 피아노 앞에서 체르니를 익히는 것, 음정과 리듬감이 남다른 학생이 석고상 앞에서 데생을 연습하는 것 등 적성에 맞지 않은 일을 하느라 얼마나 많은 사람들이 귀한 시간을 허비하고 있는지 헤아릴 수가 없다.

적성의 사전적 의미는 '어떤 일에 알맞은 성질이나 적응능력, 또는 그와 같은 소질이나 성격'을 뜻하는데, 이 기본적이면서도 아주 중요한 삶의 요소가 너무도 자연스럽게 무시되는 경우가 상당히 많다. 물질적인 가치를 정신적인 가치보다 우위에 두고, 인간의 존엄성이나 행복보다는 부와 지위를 더 소중히 여기는 사회분위기 때문이리라. 가만히 눈을 감고 내면의 소리를 가만히 들어 보라. 내가 진정으로 좋아하는 일이 무엇인지. 내가 정말 하고 싶은 일이 무엇인지. 내가 남보다 더 잘할 수 있는 일이 무엇인지. 반복된 명상을 통하여 이직을 하기로 마음을 정했다면 그 일을 하기 위해서 내가 습득해야 할 기술과 지식은 어느 정도인지 알아보라. 제2의 인생을 시작하기 위한 중장기 계획을 세우되 그 계획은 스마트(SMART)해야 한다. 즉, 당신이 세우는 목표는 구체적(Specific)이고, 측정이 가능(Measurable)하며, 달성 가능(Achievable)함과 동시에 현실적(Realistic)이면서, 기한을 정해 놓은(Time-bounded) 것이어야 한다. 그리고 조용히 사표를 준비하라. 당신만의 멋지고 새로운 인생을 위해서.

2) 조직에서 성장하지 못하고 퇴보할 때

사람은 태어나서 유아기 청소년기를 거쳐 성인에 이르기까지 지속적으로 자란다. 뼈가 자라고 키가 자라고 체격이 커진다. 생후 20여 년간 육체적으로 끊임없이 성장하는 것이다. 또래 아이들보다 성장속도가 빠른 경우에 조숙했다고 하며, 몸집은 커졌는데 생각하는 게 수준 이하인 경우를 가리켜 정신연령이 낮다는 표현을 한다. 이렇듯 성장은 인간이 태어나서 성인에 이르기까지 단계별로 자연스럽게 거치는 과정이다. 직장생활도 매한가지다. 신입사원으로 입사를 해서 수년간 일하다가 주임이나 대리로 승진을 하고, 과장이나 부장의 타이틀을 달고 부서장의 역할을 하기도 하며, 임원이나 사장으로 임명이 되어 회사를 경영하기도 한다. 기업 역시 조직원들이 끊임없이 성장함으로써 유지되고 발전하는 것이다. 동료 직원보다 업무 수행 능력이 뛰어나 진급이 빠른 경우 초고속 승진이니 발탁 인사니 하는 용어들이 사용되고, 매해 진급이 누락되어 제자리에 머물러 있는 경우 만년 대리니 만년 과장이니 하는 표현들이 사용된다. 이 모두 양적인 성장에 기준을 둔 것들이다.

물론 직장생활을 하는 데 있어 양적인 성장은 나름 중요한 의미를 지니는 것은 틀림없다. 승진을 거듭할수록 보수도 많아지고 회사에서 제공받는 혜택의 범위도 넓어질 뿐만 아니라 조직 내에서의 권한과 영향력도 커지기 때문이다. 기업의 규모와 직종에 따라 다소간의 차이가 있을 수 있겠으나, 일반적인 기업에서 거의 같은 수준의 업무를 동일한 직급으로 소득의 변화가 거의 없이 5년 이상 수행하는 경우에는 한 번쯤 이직을 고려해 봐야 한다. 그 원인이 본인에 있든 회사에 있든, 한 번쯤 진지한 고민을 해 볼 필요가 있는 것이다.

이론적으로야 바르게 살고 열심히 일하며 능력 있는 사람이 승진도 빨라야 하고 연봉도 많아야 한다. 하지만, 일보다 말을 더 잘하고, 관리를 잘하기보다는 아부를 잘하고, 경영보다는 정치를 더 잘하는 사람이 조직에서 더 빨리 승진하는 경우가 결코 적지 않다. 특히 직원들의 역량과 업무 수행 능력보다 학연 지연 혈연의 틀 안에서 인사를 단행하는 회사일수록 바람직하지 못한 현상이 빈번히 발생한다. 비단 국내 기업뿐만 아니라 외국계 기업도 마찬가지다. 따라서 고속 승진이 반드시 능력을 의미하는 것은 아니고, 진급 누락이 반드시 역량 부족을 의미하는 것도 아니다. 필자가 5년 이상 정체되어 있을 경우 한 번쯤 이직을 고려해 보라는 것도 바로 그러한 맥락에서다. '승진할수록 무능해진다'라는 피터의 원리를 깊이 있게 생각해 볼 필요가 있다.

한편, 필자가 '성장하지 못하고 퇴보할 때 사표를 고려해 보라'고 권고하는 것은 연봉과 승진에만 초점을 둔 양적인 성장을 뜻하는 게 결코 아니다. 사실 내면적인 성장, 그리고 질적인 성장이 더 중요하다. 지난 수년 혹은 수십 년간의 직장생활을 통하여 내가 얼마나 정서적으로 지식적으로 가정적으로 성장했는지에 관한 것이다. 직장생활을 통하여 나와 우리 가족이 더 화목하고 행복해졌는가? 지난 수년간의 회사생활이 나에게 소속감과 자긍심을 주었는가? 물질적으로나 정신적으로 예전보다 더 풍요로운 삶을 살고 있는가? 오랜 기간 동안의 직장생활을 통하여 남에게 배려할 줄 알고 양보할 줄 알며 타인의 슬픔과 고통에 동참할 줄 아는 성숙한 인간으로 성장하였는가?

성장은 인간으로서 추구해야 할 가장 기본적이면서도 의미 있는 가치들 중의 하나이다. 따라서 직장생활을 하면서 외적인 성장과 함께 내적인 성장을 함께 도모하는 것은 균형 잡힌 삶을 추구함과 동시에 멋진 인생을 만들어 가는 필수요소인 것이다. 당신이 지난 수년간의 직장생활을 통하여 성장하지 못하고 장기간 정체되어 있거나 혹은 오히려 퇴보하고 있다는 판단이 될 경우 당신에게는 다음의 두 가지 카드가 있음을 기억하라. 오늘부터 지금 이 순간부터 '성장을 추구하는 삶을 살겠노라'고 굳은 결심을 하거나, 아니면 사표를 준비하거나.

3) 건강의 신호등에 빨간불이 들어올 경우

건강은 마치 도로 위의 신호등과도 같은 것이다. 도로를 주행하다가 교차로에 황색 신호등이 들어오면 멈출 준비를 해야 하고, 적색 신호가 켜지게 되면 완전히 멈춰서 다음의 녹색 신호가 들어올 때까지 기다려야 한다. 건강에 이상이 생기면 우리의 몸은 반드시 신호를 보내게 되어 있다. 예컨대, 감기에 쉽게 걸리거나 편두통이 잦거나 가슴이 답답하거나 만성소화불량에 시달리거나 숙면을 취할 수 없거나 우울증에 시달리거나……. 이때는 반드시 적절한 휴식, 운동과 함께 병원을 찾아 전문의의 도움을 받아야 한다. 즉 하던 일을 잠시 멈추라는 신호로 받아들여야 한다. 황색 신호등이 적색 신호등으로 바뀌었는데도 이를 무시하고 가속페달을 밟게 되면 치명적인 사고를 피할 수 없는 이치와 같은 것이다. 자신의 몸을 제대로 돌보지 않고 오로지 업무에만 매달리는 사람들을 자세히 관찰해 보라. 시쳇말로 한 방에 훅 가 버린 사람들의 수가 얼마며, 한창 일할 나이에 병마와 싸우다 인생을 마감하는 사람들의 수가 얼마인가?

현재 당신이 직장에서 하고 있는 일이 노동집약적인 것이든 그렇지 않든 상관없이 만약 건강의 신호등에 빨간불이 들어올 경우에는 건강을 회복하기 위한 적극적인 노력을 기울여야 한다. 우리나라에서 근무하는 모든 근로자들은 연차휴가와 월차휴가를 사용할 수 있는 권리를 법으로 보장받고 있다. 이 휴가를 적극적으로 활용하여 종합검진도 받고, 정밀검진도 받기 바란다. 물론 병원에 가서 검진을 받기 전에 최상의 건강상태를 유지하기 위한 노력을 게을리해서는 안 될 것이다. 특별한 노력을 기울일 필요도 없다. 지금까지 건강과 관련하여 부모님과 선생님, 그리고 전문가들로부터 귀에 신물이 날 정도로 들어왔던 이야기들을 실천하기만 하면 된다. 과식 과음 과로를 삼가고, 규칙적으로 운동하고, 충분한 휴식과 수면을 취하고, 기타 등등.

그러한 기본적을 노력을 지속하였음에도 불구하고, 직장생활을 하는 동안 건강의 신호등이 적색으로 바뀌거든 진지하게 사표를 고려하라. 세상에 널리고 널린 게 직장이다. 아무리 배운 게 없고 경력이 없어도 일을 하겠다는 의지, 이거 하나만 있으면 결코 산 입에 거미줄 칠리 없다. 하지만, 이 세상에서 가장 소중한 당신의 생명은 단 하나밖에 없다. 당신의 건강과 바꿀 정도로 귀하고 가치 있는 일은 그 아무것도 없는 것이다. 세상의 모든 부귀와 명예를 얻었는데, 건강을 잃었다면 그 모든 것들이 무슨 유익함이 있단 말인가?

4) 조직에서 퇴출 대상자로 지목받았을 경우

만약 당신이 수년간 일하던 당신의 직장에서 퇴출 대상자로 지목받았을 경우, 그것이 명예퇴직이든 아니면 희망퇴직이든지 간에, 심사숙고 후에 사표 내기를 권한다. 기업이 존속하면서 일부 근로자에게 퇴사를 권유하는 것은 대부분의 경우 그 해당하는 직원의 존재가치를 상대적으로 낮게 평가하기 때문인데, 이 상황에서 많은 근로자들이 적절치 못한 선택을 하는 듯하다. 다시 말해서 '생존권 보장'을 주장하며 짧게는 몇 달, 길게는 몇 년에 걸쳐 회사를 상대로 소송을 하거나 단체투쟁을 하는 경우가 있다. 물론 근로자가 사측으로부터 부당하고 적법한 절차 없이 해고를 당한 경우 이에 상응하는 법적 대응이 필요하겠지만, 문제는 '회사가 나를 뽑았으니 어떠한 상황에서도 끝까지 책임져'라고 하는 태도는 반드시 재고되어야 한다.

1등 기업은 존재할 수 있지만, 이 세상에 영원한 기업이란 존재할 수 없다. 조직에서 나를 퇴출 대상자로 지목했다는 것은 그 조직이 생존하고자 하는 몸부림으로도 해석될 수 있다. 신입사원의 신분으로 함께 입사한 모든 직원들이 때가 되면 팀장이 되고 임원이 되고 사장이 될 수는 없다. 회사가 나를 자르기 전에 내가 먼저 회사를 잘라야만 하는 이유가 바로 여기에 있는 것이다. '언제 사표를 낼 것인가?' '언제 조직을 떠날 것인가?' 하는 문제는 그렇게 중요한 것이 아니다. 정말 중요한 문제는 '나는 준비되어 있는가?'이다. '다음 단계로 도약하기 위해 그동안 나는 무엇을 얼만큼 준비해 왔는가?'의 문제가 백 배 천 배 더 중요한 것이다.

조직에서 퇴출 대상자로 지목받기 전에 내가 먼저 조직을 떠날 준비를 해야만 하는 중요한 이유가 있다. 조직에서 권고사직을 받을 때까지 일한다는 것은 곧 수동적인 직장생활을 의미한다. 조직에서 나를 필요로 할 때까지 열심히 일하다가, 그 조직이 더 이상 나를 필요로 하지 않게 되면 조직에서 '명예'라는 이름과 함께 선심 쓰듯 손에 쥐여 주는 돈을 들고 나오는 거다. 근속연수에 따라서 직종에 따라서 어떤 이는 몇 개월 치의 월급을, 또 어떤 이는 몇 년 치의 연봉을 퇴사할 때 명예퇴직금이라는 명목으로 챙겨 나오기도 하는데, 그렇게 해서 퇴사한 직장인들의 성공스토리를 단 한 번이라도 들어본 적이 있는가? 왜 일까? 그것은 바로 조직으로부터 지시받은 업무들을 평생 수동적으로만 해 왔던 환경에 있다. 비록 조직에서 명예퇴직금을 받지 못하더라도 내가 몸담고 있는 조직보다 내가 먼저 칼을 뽑아 들어야만 하는 이유가 바로 여기에 있는 것이다.

직장을 내가 주도적으로 정하고, 일하고 싶은 때와 장소를 내가 주도적으로 정하며, 앞으로 가야 할 다음 목적지를 내가 주도적으로 정할 수 있어야만 보다 성공적이고 행복한 직장생활을 할 수 있다. 도대체 언제까지 조직에서 정해 준 곳에 가서, 조직이 정해 주는 시간에, 조직이 원하는 만큼의 성과를 내야 한다는 말인가? 직장생활을 보다 주도적으로 하기 위해서는 지금부터 준비를 해야 한다. 조직에서 당신을 퇴출 대상자로 지목할 때까지 결코 기다려서는 안 된다. 한 푼 두 푼 쌓여 가는 퇴직금의 유혹에 절대 넘어가지 말라. 당신이 앞으로 받게 될 명예퇴직금의 액수와 성공의 가능성은 결코 비례하지 않음을 알아야 한다. 조금 더 늘어난 명예퇴직금의 액수는 당신에게 일시적으로 심리적인 안정을 안겨 줄 수도 있겠지만, 당신이 다음 목적지로 떠나는 여정에 오히려 방해물로 작용할 수 있음을 기억해야 한다. 불혹과 지천명의 나이를 넘기게 되면, 당신도 모르는 사이에 창의력, 도전의식, 그리고 모험심 등이 조금씩 사라지는 것을 눈치챌 수 있을 것이다. 그런데, 그것들은 당신의 주도적인 직장생활을 위해서 꼭 필요한 것들임을 머지 않아 깨닫게 될 것이다.

7

갑질하는 상사, 이러한 특징이 있다

위키백과에서는 '갑질'을 아래와 같이 정의하고 있다.

'계약 권리상 쌍방을 뜻하는 갑을(甲乙) 관계에서 상대적으로 우위에 있는 '갑'에 특정 행동을 폄하해 일컫는 '~질'이라는 접미사를 붙여 부정적인 어감이 강조된 신조어'

영어로는 'gapjil'이라고 쓰는데, 옥스퍼스사전에 '대한민국에서 우월적 지위에 있는 사람의 오만하고 권위적인 태도나 행동을 가리켜 하는 표현'으로 소개되어 있다 한다. 우월적 지위를 이용하여 상대방을 괴롭히는 부류의 사람들이 어느 나라든지 있을 법한데, 그 정도가 얼마나 심했길래 우리나라 사람들이 사용하는 이 갑질(gapjil)이라는 용어가 전 세계에 알려졌는지 그저 씁쓸하기만 하다.

대한민국에서 직장생활을 하는 사람이라면 누구나 한 번쯤은 상사로부터 또는 고객으로부터 소위 갑질, 또는 갑질 비슷한 것을 당해 봤을 것으로 추측이 된다. 그런데, 상사로부터 당하는 갑질은 고객으로부터 당하는 갑질과는 질적으로 크게 다르다. 고객으로부터 당하는 갑질의 경우 대부분 순간적으로 발생하는 1회성에 그치기 때문에 갑질을 당하게 되는 상황을 어느 정도는 예방할 수도 있고, 자신이 소속되어 있는 조직의 도움을 받아 어렵지 않게 해결할 수도 있다. 식당에서 맛이 없다고 불평을 하고 갑질을 해대는 고객에게는 매니저나 점주에게 보고해서 환불을 해 줄 수도 있고, 구입해간 상품이 마음에 들지 않는다며 매장에 찾아와서 행패를 부리는 고객에게는 새 제품으로 바꿔 주게 되면 어느 정도 선에서 해결이 가능하다는 것이다.

하지만, 직장에서 상사가 하는 갑질은 고객이 매장에서 하는 갑질과는 차원이 완전히 다른 것이다. 직장에서 상사의 갑질은 남의 눈에 잘 띄지 않고 은밀하게 행해질 뿐만 아니라, 1회성이 아닌 반복적으로 일어나기 때문에 갑질을 당하는 피해자에게 엄청난 양의 고통을 준다. 고객으로부터 당하는 갑질은 그 진상 고객을 두 번 다시 안 보면 그만이지만, 직장에서 상사로부터 당하는 갑질의 경우 한 공간에서 거의 매일 얼굴을 마주 대해야 하기 때문에 말 그대로 대책이 없는 것이다. 만일 독자들 가운데 지금까지 직장상사로부터 갑질을 당해 본 적이 단한 번도 없는 분이 있다면 아마도 자신이 전생에 나라를 구했던 것에 대한 보상이라고 생각해도 좋을 것이다. 나의 경우 적어도 27년 동안은 그랬다. 하지만, 아무리 그대가 전생에 나라를 구했다 할지라도 방심은 절대 금물이다. 직장생활을 길게 하다 보면 그 언젠가 한 번쯤은 직장상사로부터 갑질을 당하게 될 가능성이 아주 높기 때문이다.

필자의 경우 10년 동안 근무했던 첫 직장에서는 모두 7명의 상사와 함께 일했고, 그 후 20년 동안 직장생활을 하면서 11명의 상사를 새로

만나게 되었는데, 거의 대다수가 실력 있고 인품이 좋았던 덕에 직장생활을 원만하게 할 수 있었다. 30년간의 직장생활을 하는 동안 모두 18명의 상사를 만났으니 어림잡아 20개월에 한 번꼴로 새로운 상사와 함께 일을 하게 된 셈이다. 지난 30년 동안의 직장생활 중에서 거의 유일하게 단 한 명의 상사로부터 심하게 갑질을 당한 경험이 있는데, 지금도 가끔 그때의 기억이 떠오를 때마다 등골이 오싹해짐을 느끼곤 한다. 직장에서 수년 동안 나를 포함한 다수의 사람들에게 우월적 지위를 철저히 이용하여 갑질을 일삼아 왔던 그에게도 마땅히 보호받아야 할 인권이라는 것이 있기 때문에 실명은 밝히지 않고, 그냥 'X 원장'이라 칭하려고 한다. 내가 업무 현장에서 X 원장으로부터 직접 당했던 갑질의 경험, 그리고 상당 기간 동안 동료와 선후배 직장인들로부터 전해 들은 갑질에 관련한 이야기를 조합하여 보면 직장에서 갑질을 서슴지 않는 인간들 - 나는 그들을 가리켜 갑상(갑질하는 상사)이라 부르는데 - 갑상들은 다음과 같은 3가지 특성이 있다는 알게 되었다.

1) 갑상은 실력이 없다

갑상들의 경우 평범한 일반 직장인들과 달리 어느 조직에 구성원으로 합류하는 과정에서부터 특이한 성향을 보인다. 정정당당하게 공개채용을 통해서 입사를 하기보다는 혈연 지연 학연을 이용한 특별채용을 통하여, 혹은 이른바 아빠 찬스를 이용하여 조직에 합류하는 경우가 많다. 따라서 갑상들의 경우 조직해서 근무하는 햇수가 늘어날수록 업무 경력은 쌓이는데, 실력이 부족하여 조직에서 성과를 내지 못하는 게 일반적인 현상이다. 업무 경력이 쌓여서 직급은 올라가는데, 업무 실력은 항상 제자리에 머물다 보니 조직에서 인정받지 못한다. 근속연수가 늘어나 부서의 장을 맡게 되었지만, 업무 수행 능력과 리더십이 부족하다 보니 부하직원들을 함부로 대하고 시도 때도 없이 갑질을 해대는 것이다. 그래서 갑상에게는 경력만 있을 뿐 실력은 없는 것이다.

2) 갑상은 권위적이다

실력이 부족한 리더들, 특히 부하직원들을 상대로 갑질을 일삼는 부서장들은 언제나 권위를 내세운다. 갑상들은 '권위'라는 것에 대해 큰 착각을 하며 산다. 그들은 권위를 '조직 구성원들로부터 널리 인정되는 긍정적인 영향력'으로 해석하지 않고, '자신에게 주어진 권한을 조직 구성원들에게 최대치로 행사하는 것'이라는 그릇된 인식을 갖고 있다. 그래서 그들은 조직에서 솔선수범하지 않고, 의사결정을 감정적으로 하는 경향이 강하며, 같은 조직에서 편가르기하는 것을 서슴지 않는다. 또한 갑상들의 부하직원들에게 '어떻게 하면 나의 권위를 더 강력하게 내세울 수 있을까?' 하는 생각으로 자신보다 더 영향력 있는 사람과의 친분을 유난히 강조하려는 경향이 있다. X 원장이 늘 그랬다. "나는 창업자와 특별한 관계를 유지해 왔다" "나는 재단 이사장의 최측근이다" "검찰청 고위간부가 내 친구다" 등 X 원장이 새로 부서장으로 부임했던 그날부터 거의 매일 반복해서 강조했던 말들이다. 그와 함께 한 조직에서 2년 넘게 근무를 하면서 조직의 리더가 갑질을 하게 되는 과정을 관찰을 통해 알게 되었다. 실력과 리더십이 부족하다 보니 조직 구성원들로부터 권위가 안 서게 되고, 그렇게 권위가 안 서다 보니 권위적으로 행동을 하게 되고, 권위적인 행동을 반복하다 보니 자연스럽게 갑질을 하게 된다'는 것을.

3) 갑상은 사리사욕에 이끌려 조직에 충성한다

갑상이 오너 또는 오너의 가족일 경우에는 감정조절에 실패하여 갑질이 발생하는 경우가 일반적이다. 자신이 어느 기업이나 단체를 소유하고 있다는 의식이 깊이 자리 잡고 있기 때문에 조직 구성원들이 자기의 뜻대로 행동하지 않을 경우 욱해서 사고를 치는 경우가 다반사다. 그런데, 갑상이 오너일가가 아닌 경우에는 갑질의 동기는 크게 달라진다. 그들이 하는 갑질은 순간적이고 감정적이기보다는 계획적이고 목표지향적이다. 오너일가가 아닌 갑상들의 가장 큰 동기는 바로 사리사욕이다. 그들은 언제나 '어떻게 하면 내가 몸담고 있는 조직에 충성을 다해서 오너에게 인정받을 수 있을까?' '어떻게 하면 이 조직에서 좀 더 길게 근무하고, 좀 더 많은 급여를 받을 수 있을까?' 하는 생각으로 가득 차 있다. 그래서 그들은 조직의 이익을 위해서라면 비윤리적이고 불법적인 행위들을 망설임 없이 저지른다. 자신이 속한 조직에 더 많은 이익을 가져다주기 위해 부하직원들을 기꺼이 희생시킨다. 부서장이라는 우월적 지위를 이용하여 온갖 협박과 회유를 통해 조직 구성원들의 임금을 불법적인 방법으로 삭감하기도 한다. 윤리의식이 결여된 사람이 조직에 충성을 다할 경우 그 피해는 고스란히 그 조직에 영향을 받는 구성원들이 받게 되어 있다. 불순한 동기에 이끌려 조직에 무조건 충성하는 사람들을 우리가 항상 경계해야 하는 이유가 바로 여기에 있는 것이다.

8

직장에서 갑질을 당하게 되거든
이렇게 대응하라

조직 자체가 갖고 있는 본질적인 특성을 고려할 때 갑이 '갑질'을 하는 것은 어떠한 면에 보면 지극히 자연스러운 현상일 수도 있겠다. 스스로를 갑이라고 자부하며 갑질이 몸에 배어 있는 자들에게 "이제부터는 '을질'을 하며 살라" 하고 강요할 수는 없지 않겠는가? 문제는 직장에서 버젓이 벌어지고 있는 대부분의 갑질행위들이 법이 허용하는 범위를 벗어난다는 데에 있다. 적법한 갑질행위보다는 불법적인 갑질행위가 훨씬 더 교묘하고 은밀한 방법으로 여기저기에서 지속적으로 발생하고 있는 게 현실이다. 그렇다고 근로자가 갑질하지 않는 상사를 자기 마음대로 고를 수도 없는 거고, 또한 갑질하는 사람들이 이마에다 붉은 글씨로 '갑'이라는 글자를 새기고 다니는 것도 아닌데, 어떻게 갑상들을 피할 수 있다는 말인가? 결론부터 말하자면, 직장생활을 하는 내내 갑질하는 상사를 피해 다니는 것은 현실적으로 불가능하다. 다만, 갑질을 하는 상사를 지혜롭게 대할 경우 장차 발생 가능한 피해를 최소화할 수 있다. 필자가 다음에 제시하는 3단계 전략을 잘 기억해 두었다가 직장상사로부터 갑질을 당하는 상황이 오게 되면 단계별로 적용해 보기 바란다.

• 1단계: 불쌍한 시선으로 바라보라

앞장에서 간략히 언급한 바와 같이 직장에서 갑질을 아무런 거리낌 없이 해대는 사람들의 공통적인 특징 가운데 하나가 바로 '그들의 업무 수행 능력이 현저히 부족하다'는 것이다. 굳이 다른 말로 쉽게 표현하자면 '갑질하는 자는 무능하다'는 것이다. 그들의 성장과정을 자세히 들여다보면 화목하지 못한 가정에서 태어났거나, 혹은 어릴 적부터 주위에서 '못난이' 소리를 자주 듣고 자랐을 가능성이 매우 높다. 따라서 그들의 마음에는 사랑이 없다. 타인을 존중하고 배려하는 마음도 없다. 그들의 마음에는 항상 미움과 증오, 그리고 분노하는 마음이 가득 차 있기 때문에 자신도 인식하지 못한 채 다른 사람들을 끊임없이 공격하는 것이다. 바로 그러한 이유 때문에 어느 정도 나이도 들고 경력도 쌓여서 팀장이니 본부장이니 원장이니 하는 직위는 얻게 되었지만, 인격적으로 미성숙하여 조직에서 제대로 리더십을 발휘할 수가 없는 것이다.

갑질하는 사람들은 대인관계에서 그들만이 갖고 있는 일종의 원칙이 있는데, 사람을 대할 때 하나같이 '강대약(强對弱) 약대강(弱對强)'의 자세를 취한다는 것이다. 갑질하는 사람들의 경우 자신보다 지위가 좀 더 높다거나, 자신의 밥줄에 조금이라도 영향력을 끼칠 수 있는 사람들에게는 초라할 정도로 몸을 낮추는 성향을 보인다. 이와는 반대로 자신보다 직급이 낮거나, 혹은 자신의 밥줄과 전혀 상관없는 사람들을 함부로 대하는 경향이 있다. 그들이 그들의 상사들에게 대하는 태도를 한 번쯤 눈여겨보라. 마치 조선시대에 신하가 임금을 대하듯 한다. 그들이 직장에서 센 척하는 것은 바로 그들의 내공이 약하기 때문이다. 인격적으로 수양이 덜되어 있다 보니 자존감이 낮고, 실력과 리더십이 부족하다 보니 자신감도 없는데, 조직에서 책임자의 자리에 앉혀 주니 자존심만 강한 것이다. 시쳇말로 하나의 루저에 불과할 뿐이다. 이 얼마나 불쌍한 사람인가? 조직에서 구성원들로부터 존경받지 못하는 사람이 과연 가정에서 배우자와 자식들로부터 인정받을 수 있을까?

직장에서 갑질하는 상사를 만나게 되거든 일단은 우선 그를 가엾게 여길 줄 알아야 한다. 갑질은 가정에서 가족으로부터 인정받지 못하는 자가 직장에서의 우월적 지위를 이용하여 부하직원을 대상으로 자신의 욕구불만을 표출하는 아주 비겁한 행위이다. 내세울 게 피부의 색깔밖에 없는 것들이 인종차별을 하듯, 직장에서 내세울 게 직급밖에는 없는 자(者: 놈 자)들이 부하직원들을 상대로 갑질을 하는 것이다. 만약 그대의 상사가 그대에게 수시로 갑질을 해대면 일단 그를 불쌍한 시선으로 바라보고, 웬만한 것들은 그냥 넘어갈 줄 아는 아량을 길러야 한다. 그저 속으로 (반드시 속으로 해야 한다.) 이렇게 말하라, '쯧쯧 불쌍한 사람 같으니라고……'

• 2단계: 할 수 있거든 인내하며 20개월을 기다려라

'한 번 해병은 영원한 해병'일 수는 있겠으나, '한 번 상사는 영원한 상사'가 결코 아님을 기억하라. 앞장에서 잠깐 언급했던 것과 같이 필자의 경우 평균 20개월에 한 번꼴로 직장상사가 바뀌었다. 숫자상으로만 본다면 직장에서 제아무리 별의별 종류의 갑질을 해대는 상사라 할지라도 2년 내외의 시간이 흐르면 바뀌게 되어 있다. 상사를 '어차피 때가 되면 헤어질 사람'이라 생각하고 잘해 줘라. 조직 내에서는 상사의 권위를 세워 주고, 상사가 내리는 업무 지시에 순응하면서 맡은 바 책임을 다하라. 가급적 상사를 뒷담화하는 자리에 동석하지 말고, 아무리 가까운 동료 직원이라 할지라도 절대 상사에 대한 부정적인 이야기는 삼가라. 그 이야기가 상사의 귀에 도달하는 것은 그저 시간문제이기 때문이다.

지난 2020년, 어느 구직사이트에서 퇴직 경험이 있는 직장인 약 2천 명을 대상으로 설문조사를 실시한 적이 있는데, 전체 응답자의 약 65%가 퇴사 사유를 밝히지 않고 직장을 떠났다고 한다. 사직서에는 '일신상의 이유'로 기재한 퇴직자가 가장 많았지만, 숨겨진 퇴사 사유 1위는 직장 내 갑질 및 상사와의 갈등이 차지했다고 한다. 그만두는 마당에 회사에 굳이 껄끄러운 내용을 밝히기 꺼려했기 때문이었을 것으로 추정된다. 이 대목에서 독자들에게 한 가지 미리 강조하고 싶은 사항은 '절대 상사와의 갈등만을 이유로 사표를 내서는 안 된다'는 거다. 이전 직장에서 못된 상사를 피해서 이직을 할 경우, 다음 직장에서 더 못된 상사를 만날 가능성이 매우 높다. 정확한 통계자료를 제공하지 못해서 유감이긴 하나, 필자가 인사 분야의 컨설팅 업무를 하는 과정에서 이직의 경험이 있는 수백 명의 직장인들과의 인터뷰를 통해서 알게 된 사실이다. 어떻게 들어온 직장인데, 상사가 갑질을 한다는 이유 하나만으로 직장을 때려치운다는 말인가?

• 3단계: 전문가에게 도움을 구하고, 법적 대응을 준비하라

앞의 2단계에서 '때가 될 때까지 참고 기다린다'는 것은 직장상사의 갑질행위가 법이 허용하는 범위 안에서 일어나는 경우에 한정된다. 만약, 상사의 갑질이 비윤리적인 범주에 들어갈 뿐만 아니라 불법행위에 해당할 경우에는 문제가 크게 달라진다. 만약 상사의 갑질행위가 명백한 불법행위에 해당한다고 판단이 되거든, 보다 냉철한 사고로 법적 대응을 준비해야 한다. 하지만, 상사의 갑질행위가 합법과 불법의 경계선상에 있다고 판단되거나, 피해를 입증할 수 있는 증거물도 확보하지 못한 채 법에 호소하는 것은 금물이다. 괜히 어설프게 법적으로 대응을 했다가 되레 더 큰 피해를 보게 되는 사례가 비일비재하기 때문이다. 사법기관에 가해자를 고소한 후 조직에서 왕따를 당하거나 쫓겨난 사례가 적지 않고, 오히려 가해자로부터 무고죄나 명예훼손 등으로 맞고소를 당하여 졸지에 전과자 신세로 전락한 경우도 드물지 않다. 심지어 피해의 억울함을 호소할 방법이 없어 끝내 스스로 생을 마감하는 경우도 가끔 발생한다.

직장 내에서 상사가 하는 갑질의 사안이 심각하고 명백한 불법행위라고 판단될 경우에는 정말 이성적으로, 아주 체계적으로, 그리고 매우 논리적으로 대응을 해야만 한다. 그렇게 하지 않으면, 사악한 가해자를 법의 심판대에 세우기가 불가능할 뿐만 아니라 소중한 당신의 명예와 생명을 보호받기 어렵기 때문이다. 다만, 한 가지 법적으로 대응하기 전에 꼭 기억해야 할 것은 필사즉생(必死則生)의 마음가짐으로 임하지 않으면 안 된다는 것, 즉 '조직을 떠날 각오가 되어 있어야 한다'는 것이다. 아마도 독자들 가운데는 "뭐라고? 나는 피해자인데 내가 왜 회사를 그만둬? 가해자가 그만둬야지!" 하고 씩씩거리는 분이 있을 것이다. 물론 맞는 말이다. 가해자가 처벌받고, 가해자가 회사에서 잘려야 백 번 맞다. 그렇다면 이번에는 필자가 그렇게 생각하는 독자에게 묻고 싶은 게 하나 있는데, 그것은 바로 "언제부터 우리가 그렇게 공정하고 정의로운 사회에 살게 되었는가?"라는 거다. 조직이 갖고 속성 가운데 하나가 바로 '방어본능'이다. 조직이 내부 또는 외부로부터 공격을 받게 될 경우 - 그 공격의 정당성과는 상관없이 - 조직은 언제나 생존을 위해 스스로 방어하려는 본능을 갖고 있다. 바로 그러한 이유 때문에 비록 '할 수 있거든 인내하며 기다리라'고 하는 거고, '조직을 떠날 각오를 하라'는 거다.

'불법적인 방법으로 갑질하는 상사를 앞으로 두 번 다시 보지 않겠다'라는 결심, 그리고 '결과에 따라 현재 몸담고 있는 조직을 미련 없이 떠날 수 있다'라고 하는 각오가 단단히 서 있는지에 대해 자신에게 먼저 물어보라. '매우 그렇다'라는 답을 얻게 된다면, 이제부터는 전문가를 찾아 나서야 하는 단계다. 자신이 몸담고 있는 조직의 최고책임자가 윤리의식이 확고하고 불법행위근절에 대한 강력한 의지가 있다는 확신이 들 경우에만 조직 내부의 전문가에게 의뢰하라. 인사부, 감사부, 혹은 양성평등센터 등과 같이 조직 내부에서 발생한 불법행위를 처리하는 부서가 반드시 있을 것이다. 하지만, 너무 큰 기대는 하지 않는 게 좋을 것이다. 관련된 뉴스를 수없이 접해서 잘 알겠지만, 그 나물에 그 밥일 가능성을 결코 배제할 수 없다. 가급적 조직의 외부에서 전문가를 찾기를 권한다. 직장 내 괴롭힘, 강요와 협박, 성폭력 등 주로 직장에서 벌어지는 범죄행위들을 다루는 형사전문 변호사에게 의뢰하면 증거수집에서부터 고소장접수에 이르기까지의 모든 업무를 도와줄 것이다. 물론 수백만 원에 이르는 비용이 들 수 있다. 하지만, 그 변호사비용을 조금도 아깝게 생각하지 말라. 불법적인 갑질행위에서 벗어나 업무에 집중할 수 있도록 지출한 그 돈은 비용이 아니라 투자였다는 사실을 머지 않아 깨닫게 될 것이다.

당신이 먼저 **회사를 잘라라**

9

조직을 떠나기 전에 꼭 챙겨야 하는 3가지

어떠한 이유에서든 한때 몸담았던 조직에 작별을 고하게 되는 경우 미리 꼭 챙겨야 하는 것들이 있다. 만약 당신이 60세를 훌쩍 넘긴 나이가 되어 사표와 함께 은퇴를 할 계획이라면 이야기가 달라지겠지만, 그렇지 않고 이직을 해서 직장생활을 이어 갈 계획이라면 '조직에 사표를 제출하기 전에 반드시 챙겨야만 하는 3가지'를 기억하기 바란다.

1) 탁월한 업무 성과

재직 기간이 1년이든 3년이든 상관없이 현재 몸담고 있는 조직에서 한 번쯤은 탁월한 업무 성과를 만들어 내야만 한다. 이 부분이 매우 중요한 이유는 현재의 직장에서 기록한 업무 성과가 미래의 직장생활 전반에 매우 큰 영향을 미치기 때문이다. 혹시 지금 영업부서에서 일하고 있는가? 그렇다면 회사 전체에서는 아니더라도 자신이 속한 부서에서 한 번쯤은 '판매실적 1위'의 기록을 반드시 만들고 나오라. 혹시 기획부서에서 근무 중인가? 그렇다면, 회사의 성장에 도움이 될 수 있는 프로젝트 한두 개쯤은 확실히 마무리하라. 재경부는 인사부든 물류부서든 구분 없이 현재 자신이 속한 부서에서 한 번쯤은 탁월한 업무 실적을 꼭 만들고 나와야 한다.

당신이 현재의 직장에서 만들어 낸 탁월한 업무 실적은 이직을 준비하고 있는 당신 자신에게 강력한 자신감을 심어 줄 뿐만 아니라, 직장생활을 하는 내내 '유능한 인재'라는 꼬리표가 따라 다니기 때문이다. 또한, 최근 기업들이 채용 절차의 마지막 단계로 지원자에 대한 평판 조회(Reference Check)를 포함하는 경우가 늘어나고 있다. 즉, 지원자의 이전 직장에 연락하여 지원자가 그 직장에서 수행했던 업무 전반에 대해 문의를 하여 그 결과를 채용에 반영하는 경우가 많은데, 이 과정에서 채용이 취소되는 경우가 적지 않다. 따라서 현재 다니고 있는 직장에서의 업무 성과가 미래의 직장생활에도 큰 영향을 미친다는 생각으로 퇴직하는 그날까지 매일 최선을 다해 근무할 필요가 있는 것이다.

2) 원만한 업무 인계

성공하지 못하는 직장인들이 가장 흔하게 범하는 실수가 바로 이 부분이다. 그들의 의식에는 '사표 내면 모든 게 끝'이라는 단순한 공식이 깊숙이 자리를 잡고 있기 때문에, 조직을 떠나기로 마음먹는 그 순간부터 근무 태도가 완전히 달라진다. '어차피 다시는 안 볼 사람들인데 뭐~' 하는 식으로 상사나 동료 직원들을 함부로 대하는가 하면, 자신의 업무를 후임자에게 인계하는 과정에서도 건성으로 임한다. 심한 경우에는 후임자가 정해지지도 않았는데, 서둘러서 퇴사를 해 버린다. 새로 옮기는 회사에 빨리 출근하기 위해서 이전에 다녔던 회사를 헌신짝처럼 버리는 것이다. 이러한 태도는 본인 스스로의 가치를 크게 떨어뜨리는 요인으로 작용할 뿐만 아니라, 다음 직장의 경영진에게도 결코 좋은 인상을 주지 못한다. '음~ 이 사람은 나중에 우리 회사를 떠날 때에도 이러한 방식으로 행동할 수 있겠구나.'라는 여지를 주게 되어 있다. 또한 본인 혼자만 사표를 내는 것은 아니다. 본인과 함께 일했던 상사도 동료 직원도 언젠가 때가 되면 이직을 하게 되어 있고, 재수 없으면 외나무다리에서 만나는 수도 있다. '있을 때 잘해야 하는 이유'가 바로 여기에 있는 것이다.

필자가 질레트(Gillette Korea)에서 차장이라는 직급으로 근무하던 시절 당시 팀원으로 함께 일했던 A 씨가 대표적인 사례다. 평소와는 달리 A 씨가 사직서를 제출한 그날부터 확연하게 달라진 그의 행동과 태도에 상당 기간 마음이 불편했던 기억이 있다. 그로부터 몇 년 후 A 씨를 다시 만나게 된 것은 코카콜라(CCKBC)라는 회사의 한 회의실에서다. 필자는 코카콜라의 부장으로 이직을 하게 되었고, A 씨는 질레트를 떠난 후 한 번 더 퇴사를 한 다음 코카콜라에 경력사원으로 지원을 하게 되었다. 그래서 한 명은 면접관으로, 다른 한 명은 입사지원자의 신분으로 면접을 치르는 회의실에 마주 앉게 된 것이다. 그 후 A 씨를 다시 만날 기회는 없었지만, 그때 필자가 면접장에 들어섰을 때 무척이나 당황스러워하던 A 씨의 표정이 지금도 잊히지 않는다.

3) 감사의 표현

　회사에 확실하게 업무능력도 보여 주고, 수행하던 업무를 후임자에게 원만하게 인계를 해 주었다면 이제는 마지막으로 사람을 챙겨야 하는 단계다. 퇴사를 하기로 결심을 한 이유가 임금체불, 또는 불법적인 갑질행위 등에 해당하지 않는다면 재직 중에 함께했던 사람들에게 반드시 감사의 표현을 하고 나와야 한다. "흥~ 지들이 도와준 게 뭐 있다고!" 하면서 부정적으로 반응할 수도 있겠다. 하지만, 재직 기간 중에 회사로부터 약정한 대로 급여를 받았고, 들어갔을 때만큼의 건강함을 유지하고 있다면 조직의 구성원들에게 반드시 감사의 표현을 잊지 말아야 한다. 물론 서운함이 남아 있을 수 있다. 재직 기간 중에 곱지 못한 표현으로 당신의 마음에 상처를 준 상사도 있었을 거고, 업무를 협의하는 과정에서 당신의 자존심을 심하게 뭉개 버린 선배나 동료 직원도 있었을 거다. 하지만, 어차피 그 조직을 떠나기로 결심을 했다고 한다면, 그들 한 명 한 명에게 찾아가 묵은 감정을 녹여 버리고 '그동안 고마웠다'라는 표현을 꼭 하고 나오기 바란다. 그 사람들을 언제 어디서 어떠한 관계로 다시 만나게 될지 알 수 없다.

　멀쩡하게 잘 다니던 직장을 하루 아침에 때려치우고 소리 소문 없이 사라졌던 옛 동료 직원들을 모습을 자세히 떠올려 보라. 어떤 이는 급여에 불만을 품고, 어떤 이는 상사와의 갈등으로 인해 원한을 품고, 어떤 이는 승진심사에서 누락되어 서운한 마음을 품은 채 그냥 말없이 나간다. 그 아무에게도 감사의 표현을 하지 않고 그냥 나가는 것이다. 그동안 회사로부터 누려온 각종 혜택, 그리고 상사나 동료 직원들로부터 받아 온 긍정적인 것들은 모두 망각한 채, 서운하고 원통한 마음을 가득 안은 채 회사를 떠난다. 대부분 감사의 표현을 하지 않고 그냥 떠나 버린다. 그래서 실패하는 사람들의 머릿속에는 언제나 '떠날 때는 말없이'라는 상투적이 문구가 깊숙이 배어 있다. 빙그레 짓는 미소와 함께 '팀장님, 그동안 배려해 주시고 가르쳐 주셔서 진심으로 고마웠습니다!' 이렇게 말하고 떠나는 당신이 더욱 돋보이고 그들의 기억 속에 오래 남는 이유가 바로 여기에 있는 것이다.

성공적인 직장생활을 위한 노하우

당 신 이　먼 저　회 사 를　잘 라 라

1

능력의 100%를 요구하는
직장에 들어가지 마라

사람들은 말한다. 직장을 고를 때 자신의 능력을 100% 발휘할 수 있는 곳을 택하라고. 하지만 그들의 조언은 한 귀로 듣고 그냥 한 귀로 흘려야 한다. 물론 직장에서 근로자가 본인의 능력을 100% 발휘하여 일할 경우 고용주 입장에서는 당연히 환영할 만한 일일 것이다. 그만큼 성과가 날 테니까. 하지만, 근로자의 입장에서는 어떠한가? 직장에서 자신의 능력을 100% 발휘하여 계속을 일을 하다 보면 언젠가 반드시 적잖은 대가를 치르게 되어 있다. 근로자가 직장에서 전력질주를 계속할 경우 흔하게 발생하는 것이 바로 번아웃인데, 번아웃 증후군(burnout syndrome)은 직장에서 피로가 장기간 누적되어 근로 의욕이 상실된 상태를 뜻하는 심리학 용어다. 번아웃 상태가 되면 만성 피로에 시달림과 동시에 업무에 대한 열정이 사라지고, 우울한 감정을 지속적으로 느끼기도 하며, 심한 경우에는 극단적인 선택까지 하게 된다.

직장생활을 굳이 스포츠에 비유하자면 100미터 달리기와 같은 단거리 경주가 아니고, 마라톤과 같은 것이다. 직장생활을 1~2년만 하고 그만둘 계획이라면 자신의 능력을 100% 발휘할 수 있는 직장에 들어가서 전력질주를 해 보는 것도 나쁘지 않을 것이다. 하지만, 20대 중후반에 신입사원으로 입사를 해서 60대 초중반에 은퇴를 한다 치면 직장에서 보내는 시간은 어림잡아도 30년 이상이 된다. 마라톤 경주에서 42.195km에 달하는 장거리를 완주하기 위해서는 무엇보다 중요한 것이 바로 속도조절이다. 경쟁하는 선수들보다 좀 더 앞서서 달려 보겠다고 첫 구간부터 전력을 다해 달릴 경우 그 결과는 불 보듯 뻔하다. 출발신호가 떨어지기 무섭게 전속력으로 달리면 처음에는 다른 선수들을 크게 앞질러 나가겠지만, 1~2km도 채 못 달리고 금세 지쳐서 뒤따라오던 선수들로부터 추월을 당하게 되어 있다. 그 결과 경기 도중에 '더 이상 못 뛰겠다'며 숨을 헐떡거리며 바닥에 주저앉게 될 가능성이 매우 높다.

직장생활도 마찬가지. 30년이 넘는 긴 세월 동안 직장생활을 성공적으로 하기 위해서는 무엇보다 페이스 조절이 중요하다. 주위를 가만히 둘러보면 페이스 조절에 실패해서 직장생활이라는 경주에서 탈락한 사례를 어렵지 않게 찾아볼 수 있다. 부끄러운 고백이지만, 지금 이 글을 쓰고 있는 필자 역시 한때 페이스 조절에 실패하여 직장생활이라는 경주를 포기한 적이 있다. 지금은 역사 속으로 사라졌지만, 오래전 필름 분야에서 선두를 달렸던 코닥(KODAK)이라는 회사로 이직을 한 직후였다. 당시 코닥의 글로벌 상황은 몹시 안 좋았다. 디지털카메라를 세계 최초로 발명했음에도 불구하고 캐논이나 올림푸스와 같은 후발 주자들과의 경쟁에서 뒤처지기 시작했다. 또한 디지털코닥 본사가 특허권소송에서 패하여 경쟁사에 거액의 배상금을 물어 주면서부터 코닥의 재정 상태는 최악에 이르렀다. 따라서 사업을 전개하는 과정에서 꼭 필요한 신제품 개발에서부터 인적자원, 물류시스템 등에 이르기까지 투자를 전혀 할 수 없었을 뿐만 아니라, 광고와 판촉행사 등에 들어가는 마케팅비용도 거의 없었다. 한국시장의 경우 흔히 AS라고 하는 제품수리의 부분이 가장 심각했는데, 디지털카메라가 고장이 날 경우 고객이 수리를 의뢰하여 돌려받기까지 평균 24일이 걸렸다. 대한민국 내에 코닥 디지털카메라를 수리해 줄 수 있는 공식 센터가 단 한 곳도 없었는데, 그저 카메라 도매상 한 곳을 수리 센터로 등록해 놓고 주먹구구식으로 운영되고 있을 뿐이었다. 고객들의 불만은 점점 더 쌓여 갔고, 누적된 불만이 당연히 제품의 이미지와 판매실적에 지속적으로 영향을 미침으로써 악순환이 계속되었다.

당시 나의 직장상사는 싱가포르 국적의 사람이었는데, 내가 한국 코닥 디지털 사업부의 책임자(Country Manager)로 입사한 바로 그다음 날부터 사흘이 멀다 하고 전화를 해서 실적에 대한 압박을 가하기 시작했다. 업무 파악도 제대로 되어 있지 않은 상태에서 실적부진사유와 대응방안을 준비하느라 야근과 주말 근무는 기본이었다. 거의 매달 싱가포르에서 열리는 회의에 참석을 해야 했는데, 회의에서 발표할 자료를 준비하기 위해 기내에서 노트북을 이용하여 몇 시간 강도 높은 근무를 해야만 했다. 이륙과 착륙 과정에서 기내에서 전자기기를 사용할 수 없는 시간만 제외하고 거의 4~5시간을 발표자료 만드는 데에 사용했던 것이다. 코닥 디지털 사업부의 한국 책임자로서 약 2개월 동안 업무 파악을 마친 후 내가 내린 결론은 '몸으로 때울 수밖에 없다'는 것이었다. 당시 내가 가지고 있던 능력의 100%를 발휘해서 전력질주를 하기 시작했다. 가장 우선순위에 두었던 업무는 제품의 수리 기간을 획기적으로 줄이는 것이었고, 그다음은 유통망을 최대한 확보하는 것이었다. 사무실에 오전 6시경에 도착해서 업무를 시작했고, 거의 매일 야근을 했으며, 주말과 공휴일에는 거의 매장을 방문하거나 사무실로 출근을 하여 밀린 업무들을 마무리했다.

그렇게 3개월 정도 전력질주를 한 결과 실적이 점점 좋아졌다. 대한민국에 전역에 수리 센터를 보유하고 있는 회사와 업무협약을 체결하고, 디지털카메라 수리에 필요한 각종 필수 부품을 충분히 준비하도록했다. 그 결과 제품의 평균 수리 기간이 기존의 평균 24일에서 3일로 크게 줄어들었다. 가전제품을 취급하는 매장들을 발바닥에 땀나도록 방문한 결과 코닥 디지털카메라를 취급하는 매장이 전년대비 3배 이상 늘었다. 제품의 인지도와 판매량도 점점 늘기 시작했으며, 다혈질의 직장상사로부터 칭찬을 받기까지 했다. 그런데 그 무렵부터 내 몸안에서 점점 이상한 일들이 벌어지고 있음을 감지하게 되었다. 시시때때로 편두통이 찾아오기도 했고, 소화불량과 설사를 경험하기도 했으며, 깊은 잠을 잘 수가 없었다. 어쩌다 한 번 숙면을 취하더라도 언제나 피로감이 남아 있었다. 실적은 점점 좋아졌으나 근로 의욕은 조금씩 사라져 갔다. 그때는 전혀 몰랐고, 몇 년이 흐른 후에 알게 되었다. 그 당시는 나는 번아웃 증후군(burnout syndrome)을 겪고 있었다는 것을.

한국 코닥의 디지털 부분 책임자로 입사한 지 1년도 안 돼 나는 무작정 회사에 사표를 냈다. 며칠 후 싱가포르에서 상사가 날아왔다. 그는 나에게 대폭적인 연봉 인상과 함께 출퇴근을 도와줄 운전기사를 제공해 주겠다고 했다. 컨디션이 완전 회복될까지 유급 휴가도 주겠다고 했다. 하지만, 그때 나는 모든 게 다 싫었다. 돈도 싫었고, 휴가도 싫었으며, 그 어떠한 종류의 혜택도 싫었다. 무엇보다 일하는 게 싫었다. 그저 '일하기 싫다. 모든 걸 때려치우고 싶다'라는 감정이 나를 지배하고 있었다. 나는 그다음 주부터 실업자가 되었다. 직장생활을 시작한 지 15년 만에 실업자 신세로 전락했던 것이다. '15년 동안 단 한 달고 거르지 않고 꼬박꼬박 고용보험료를 납부했으니 실업급여를 받을 수 있을 것'이라는 기대감으로 고용노동부에 전화를 했더니, '자발적 퇴직자는 실업급여를 받을 수 없다'라는 회신을 받게 되었다. 그 말을 듣는 순간 정신이 번쩍 들었지만, 이미 돌이킬 수 없는 상황이 되어 버렸다.

자신의 능력을 100% 발휘해야만 다닐 수 있는 직장은 결코 좋은 직장이 아니다. "아니~ 다녀 보지도 않고, 그걸 어떻게 미리 알 수 있단 말인가?"라고 묻는 독자가 분명히 있을 것이다. 당신이 염두에 두고 있는 직장을 과거에 다녀갔던 사람들, 그리고 현재 몸담고 있는 사람들의 말을 경청하고 그들에게 조언을 구하라. 그 직장의 기업문화에 대해서도 알아보고 최고경영자의 성향에 대해서도 물어보라. 특히 그 직장을 최근에 떠난 사람들의 목소리에 귀를 기울여보라. 그들이 소셜 미디어(Social Media) 또는 온라인 상에서 기업을 평가하는 사이트에 남겨 놓은 글들을 참고하라. 또한 당신이 들어가고 싶어하는 그 직장이 오직 매출과 이익만을 추구하면서 근로자들을 혹사시키는 문화를 갖고 있는지, 아니면 근로자 개개인의 인격을 존중하고 상호 배려하는 문화를 갖고 있는지에 대해서도 알아보라. 당신이 그 직장에서 앞으로 담당하게 될 업무가 정신적으로 혹은 육체적으로 감당할 만한 것인지에 대해서도 진지하게 고민해 보라. 사람은 저마다 어떤 일을 해낼 수 있는 능력의 정도가 다르기 때문이다. 일주일 내내 야근을 해도 멀쩡한 사람이 있는 반면, 단 하루만 야근을 해도 거의 사경을 헤맬 정도로 힘들어하는 사람이 있다. 체력이 약한 근로자가 강도 높은 노동환경에 지속적으로 노출될 경우 과로사로 이어질 가능성이 매우 높다. 실제로 어느 물류회사에서는 2020년 한 해에만 9명의 택배근로자가 과로가 원인이 되어 사망하기까지 했다.

자신의 능력을 80% 정도 발휘해도 너끈히 다닐 수 있는 직장을 선택해야 한다. 이미 직장생활을 하고 있다면, 현재 다니고 있는 직장에서 당신이 갖고 있는 능력의 최대 80%만 사용하라. 열정을 다해서 일하되 나머지 20%는 나를 위해서, 그리고 가족을 위해서 반드시 남겨 놓아야만 한다. 조금 더 벌겠다고, 조금 더 인정받겠다고, 조금 더 높이 올라가겠다고 자신이 갖고 있는 에너지를 모두 써 버린다면 자칫 그 결과는 비극으로 끝날 수도 있다. 피곤하면 쉬고, 졸리면 자고, 배고프면 먹고, 때가 되면 놀아야 한다. 그렇게 쉬고 자고 먹고 놀고 하는 모든 행위들은 개인과 조직의 업무 성과를 높이기 위해서 반드시 필요한 요소들이다. 따라서 자신이 갖고 있는 에너지의 80%는 업무를 위해, 나머지 20%는 나를 위해서 써야만 한다. 나를 위해 사용하는 에너지의 20%가 80%를 차지하는 업무의 질에 매우 큰 영향을 미친다. 조직을 위해 죽어라 일하다가 과로사로 사망한 근로자는 유가족과 조직에 적잖은 피해를 주지만, 나와 조직을 위해 지혜롭게 일하는 근로자는 가족에게는 행복을 주고, 조직에는 성과를 준다. 조직을 위해 열심히 일하는 당신, 혹시 지금 자신의 능력을 100% 발휘하고 있지는 않는가? 그렇다면 오늘부터 당장 그 비율을 80%로 조정하라. 그리고 나머지 20%를 자신과 가족을 위해 사용하라. 가족과 함께 먹고, 가족과 함께 놀고, 가족과 함께 즐거운 시간을 보내라. 그리고 그 20%를 활용하여 자신을 계발하라. 어제보다는 더 나은 오늘, 오늘보다는 더 나은 내일을 만들기 위해 체력을 기르고, 지식을 쌓고, 지혜를 구하라. 그렇게 꾸준히 하다 보면 언젠가는 '더 행복한 나', '더 성장한 나', 그리고 '더 성공한 나'를 발견하게 될 것이다.

2

스팩 쌓으려고 애쓰지 마라

　글로벌금융위기 이후 한층 좁아졌던 취업의 문은 예기치 못했던 코로나 사태로 인하여 더욱더 좁아지고 있는 상황이다. 청년에서 중년, 그리고 장년에 이르기까지 본인의 적성에 맞는 양질의 직업을 찾는다는 것 자체가 어느덧 거의 불가능한 일처럼 여겨지고 있는 게 엄연한 현실이 되어 버렸다. 또한 대한민국의 노인 빈곤율은 OECD 국가 중에서 1위의 자리를 차지한 지 오래다. 취업과 실업의 문제는 이제 우리 사회가 함께 고민하고 풀어 가야 할 가장 큰 숙제가 되어 버렸다. 일자리는 한정되어 있고, 직업을 구하는 사람은 많다 보니 이른바 '스팩 쌓기'의 열풍은 좀처럼 수그러들 기미를 보이지 않는다. 서류전형 과정에서 가장 많이 사용되는 이력서의 양식에는 대외활동, 자격증, 어학, 수상내역 등의 항목들이 약방의 감초 역할을 한다. 서류전형에서 탈락하지 않기 위해서는 이력서에 다른 지원자들보다 더 많아 보이고, 더 좋아 보이고, 더 화려해 보이는 스팩을 적어 넣기 위해 안간힘을 쓸 수밖에 없는 처지가 되어 버렸다.

　가장 기본적인 운전면허증에서부터 컴퓨터활용능력, 어학능력, 기술, 분석, 상담에 이르기까지 지원자의 역량을 가늠할 수 있게 해 주는 자격증의 종류는 그 수를 헤아리기 어려울 만큼 많다. 다양한 종류의 스팩 가운데, 구인구직 프로세스에서 가장 많은 비중을 차지하고 있는 것이 토익(TOEIC)이 아닐까 싶다. 토익(TOEIC)은 'Test of English for International Communication'의 약어로서 미국 교육평가위원회가 영어구사능력을 측정하기 위해 개발한 시험이다. 일반적인 토익은 수험자의 독해 능력과 청취 능력을 측정하게 되는데, 두 가지 영역에서 각 100문항씩이 출제되어 990점이 만점이다. 비록 국제적으로 공인받지 못하는 시험이지만, 토익은 대한민국의 정부뿐만 아니라 공기업, 사기업 가릴 것 없이 수많은 기관과 기업들이 지원자들의 영어 실력을 가늠하는 잣대로 삼아 왔기 때문에 우리나라에서 토익의 열풍은 좀처럼 수그러들 기미를 보이지 않는다. 따라서 구직자들은 입사지원서나 이력서에 더 높은 토익 점수를 기재하기 위해 토익을 전문적으로 가르치는 영어 학원을 수개월에서 수년씩 다니기도 하고, 1년에 몇 차례씩 토익 시험을 보기도 한다.

그렇다면 과연 우리 대한민국에 토익이 왜 이렇게까지 막대한 비중을 차지하고 있는 것일까? 왜 우리나라는 매년 수천만 불에 달하는 외화를 미국에 지불하면서까지 이토록 토익에 목을 매는 것일까? 그것은 바로 '영어가 곧 글로벌이고, 영어가 곧 국가 경쟁력이다'라는 그릇된 인식이 사회 전반에 퍼져 있기 때문이다. '글로벌 시대에 영어는 필수다'라는 근거 없는 믿음이 우리나라 국민들 사이에 너무 강하게 자리를 잡고 있기 때문이다. '영어가 곧 글로벌'이라는 잘못된 믿음 때문에 오늘도 얼마나 많은 학부모들이 영어 교육에 목을 메고 있는지 알수가 없다. 대한민국 입시에서 영어가 차지하는 비중은 국어, 그리고 수학과 함께 가장 높다. 영어 학원비와 영어과외비로 지출되는 사교육비 때문에 그야말로 학부모들의 허리가 휠 지경이다. 통계청의 발표에 따르면 2018년 한 해 동안 우리나라 학부모들이 사교육비에 지출한 돈이 무려 19조 원을 넘었다고 한다. 대학에 들어가서도 교양영어 등의 이름으로 영어가 필수과목으로 지정되어 있기 때문에 영어에 관심이 있든 없든 대부분의 대학생들은 영어문법책을 가까이할 수밖에 없다. 대학을 졸업하고 취업을 준비하는 과정에서도 영어가 차지하는 비중은 가히 놀라울 정도이다. 공무원 시험에서 영어는 이미 오래전에 필수과목으로 지정되었고, 공기업이나 사기업에 취업하기 위해서는 토익과 같은 영어성적표를 의무적으로 제출해야 한다. 이처럼 대한민국에서는 초등학교에서 대학교, 그리고 직장생활에 이르기까지 영어가 차지하는 비중은 막대하다.

그렇다면 과연 글로벌 시대에 영어가 필수일까 아닐까? 외국인들을 상대로 비즈니스를 해 본 경험이 없는 사람, 또는 해외에 장기간 체류했던 경험이 없는 사람일수록 그 물음에 '글로벌 시대에 영어는 필수다'라고 대답할 확률이 높다. 반면 글로벌 무대에서 10년 이상 일해 본 사람, 또는 국내보다 해외에서 체류하는 기간이 긴 사람일수록 '글로벌 시대에 영어는 필수가 아니다'라고 대답할 확률이 매우 높다. 20년 이상 국내 기업과 외국계 기업에서 직장생활을 했던 나의 경우만 하더라도 '글로벌 시대에 영어는 필수가 아닌 선택'이라고 말하는 데에 조금도 주저함이 없다. 물론 나도 한때 '영어가 곧 글로벌이고, 영어가 곧 핵심 경쟁력'이라는 잘못된 인식 때문에 영어 공부에 목을 매다시 피 했던 시절이 있긴 했지만, 직장생활을 하는 동안 전 세계 30여 개국 을 종횡무진하며 활동했던 지난날들을 가만히 돌이켜 보면, 글로벌 시 대에 영어는 필수가 아닌 선택이라는 확고한 믿음을 갖게 되었다.

국가 간의 경계를 허물어뜨린 글로벌 시대는 어느덧 4차 산업혁명 시대를 맞이하여 전 세계에 새로운 차원의 변화를 예고하고 있다. 인 공지능과 사물 인터넷, 그리고 모바일이 주도하는 4차 산업혁명 시대 에 영어가 차지하는 비중이 과연 얼마나 될까? 글로벌 시대에 영어가 필수가 아니라고 한다면 도대체 뭐가 필수라는 말인가?

핵심 기술. 그렇다. 이제는 개인이든 기업이든 국가든 미래에 생존 하고 성장하기 위해서는 '영어가 곧 글로벌'이라는 망상을 과감하게 버리고, 저마다 핵심 기술을 계발하고 발전시키려는 의식의 대전환이 반드시 필요하다. 영어는 한때 세계 경제를 지배했던 영국과 미국을 비롯한 몇 개의 나라에서 공용어로 사용하는 언어이며, 국가 간의 무 역이 활발해지기 시작하면서 본격적으로 사용되어온 커뮤니케이션의 도구에 불과하다. 적지 않은 미래학자들이 고도화된 기술의 발달로 인하여 머지 않아 쇠퇴할 직업에 '동시 통역사'를 포함시키고 있는 데 에는 다 그만한 이유가 있는 것이다.

스위스의 인구는 820만 명으로 세계 98위에 불과하지만, 2019년 기 준 GDP는 7,030억 불로 세계 20위, 국민 1인당 GNP는 81,993불로 세 계 2위이다. 인구가 60만 명도 안 되는 룩셈부르크를 제외하면, 사실 상 스위스가 세계에서 가장 잘사는 나라인 셈이다. 아주 오래전에 스위스로 출장을 갔을 때 내가 그 나라에 대해 가졌던 편견은 '왜 스위스 사람들은 영어를 못할까?'라는 생각이었다. 꽤 유명한 글로벌 기업을 방문했지만, 담당 부서장과의 회의에서는 통역사가 함께 있어야만 했고, 방문하는 지역마다 영어가 통하지 않아 애를 먹었다. 그도 그럴 것이 스위스의 공용어는 독일어, 프랑스어, 이탈리아어, 그리고 로망슈어이다. 먼 훗날 내가 깨닫게 된 것은 스위스 사람들은 영어를 못하는 것이 아니라 굳이 영어를 사용하지 않아도 되는 환경에서 살고 있었던 것이다. 그들은 언어보다는 기술이 훨씬 더 중요하다는 사실을 오래전부터 알고 있었기 때문에 나라 전체가 영어 공부보다는 기술 개발에 심혈을 기울여 온 것이다.

스위스의 기술력과 관련한 유명한 일화가 하나가 있는데 그것은 바로 철사(steel wire)와 관련된 것이다. 한때 정밀기계산업을 본격적으로 육성했던 정부의 지원에 힘입어 어느 일본 기업이 세계에서 가장 굵기가 가는 철사를 개발하는 데에 성공하게 된다. 그 일본 기업은 '어떻게 하면 이 성과를 전 세계에 보다 극적으로 홍보할 수 있을까?' 하고 궁리를 거듭한 끝에 당시 세계에서 가장 기술력이 뛰어나다고 평가를 받던 스위스의 한 기업에 그들이 최근에 개발한 철사 한 꾸러미를 선물로 보냈다. 그로부터 얼마 후, 그 스위스 기업으로부터 소포가 도착해서 박스를 열어 보니 일본 기업이 한 달 전에 보냈던 철사 한 꾸러미가 그대로 들어 있었고, 박스 안에 동봉되어 있던 편지에는 '철사 안을 자세히 들여다보시오'라는 글이 적혀 있었다. 그래서 자세히 관찰해 보니 그 긴 철사 안에 처음부터 끝까지 구멍이 뚫려 있는 게 아닌가! 헐~ 이 일화가 사실인지 아닌지 누가 언제 지어냈는지에 대해서는 알 길이 없으나 스위스의 기술력이 과연 어느 정도인지를 가늠하게 하는 내용이 아닌가 싶다.

'오직 기술로만 승부한다!' 바로 이것이 세계 최고의 시계 브랜드 롤렉스(ROLEX)를 탄생시킨 한스 빌스도르프의 경영철학이다. 글로벌 시대에 핵심 기술의 중요성을 간과하지 않았던 창업자의 정신 때문에 롤렉스는 세계 최초의 자동태엽, 세계 최초의 방수케이스 등 무려 400개가 넘는 특허기술을 보유하고 있다. 롤렉스와 함께 세계 시계시장을 주도하고 있는 브랜드가 바로 오메가(OMEGA)와 스와치(SWATCH)인데, 모두 스위스의 기업들이다. 비단 시계산업뿐만 아니라, 밀리터리 전동공구 등의 기계산업, 노바티스(Norvatis), 로슈(Roche) 등의 제약산업, 그리고 금융업에서 세계의 최상위 그룹으로 인정받고 있다. 99% 이상이 중소 또는 중견기업으로 구성되어 있는 스위스 기업들이 기술 개발과 기술 혁신에 매달려 온 결과이다. 또한 2014년과 2015년에는 글로벌 혁신지수(GII)에서 영국과 미국을 제치고 2년 연속 1위를 차지했다. 적지 않은 수의 국가들이 '영어가 곧 글로벌이고 영어가 곧 경쟁력이다'라는 잘못된 믿음으로 영어광풍에 휩싸여 엄청난 양의 시간과 에너지를 낭비하고 있을 때 스위스는 핵심 기술의 중요성을 깊이 인식하고 신기술 개발에 전력을 기울이고 있는 것이다.

'영어가 곧 경쟁력이니 너도나도 영어를 해야만 한다'라는 생각이 얼마나 편협한 생각인지에 대해서 이번에는 노벨상을 예를 들어 설명하고자 한다. 노벨상은 1867년 다이너마이트를 발명한 알프레드 베르나

드르 노벨(Alfred Bernhard Nobel)의 유언에 따라 인류의 복지에 공헌한 개인이나 단체에 수여되는 상으로서 물리, 화학, 경제 등 6개분의 수상자에게 1901년부터 매년 12월 10일(노벨이 사망한 날)에 수여된다. 수상자들에게는 금메달, 그리고 상장과 함께 약 백만 불에 달하는 상금이 주어지며, 수상자 본인뿐만 아니라 국가적으로도 큰 명예이기 때문에 매년 말 노벨상 시상식은 세상의 관심을 모으기에 충분하다. 2008년 노벨 물리학상을 수상한 일본 교토산업대학교의 마스카와 도시히데 교수는 스웨덴의 한 대학에서 노벨상 수상 기념강연을 했는데, 시종일관 영어가 아닌 일본어로 강연을 함으로써 언론의 주목을 받은 적이 있다. 기자들에게 '영어를 못해 물리학을 공부할 수밖에 없었다'라고 말했던 마스카와는 해외 유학은커녕 노벨상 후보로 선정될 때까지 여권도 없었을 정도로 영어와는 담을 쌓고 지냈던 사람이다. 이렇듯 이웃나라 일본은 지금까지 과학 분야에서만 20명의 노벨상 수상자를 배출했지만, 영어에 거의 목을 매다시피 해 왔던 대한민국은 지금까지 과학 분야에서 노벨상을 수상한 사람이 단 한 명도 없다는 사실을 어떻게 설명할 수 있을까?

나는 오래전부터 '대학입시에서 영어를 필수가 아닌 선택과목으로 지정을 해야 국민도 살고 대한민국도 발전한다'라는 강한 믿음을 갖고 있다. 대한민국의 20대와 30대 직장인들을 대상으로 조사한 한 설문결과에 의하면, 무려 65%에 달하는 우리나라 직장인들은 '직장에서 영어를 하루에 한마디도 사용하지 않거나 5문장 이하로 사용한다'고 응답했다고 한다. 만약 전국민을 대상으로 전수조사를 한다면 외교나 무역 등의 분야에서 업무적으로 영어를 꼭 사용해야 하는 사람들은 아마 1%도 채 안 될 것이다. 다시 말해 국민 대다수가 평소에 사용하지도 않고 업무상 필요로 하지도 않는 그 영어에 대한민국은 지금 엄청난 양의 국력을 쏟아붓고 있는 것이다. '영어는 일찍 배울수록 좋다'라는 학부모들의 경쟁심 때문에 학원비가 월 수백만 원을 호가하는 영어 유치원이 우후죽순처럼 늘어나고 있고, 한창 뛰고 놀면서 자연스럽게 기초체력을 길러야 할 초등학교 학생들은 학교수업이 끝나기 무섭게 영어 학원으로 향한다. 대학입시를 준비하는 중고등학교 학생들의 영어 수업과 영어과외는 두말할 필요도 없고, 취업을 준비하는 대학생들도 승진을 준비하는 직장인들도 대한민국의 온 국민들이 너도나도 영어를 공부하느라 엄청난 양의 시간과 비용을 낭비하고 있는 것이다.

'영어가 곧 국가 경쟁력을 의미하지는 않는다'라는 주장을 뒷받침할 객관적인 증거는 얼마든지 찾아볼 수 있다. 영어를 공영어로 사용하고 있는 필리핀과 그렇지 않은 대한민국의 경제를 비교해 보자. 한때 미국의 지배를 받았던 필리핀은 1960년대만 하더라도 대한민국보다 잘사는 나라였다. 1962년 대한민국의 1인당 국민소득이 120불이었을 당시 필리핀의 1인당 국민소득은 220불로 우리나라보다 거의 두 배 잘사는 나라였다. 양국의 1인당 국민소득이 1969년에는 240불로 동일했지만, 그로부터 약 반세기가 흐른 2019년 대한민국의 1인당 국민소득이 32,115불인 반면, 필리핀은 3,832불에 불과했다. 영어에 관한 한 대한민국 국민들이 발 벗고 쫓아가더라도 도저히 따라잡기가 불가능한 필리핀의 1인당 국민소득이 우리나라의 12%도 채 되지 않는 것이다. 영어를 상용어로 사용하고 있는 인도는 어떠한가? 영어를 거의 원어민처럼 구사하는 인도 사람들의 소득은 세계 100등 안에도 들지 못한다. 그렇다면 영어를 거의 사용하지 않는 대한민국이 세계 10대 경제대국이 된 원동력은 과연 무엇인가? 그것은 다름 아닌 기술력이었다. 대한민국은 섬유산업을 필두로 기계, 선박, 전기, 전자, 자동차, 반도체 분야에 이르기까지 지난 수십 년간 전 세계가 부러워할 만큼의 괄목할 만한 경제성장을 이루었는데, 그 원동력은 바로 영어가 아닌 핵심 기술에 있었다. 국가도 기업도 국민도 기술 개발과 수출에 온 힘을 모은 결과 대한민국 경제는 급속한 발전을 이룰 수 있었던 것이다.

만약 우리나라 청소년들이 영어 학원에서 단어를 암기하고 있을 그 시간에 저마다 타고난 소질을 계발하는 데에 시간을 더 썼더라면, 만약 우리나라 대학생들이 영어권 국가로 어학연수를 떠나서 영어 회화를 배우고 있을 그 시간에 각자의 전공지식을 쌓기 위해 더 노력했더라면, 만약 우리나라의 수많은 직장인들이 토익 점수를 높이려고 밤낮으로 안간힘을 쓰던 시간에 신제품 개발과 수출을 위해 더 땀을 흘렸더라면, 우리 대한민국은 진작에 G7 대열에 합류하였을 것으로 나는 확신한다. 이제 다시 다시 기본으로 돌아가야 한다. 우리 이제 더 이상 착각하지 말아야 한다. 글로벌 시대에 영어는 선택이며, 기술은 필수이다. 글로벌 시대에 대한민국이 세계의 무대에서 더욱더 우뚝 서기 위해서는 기술 개발이 우선이고, 영어는 두 번째가 되어야 한다.

'구슬이 서 말이라도 꿰어야 보배'라는 말이 있듯이, 제아무리 영어를 원어민 수준으로 잘한다 하더라도 그저 '나 영어 잘함'에 그친다면, 영어는 일종의 스팩에 불과한 것이다. 경영대학원에서 MBA과정을 공부하는 학생들을 대상으로 강의를 진행하면서 매 학기마다 내가 빼먹지 않고 항상 강조하는 내용이 있는데, 그것은 바로 '이제 더 이상 스 팩에 의존하지 말라'는 것이다. 스팩(SPEC)은 영어의 **Specification**(제품의 사양)에서 유래한 신조어인데, 어떠한 사람의 출신이나 배경, 자격 등을 지칭하는 용어로 자리 잡았다. 나는 학생들에게 영어의 SPEC 은 네 가지의 단어가 조합된 말로 다음과 같은 특징이 있음을 설명하고 있다.

SPEC에서의 첫 S는 **Superficial**, 즉 피상적(가식적)이라는 뜻이 담겨 있고, 두 번째 P는 **Pretending**, 즉 겉치레하는(~체 하는)는 의미가 내포되어 있다. SPEC에서의 세 번째 E는 **Emotional**, 즉 감성적인(감성에 사로잡히는)이라는 뜻이 있고, 마지막 C는 **Copy**, 즉 복사본(복제한 물건)을 뜻을 담고 있다. 따라서 우리가 흔히 사용하는 스팩이라는 말은 '진실되지 못한 가식적인 모습으로, 실력은 부족하지만 이력서만 보면 겉이 번지르르하게 보이며, 근시안적이고 감성적으로 판단함으로써, 획일적인 사고로 남들과 똑같은 또 하나의 복제품이 된다'는 부정적인 의미가 함축되어 있다.

'SPEC를 확 뒤집어서 좀 더 나은 사회를 만들어 가기 위해 함께 노력하자'는 것이 대학교수로서 내가 학생들에게 지속적으로 주장하는 바다. SPEC의 순서를 완전히 바꾸면 CEPS가 되는데, 이 CEPS에 긍정적인 의미를 부여해 보자. 셉스(CEPS)의 첫 번째 C는 **Creative**(창의적인), 두 번째 E는 **Energetic**(활기가 넘치는), 세 번째 P는 **Potential**(잠재력이 있는), 그리고 마지막 S는 **Star**(별)라는 뜻이 담겨 있다. 따라서 CEPS는 SPEC과는 반대로 '창의적인 자세로 활기차게 노력함으로써 무한한 잠재력으로 조직에서 꼭 필요한 인재가 되자'라는 의미를 담고 있는 것이다.

주변을 가만히 둘러보면 스펙을 지나치게 중요시하는 사람들이 있기 마련인데, 그러한 부류의 사람들을 좀 더 세심하게 관찰을 해 보면 그들만이 갖고 있는 공통적인 특징을 발견할 수 있다. 학벌을 유난히 강조하는 사람들의 경우 내세울 게 학벌 외에는 별로 없고, 나이를 유난히 강조하는 사람들은 나이 외에는 내세울 게 별로 없다. 남성 또는 여성임을 지나칠 정도로 내세우는 사람들 중에 훌륭한 인격과 실력을 겸비한 사람을 만나 본 기억이 있는가? 해외에서 인종차별을 하는 사람들을 자세히 관찰해 보라. 원래 인종차별은 내세울 게 피부색밖에 없는 인생의 패배자들, 즉 루저들(losers)이나 하는 짓이다. 실력과 교양을 겸비한 문화인들은 절대 인종차별을 하지 않는다. 따라서 '인종차별'이라는 것은 내가 인종에 대한 편견을 갖고 있지 않는 한 존재할 수 없음을 기억해야 한다. 혹시 독자들 가운데 해외에서 우연한 기회에 루저들을 만나게 되면 기분 나빠할 필요가 전혀 없다. 오히려 그들을 불쌍히 여겨야 한다. 그들은 왜 그들이 루저라고 불리는지도 모르는 사람들이기 때문이다.

스펙 중심적 태도(SPEC Oriented attitude)를 가진 사람은 '어떻게 하면 토익이나 아이얼츠 시험에서 높은 점수를 받아서 남에게 더 잘 보일 수 있을까?'라는 생각이 의식의 저변에 깔려 있는 반면, 셉스 중심적 태도(CEPS Oriented attitude)를 가진 사람은 '어떻게 하면 창의적인 노력으로 조직에 더 기여할 수 있을까?'라는 생각이 의식을 지배한다. 따라서 스펙 중심적 태도(SPEC Oriented attitude)를 가진 사람에게 있어서 영어는 목적이 되는 것이고, 셉스 중심적 태도(CEPS

Oriented attitude)를 가진 사람에 있어는 영어는 그저 목표달성을 위한 수단에 불과한 것이다. 이러한 의식이 쌓이고 쌓이게 되면 결국 한 집단은 돈 버리는 영어를 할 수밖에 없는 거고, 다른 한 집단은 돈 버는 영어를 하게 되어 있는 것이다.

'스펙을 최대한 많이 쌓아서 일단 붙고 보자'는 생각은 이제 버려야 한다. 스펙이 대세였던 10년 전쯤에는 통했지만, 지금은 더 이상 아니다. 현대의 기업들은 스펙이 넘치는 직원들로 가득 차 있지만, 그 다양한 종류의 스펙들이 기업의 성장과 발전에 이제 더 이상 도움이 되지 않음을 기업들이 서서히 인식하게 되었기 때문이다. 요즘 유망한 기업들은 평범한 열 개의 재주를 가진 직원보다 제대로 된 한 개의 재주를 가진 인재를 뽑기 위해 혈안이 되어 있다. 따라서 10개의 스펙을 쌓는 그 시간에 내가 남보다 더 잘할 수 있는 주특기, 즉 필살기 하나를 제대로 계발해야 한다. 4차 산업혁명 시대에 기업들은 이것저것 조금씩 할 줄 아는 '다재다능형 인재'보다 한 분야를 제대로 할 줄 아는 '전문가형 인재'를 필요로 한다. 그것이 코딩이든, 인공지능이든, 디자인이든지 간에 한 분야를 선택해서 거기에 시쳇말로 몰빵을 해야 한다. 그리고 이력서의 '대외활동, 자격증, 어학, 수상내역'을 기재하는 코너에는 이렇게 딱 한 줄만 적어라.

○○○ 부문의 역량 - 대한민국 최고의 수준(이거 하나만큼은 자신 있음)

3

첫 3년은 무조건 버텨라

입사 1년 차: '신입사원'이라는 꼬리표를 늘 달고 다니며, 조직에서 투명인간 취급받을 때가 한두 번이 아니다. 회사에서 사용하는 용어들이 낯설기만 하고, 바로 옆자리에서 업무를 능수능란하게 처리하는 대리님의 모습이 그저 부럽기만 하다. 팀장님과 선배님들이 시도 때도 없이 시키는 복사 심부름에, 택배 심부름에, 때때로 커피 심부름까지……. 가끔 가다 '내가 이 짓 하려고 비싼 등록금 내고 대학까지 나왔나?' 하는 자괴감마저 든다. 출근길에는 '초심을 잃지 말자'고 수없이 다짐을 해 보지만, 퇴근길에는 그 '초심'이 '작심'으로 변하여 잡코리아와 사람인 사이트를 수시로 들락거린다.

입사 2년 차: 이제 어느 정도 업무 파악도 됐고, 팀장님이 왜 회의 때마다 고래고래 소지를 질러 대는지에 대해서도 알 수 있게 되었다. 회사 내에서 업무적으로 사용하는 용어들에도 어느덧 익숙하게 되었고, 다른 부서 들러서 업무 협조 구하는 일도 이제 더 이상 쑥스럽지 않다. 회식 자리에서는 팀장님에게 술김을 이용해 가끔 농담을 건넬 정도가 되었다. 그런데, 주말에 대학 동창들 만나서 한잔할 때마다 열받는다. 그냥 술이나 마실 것이지 입만 열면 연봉을 들먹이며 자랑질이다. 어디로 옮겨서 5백을 더 받았다는 둥, 어디서 얼마를 더 주겠다는 오퍼를 받았다는 둥, 아~ 생각할수록 열받는다.

입사 3년 차: 이제 내게 주어진 업무 하나만큼은 확실이 처리할 수준이 되었다. 팀장님이 수시로 던지는 업무 지시가 더 이상 두렵지 않다. 몇 개월 전에는 우연히 복도에서 만난 본부장님으로부터 '일 잘한다'는 칭찬을 들었고, 지난 달에는 회사 창립기념일에 우수직원으로 선발되어 상패와 함께 상품권도 받았다. 캬~ 회사 다닐 맛 제대로 났다. 그런데 이상하게도 이번 달부터 컨디션이 영 안 좋다. 몸은 멀쩡한데, 마음이 영 뒤숭숭하다. 회의에서 가끔 팀장이 하는 지적질에 짜증이 난다. '혼을 내려면 조용히 불러서 할 것이지, 옆 자리에 후배직원들도 앉아 있는데 창피하게…….' 팀장에게 슬슬 들이받고 싶은 충동이 생긴다. 그렇지 않아도 엊그제 친구 한 명이 B 회사로 옮기면서 연봉을 9백이나 올려 받았다는 소식을 듣고, 배가 엄청 아팠는데…….

비록 필자가 만들어 낸 픽션이기는 하지만, 아무런 근거 없이 지어낸 이야기는 아니고, 여러 직장인들로부터 전해 들은 경험담을 줄이고 또 줄여서 구성한 것이다. 첫 직장에서의 3년이 왜 중요한지를 독자들에게 조금 더 확실하게 어필하기 위함이다.

"지금이 어느 시대인데, 무조건 버티라니 대체 이게 무슨 뚱단지 같은 말인가?" "책의 1부에서는 '지금 당장 사표를 내라' '심사숙고 후에 사표를 내라'고 하더니, 이제는 무조건 3년을 버티라고?" 하면서 의아해하는 독자들이 있을 줄 안다. 또한 여러 번 곱씹어 생각을 해 보니 이번 장의 첫머리에 적은 제목의 색깔이 너무 강렬하다는 느낌이 드는 것은 사실이다. 그렇다고 필자의 의도를 좀 더 분명하게 하기 위해 굳이 '성공적인 직장생활을 하기 위해서 현재 근무하고 있는 직장에서 최소한 3년 정도는 근무하시오'라고 하는 긴 문장을 소제목으로 정할 수도 없다. 어찌됐든 현재 대한민국에서 직장생활을 하고 있는 분들에게 필자가 전하고자 하는 메시지는 분명하다. 지금 그대가 다니고 있는 회사가 본인이 선택한 직장이고, 조직 내에서 수행하고 있는 업무를 감내할 만하며, 직장에서 주는 급여로 어느 정도 생계를 유지할 수만 있다면, 좀 더 길게 내다보고 최소 3년 정도는 한 직장에 머물러 있으라는 것이다. 필자가 유독 3년을 강조하는 분명한 이유가 세 가지 있는데, 그것은 바로 '업무숙달', '경력관리', 그리고 '경영자의 길'이다.

1) 업무숙달

"신입사원이 자신의 업무를 능숙하게 진행하기까지에는 대략 몇 년이나 걸리는지?"의 질문에 주저함 없이 "3년"이라고 답하는 임원들이 의외로 많다. 물론 직종에 따라서, 또는 개인의 역량에 따라서 그 시간은 더 줄어들거나 늘어날 수도 있겠다. 하지만, 기업에서 인사 분야를 책임지고 있는 임원들의 상당수는 '신입사원이 조직에 제대로 기여하기까지는 약 3년의 시간이 걸린다'라고 입을 모은다. 필자의 경험 역시 이 주장을 뒷받침해 준다. 가전제품을 판매하는 영업사원으로 첫 직장생활을 시작했던 나는 1년 차 신입사원 시절에는 회사에서 월급을 받기가 미안할 정도로 실적이 저조했다. 그런데, 2년 차에 접어들면서 영업사원에게 필요한 기본적인 기술들을 체계적으로 연마할 수 있었고, 고객의 속성과 시장의 흐름에 대한 이해의 폭을 넓힐 수 있었으며, 비로소 3년차 영업사원이 되어서야 회사에서 기대하는 이상의 성과를 낼 수 있었다.

2) 경력관리

아래에서 제시한 4명의 경력직 후보 가운데, 회사에서 채용을 담당하는 인사담당자들이 서류전형과정에서 가장 먼저 걸러내는 지원자는 누구일까?

　① 지방대학 출신 지원자
　② 학부 성적이 저조한 지원자
　③ 토익 점수가 낮은 지원자
　④ 이직 횟수가 많은 지원자

아마도 열에 아홉은 ④번 지원자를 서류전형에서 가장 먼저 탈락시킬 것이라 확신한다. 그저 막연한 추측에 의한 판단이 아니다. 필자가 예전에 HR전문컨설팅 회사를 경영하면서 만났던 여러 기업의 채용담당 임원들로부터 수도 없이 들었던 이야기에 근거한 것이다. 인재를 추천할 때 '이직 횟수가 많은 지원자는 제외시켜 달라'거나 '한 직장에서 3년 미만으로 근무한 지원자는 아예 면접을 보지 않겠다'라고 말했던 임원들이 한둘이 아니었다. 그분들의 이야기를 자세히 들어 보면 나름 일리가 있었다. 자체적인 구인광고에 의해서든, 아니면 헤드헌팅 회사에 의해서든 경력사원을 채용하는 과정에서 적지 않은 시간과 비용이 소요된다고 한다. 또한 경력사원이 중도에 퇴사할 경우 경력직원을 다시 채용하거나 기존 인력들에 대한 업무를 조정하는 과정에서 업무의 양이 크게 증가한다는 것. 따라서 이력서에 이직 사유가 아무리 그럴듯하게 기재되어 있다 하더라도 이직 횟수가 많은 지원자에 대해서는 '우리 회사에서도 얼마 못 견디겠구먼' 하는 선입견이 작용한다고 한다. 보다 효과적인 경력관리를 위해서도 '최하 3년'이라는 문구를 꼭 기억하기 바란다.

3) 경영자의 길

몇 년 전 HR전문 회사에서 국내 기업의 경영자 112명을 대상으로 이직과 관련한 설문조사를 실시한 적이 있다. 그 결과 그들의 평균 이직 횟수는 2.9회였고, 한 직장에서 근무했던 기간은 4.8년이었다. 그런데 한 가지 주목할 만한 사실은 경영자들이 첫 직장에서 근무했던 평균 재직 기간은 8.1년이나 되었다는 것. 즉, 신입사원으로 시작한 첫 직장에서 8년 정도 근무를 했다는 것이다. 일반적인 회사의 경우 신입사원으로 입사한지 3년이 지나면 '대리'라는 직급으로 승급을 하게 되고, 또 다시 3년이 지나면 과장으로 직급이 변경되면서 팀장 또는 부서장의 역할을 수행하게 된다. 결국 입사한 지 6년이 지나게 되면 조직의 장(長)이 되어 리더십을 발휘할 수 있는 기회를 얻게 된다. 이렇게 첫 직장에서 신입사원, 중간관리자, 그리고 부서장으로서 역할을 단계적으로 수행하게 됨으로써 경영자가 되기 위한 훈련을 자연스럽게 마치게 되는 것이다. 혹시 언젠가 회사에서 임원이나 최고경영자가 되기를 희망하는가? 그렇다면 한 직장에서 적어도 8년 정도를 진득하게 근무하면서 담당 분야의 업무를 완전히 숙지하고, 성공적인 조직관리에 필요한 리더십을 체계적으로 훈련하기를 바란다.

어느 분야든 최고의 자리에 오르기까지는 엄청난 양의 에너지와 시간이 필요하다. 물론 각 분야별로 요구하는 재능도 필요하겠지만, 그보다는 한 분야에 '시간'이라는 요소를 지속적으로 투입해야만 최고의 반열에 오를 수 있다고 주장하는 이들이 적지 않다. 말콤 글래드웰(Malcolm Gladwell)은 그의 저서 《아웃라이어(Outliers)》에서 자기 분야에서 최고가 되기 위해서는 1만 시간의 노력이 필요하다고 주장한다.

$$8(hours) * 5(days) * 52(weeks) * 4.8(years) = 10,000(hours)$$

즉 어느 한 분야에 1만 시간을 투입한다는 것은 주 5일 근무를 기준으로 약 4.8년이라는 긴 시간을 쏟아붓는다는 것을 의미한다. 비록 최고의 자리는 아니더라도, 어느 분야에서든 경쟁력을 갖추기 위해서는 적어도 5천 시간 정도는 투입을 해야 하는데, 어림잡아 2.4년 정도의 시간이 필요하게 된다. 그런데, '연봉이 적다'라는 이유로, 또는 '상사가 마음에 안 든다'라는 이유로 어렵게 들어간 직장을 1~2년도 안 되어 그만두는 것은, 보다 장기적인 관점에서 볼 때 득보다는 실이 훨씬 크다는 점을 알아야 한다.

---

(4)

성공적인 N잡러를 위한 3가지 가이드라인

요즘 직장인들 사이에서 'N잡러'라는 신조어가 자주 회자되고 있다. 'N잡러'란 여러 개의 숫자를 의미하는 'n(엔)', 직업을 의미하는 'job(잡)', 그리고 영어에서 ○○하는 사람을 나타낼 때 사용하는 'er'를 합성하여 만들어진 일종의 신조어다. N잡러를 굳이 풀어서 표현하자면, '여러 개의 직업을 가진 사람' 정도가 되겠다. 한 취업사이트가 진행한 설문조사의 결과에 의하면, 2021년 현재 우리나라에서 2개 이상의 직업을 갖고 있는 직장인의 수가 약 30%에 이른다고 한다. 한편, 부업을 주식과 부동산투자, 그리고 가상화폐도 투자의 범위까지 포함한다면 우리나라 직장인들 가운데 N잡러로 분류되는 비율은 크게 증가할 것이다. 또한 예기치 못한 코로나 사태를 계기로 사회 전반에 고용불안의 심리가 크게 작용하게 됨으로써 N잡러에 대한 관심은 그 어느 때보다 더 높아질 것으로 예상된다.

인터넷 검색창에 'N잡러'를 입력하면, '본인이 N잡러가 되어 몇 억을 모았는데, 컨설팅을 해 줄 테니 비용을 내라'는 광고를 어렵지 않게 찾아볼 수 있다. 자신이 운영하는 블로그에 N잡러로 일하면서 벌어들인 돈이 얼마인지, 부업을 통해 얼마의 세금을 더 냈는지 등에 대한 정보를 증빙서류의 사진과 함께 자세히 올리면서, '당신도 하루라도 빨리 N잡러가 되라'며 목청을 높이는 사람들이 부지기수다. 불확실한 미래에 대한 염려 때문에 부업을 통해 좀 더 소득을 높이고 싶어 하는 직장인들의 심리를 교묘하게 이용하여 돈벌이에 열을 올리고 있는 것이다. 어느 사이트에 접속해서 '좋아요' 버튼을 얼마나 눌러서 몇 백을 더 벌었다느니, 지인이 운영하는 다단계판매회사의 회원으로 가입해서 수 천을 벌 수 있었다느니, N잡러를 통해 수 억을 벌고 있다느니 하는 이야기가 난무하다.

남들보다 더 일해서 더 벌겠다는데, 그 누가 가타부타할 수 있으리오? 더군다나 N잡러의 진입장벽은 지극히 낮다. 정규직이든 비정규직이든 대한민국에서 정상적으로 직장생활을 하고 있는 사람이라면 마음만 먹으면 언제든지 부업을 시작할 수 있다는 이야기다. 하지만, 필자의 개인적인 소견으로는, '남이 하니까 나도 한다'는 식으로 아무런 준비 없이, 무계획적으로 N잡러가 될 경우 득보다는 실이 훨씬 클 것으로 예상한다. 독자들에게 있는 그대로 밝히자면, 필자 역시 현재 대학교수, 컨설턴트, 강연가 등의 역할을 하면서 N잡러로 활동 중이다. 따라서 필자는 N잡러 10년 경력의 선배 직장인 입장에서, 향후 N잡러를 계획하고 있는 후배 직장인들에게 다음과 같이 3가지 가이드라인을 제시해 주고 싶다.

첫째, N잡은 자신의 핵심역량을 기준으로 선택할 것. 부업을 시작하기 전에 자신의 강점과 약점을 정확히 파악하고, 자기가 보유하고 있는 핵심역량을 객관적으로 평가한 다음, 그 역량을 효과적으로 발휘할 수 있는 일을 선택하라는 의미다. 즉 추가로 하게 될 직업을 통해 '얼마를 더 벌 수 있을까?'에 초점을 두지 말고, '내가 갖고 있는 역량을 충분히 발휘할 수 있는 일인가?'를 먼저 진지하게 검토해 보라는 거다. 그런데, 많은 사람들이 이 순서를 바꿔서 하고 있기에 수입은 소폭으로 증가하는 반면, 삶의 만족도는 크게 저하되는 결과를 얻게 된다. 많은 사람들이 "누가 무슨 일을 해서 얼마를 벌었대!" "그래? 그럼 나도 그 일을 해서 얼마를 벌어야겠군!" 바로 이 '얼마'가 선택의 기준이 되는 그 순간부터 인생의 불행이 시작되는 것이다. 그 '얼마'를 더 벌기 위해서 본래의 직업을 소홀히 하게 되고, 그 '얼마'를 더 벌기 위해서 과로와 스트레스에 시달리게 되며, 그 '얼마'를 더 벌기 위해서 죽어라 일하다가 병원 신세를 지게 되는 것이다. 바로 그 '얼마' 때문에 불행한 직장생활을 하게 될 가능성이 매우 높다. 세컨드 잡을 갖고자 하는 것도, 돈을 좀 더 벌고자 하는 것도 결국 보다 행복한 삶을 살기 위해서인데, 바로 그 '얼마' 때문에 건강도 잃고, 행복도 잃어서 되겠느냐는 것이다.

둘째, O잡(Original Job)이 확실히 자리를 잡을 때까지 N잡의 시작을 미룰 것. '누가 무엇을 해서 얼마를 벌었다고 하더라'는 소식은 많은 직장인들로 하여금 N잡을 시작하게 만드는 가장 강력한 동기부여의 요인으로 작용한다. 그렇기 때문에 비교적 직장 경력이 짧은 젊은 직장인들이 너도나도 N잡러가 되기 위해 지금 이 시간에도 엄청난 양의 에너지와 시간을 쏟아붓고 있는 듯하다. 어떤 이는 유튜버로 활동하기도 하고, 어떤 이는 주식이나 가상화폐에 투자를 하면서 재테크에 열을 올리고 있는 것이다. 그런데, 이렇게 N잡에 투입하는 에너지와 시간이 늘어날수록 자신이 수행해 오던 원래의 본업, 즉 O잡에 투입되는 에너지와 시간은 상대적으로 줄게 되어 있다. 직장인이 하루에 사용할 수 있는 에너지와 시간은 한정되어 있기 때문에 N잡을 통해 더 많은 소득을 창출하려고 노력하는 과정에서 O잡의 성과는 떨어질 수밖에 없는 것이다. 따라서 O잡에 대한 확실한 경쟁력도 없는 상태에서 N잡을 갖게 될 경우 시쳇말로 죽도 밥도 안 되는 어중간한 상황에 처해질 가능성이 매우 높다. 지금 그대가 하고 있는 업무가 영업직이든, 기술직이든, 연구직이든지 때가 될 때까지, 즉 어느 한 분야에서 충분한 기술과 지식, 그리고 경력을 갖출 때까지 진득하게 기다릴줄 아는 지혜가 필요하다. 그 몇 년을 기다리지 못하는 조급함 때문에 직장을 이리저리 옮겨 다니며 자리를 잡지 못한 사람들이 부지기수임을 알아야 한다. 일단은 지금 그대가 하고 있는 일에 마스터가 되어야한다. N잡을 시작하기 전에 현재 담당하고 있는 업무에 완전히 미쳐서 최소한 그 분야에서만큼은 베테랑 소리를 들을 수 있어야 한다. 그때까지는 현재의 위치에서 묵묵히 갈고 닦고 기름 치면서 기다려야 한다.

셋째, N잡은 O잡으로부터 확장해 나갈 것. 주중에는 회사에서 신제품을 개발하는 연구원으로 근무하고, 야간에는 대리운전으로 아르바이트를 하며, 주말에는 다단계 판매회사에서 개인사업자의 신분으로 정수기를 판매하는 'K'라고 하는 N잡러가 있다고 가정해 보자. 틈날 때마다 가상화폐에도 투자하는 K는 그렇게 N잡을 통해서 직장생활을 하는 동안 상당한 금액의 돈을 더 벌 수 있을 것이다. 그렇다면 과연, K는 다른 직원들보다 더 성공적인 직장생활을 하고 있는 것일까? 필자가 '그렇지 않을 것이다'라고 단언하는 이유가 하나 있는데, K는 N잡러로서 방향을 잘못 설정했다는 것. 다시 말해서, K가 N잡으로 선택한 대리운전, 정수기판매, 가상화폐투자 등의 업무들이 K가 원래 수행해 오던 O잡과는 관련성이 거의 없는 것들이기 때문에 그 어느 분야에서든 경쟁력을 갖추기가 어렵다. 서로 업무 관련성도 없을 뿐만 아니라 상호보완적인 관계도 아닌 업무를 수행하면서 적지 않은 기회비용이 발생하고 있는 것이다. N잡러로서의 역할을 보다 성공적으로 수행하기 위해서는 N잡을 정할 때 O잡을 기준으로 해야 한다. O잡을 수행하는 과정에서 습득한 지식과 기술을 N잡에 바로 적용할 수 있어야만 시간과 에너지를 최대한 효율적으로 사용할 수 있다.

우리나라 20~30대 직장인들이 재테크에 몰입하고 있는 상황을 버스의 탑승에 비유하는 분들이 더러 있다. 가장 먼저 부동산에 투자한 직장인들을 태운 버스가 먼저 출발을 했고, 그다음에는 주식에 투자한 젊은이들로 꽉 찬 버스가 출발을 했으며, 가상화폐에 투자한 승객들로 가득 찬 버스가 그 뒤를 이었다는 것이다. 혹시 그대가 이미 떠나 버린 버스에 탑승하지 못한 것을 아쉬워하며, 깊은 상실감에 빠져 있다면 나는 그대에게 '전혀 아쉬워할 필요가 없다'는 위로의 메시지를 전하고 싶다. 절대 조급해하지 말고, 그대가 선택한 길을 묵묵히 걸어가라. 말콤 글래드웰(Malcolm Gladwell)이 들려준 이야기처럼 그대의 전공

분야에 1만 시간을 쏟아부어라. 그대만의 필살기를 준비하면서 계속 걸어가다 보면 언젠가는 저 멀리서 그대를 기다리고 있는 리무진 승용차를 만나게 될 것이다. 그 멋진 차를 타고 드라이브를 하다 보면 머지않아 그대보다 훨씬 앞서 출발한 버스 옆을 지나가게 될 텐데, 그 버스에 타고 있는 승객들을 향에 여유 있게 손을 흔들어 주는 그대의 모습을 발견하게 될 것이다. 바로 그때, 그대가 성공적인 N잡러가 되는 베스트 타이밍인 것이다.

5

승진하려고 용쓰지 마라

사원, 주임, 대리, 과장, 차장, 부장, 이사, 상무, 전무, 사장 등과 같은 직함은 우리나라 회사들이 사용하는, 세계 그 어느 나라에서도 유사한 사례를 찾아볼 수 없는 직급체계이다. 주한 외국계 기업에서 근무하는 인사담당자들과 경영자들이 이구동성으로 하는 이야기가 바로 '한국 사람들은 왜 이렇게 코리안 타이틀(Korean Title)에 연연해하는지 모르겠다'는 것이다. 경력사원을 채용하는 과정에서 "나는 부장 타이틀 아니면 절대 안 된다" "최소한 한 단계 직급을 올려 줘야 이직이 가능하다"라고 강하게 주장하는 지원자들이 너무 많다고 한다. 이직을 하는 과정에서 '연봉'보다는 '직급'을 더 중요한 협상요인으로 인식하는 한국 사람들이 한둘이 아니라고들 한다. 외국계 기업들은 직급이라고 표현되는 타이틀(title)보다는 업무의 범위를 나타내는 포지션(job position)에 의해 연봉이 결정되는 게 일반적이다. 다시 말해서 그저 단순한 업무를 수행하는 업무보조(Assistant)인지, 부서의 제반 업무를 총괄하는 부서장(Manager)인지에 따라 역할, 보수, 그리고 책임 범위가 정해지는 것이다.

그렇다면 우리나라 직장인들은 소위 코리안 타이틀이라고 하는 직급에 왜 그토록 집착하는 걸까? 그것은 바로 조상 대대로 이어져 온 뿌리깊은 우리만의 서열 문화에 있다고 보는 게 맞을 듯하다. 놀이터에서 놀고 있는 아이들을 자세히 관찰해 보라. 처음 만나는 아이들끼리 주고받는 대화 가운데 꼭 빠지지 않는 게 하나 있는데, 그것은 바로 "너 몇 살이야?" 하고 묻는 질문이다. 키가 좀 작아 보이는 아이가 "응, 나는 다섯 살" 하고 대답을 하면, 곧바로 "나는 여섯 살" 하면서, "이제부터 나를 형이라고 불러. 알았지?"라는 대화가 자연스럽게 이어진다. 이러한 짧은 대화를 통하여 놀이터에서 처음 만나는 아이들끼리도 한 명은 '형'이나 '언니'가, 또 다른 한 명은 '야'나 '너'로 불려지면서 자연스럽게 서열이 정해지게 된다. 이러한 현상은 성인이 되어서도 계속 이어지게 되는데, 남성들이 군대를 다녀오게 되면 더욱더 강화된다. 사병의 경우 이병 일병 상병 병장 하사 중사 상사 준위 등의 계급으로, 장교의 경우 소위 중위 대위 소령 중령 대령 준장 소장 중장 대장의 계급으로 서열이 아주 명확하게 정해져 있다. 상호간 의사소통을 하는 과정에서도 우리나라에서는 대체적으로 서열이 높은 사람이 서열이 낮은 사람에게, 나이가 많은 사람이 나이가 적은 사람에게 반말을 하고, 그와 반대인 경우에는 존댓말을 하게 된다. 한국에 온 외국인 유학생들이 한국말을 배우는 과정에서 가장 익히기 힘든 부분이 바로 존댓말과 반말이라고 한다. 여기에 뿌리깊은 장유유서(長幼有序)의 유교 문화가 더해져 직장에서의 직급, 이른바 코리안 타이틀이라고 하는 것은 대한민국 직장인들에게 있어서는 그 이상의 의미를 갖는다.

필자 역시 국내 기업과 외국계 기업에서 근무하는 동안 사원, 대리,

과장, 차장, 부장, 이사, 상무, 그리고 사장이라는 직급의 명함을 가지고 다녔다. 아마도 한 직급에 평균 3년 정도는 머물러 있었던 것 같다. 경희대학교 국제대학에서 처음 교편을 잡았을 때의 직급은 시간강사였다. 그런데 테크노경영대학원으로 소속이 변경된 이후부터는 겸임교수, 객원교수, 산학협력중점교수, 명예특임교수로 직급이 변경되었고, 글로벌경영학과 학과장이나 부대학원장의 직함도 몇 년씩 달고 다녔다. 문제는 바로 '직급이 올라가면 능력도 함께 올라가는가?'에 있는데, 이 부분을 심도 있게 연구한 전문가에 의하면 '그렇지 않다'고 한다. 오래전에 미국의 서던 캘리포니아 대학에서 교수로 재직했던 피터(Laurence J. Peter) 교수는 '수직적인 조직에서 근무하는 모든 직원들은 경쟁력 없는 직책으로 승진하는 경향이 있는데, 거의 모든 직책들이 업무 수행 능력이 떨어지는 직원들로 채워지게 됨으로써, 결과적으로 능력이 부족한 직원들에 의해 업무 수행이 이루어진다'라고 주장하였다. 이것이 바로 '승진하면 무능해진다'는 내용의 피터의 법칙(The Peter Principle)이다. 그럼에도 불구하고 동서양을 막론하고 수많은 직장인들이 조직 내에서 승진하려고 그토록 많은 애를 쓰는 것일까?

직장인들에게 '승진'만큼이나 동기부여가 되는 것도 별로 없을 것이다. 무엇보다 승진을 하게 되면 보수도 함께 인상되는 게 일반적인 현상이다. 물론 조직에서 정한 승진 규정에 따라 일정한 근무 연수만 지나면 직급만 조정되는 경우도 있다. 하지만 보통의 경우 승진을 하게 되면 연봉이 올라갈 뿐만 아니라, 책임의 범위도 넓어지고 권한도 주어진다. 그런데 필자는 왜 직장후배들에게 '승진하려고 용쓰지 말라'고 조언을 하는 것일까? 승진을 직장생활을 하는 과정에서 발생하는 자연스러운 일종의 결과물로 보지 않고, '반드시 이루어야 할 목표물'로 인식하는 순간부터 직장생활이 매우 불행해질 수 있기 때문이다. 어느 선현이 이르기를 '아부하는 것이 뙤약볕 아래서 밭을 가는 일보다 더 어렵다'라고 했다는데, 그토록 어려운 일을 오로지 승진을 위해서 밥 먹듯이 하는 직장인들이 더러 있다.

승진을 최대의 목표로 정한 사람들의 특징이 가운데 또 하나는, 승진을 위해 소중한 가치들을 사정없이 버려 버린다는 것이다. 부하직원들이 노력한 결과물을 이용하여 공치사하는 행위를 서슴지 않고, 조직의 최고책임자에게 조금 더 잘 보이기 위해서 부하직원들을 혹사시키기도 한다. 승진을 위해서라면 거짓말도 비양심적인 행위도 주저없이 해 버린다. 제1부의 뒷부분에서 잠시 등장했던 X 원장이 대표적인 사례다. 그가 다음 직위로의 승진을 얼마나 목말라했던지 그 조직에 함께 몸담았던 대부분의 직원들은 잘 알고 있었다. X 원장은 그의 인사권을 쥐고 있는 상급자들에게 실적을 보여 주기 위해 수시로 부하직원들을 쥐어짰고, 온갖 권모술수와 갑질행위를 서슴지 않았다. 하지만, 결국 이사회에서 그를 승진자 명단에서 제외시키자, X 원장은 후임자도 정해지지 않은 상태에서 부서장의 지위를 스스로 반납해 버렸다. 출근도 안 하고 결재도 거부한 그의 무책임한 행동 때문에 그가 떠난 조직은 오랜 기간 동안 애를 먹었다.

이렇게 승진 그 자체를 목표로 설정할 경우에는 본인에게도 조직의 구성원에게도 해가 될 수 있다. 승진에 대한 지나친 욕심은 자신의 판단력을 흐리게 할뿐만 아니라, 선의의 경쟁을 해야 할 동료 직원들을 중상모략하기도 하며, 비양심적이고 비윤리적인 행위를 하도록 만듦으로써 끝내 직장생활을 불행하게 만드는 주범이 된다. 혹시 조금 더 벌기 위해서, 조금 더 높은 지위에 오르기 위해서, 또는 조금 더 강력한 권한을 휘두르고 싶은 동기에서 승진을 하려고 한다면, 지금까지 힘껏 달려온 걸음을 잠시 멈추고 이쯤에서 다시 한번 생각을 정리해 볼 필요가 있다. 준비되어 있지 않은 자에게 찾아온 성공이 곧 불행을 의미하는 것과 마찬가지로, 직장 내에서의 승진도 내가 준비되어 있지 않다면 아무 짝에도 쓸모가 없는 것이다.

승진은 지금까지 내가 직장 내에서 성실히 수행해 온 업무에 대한 긍정적인 평가임과 동시에 향후 더 큰 업무를 효과적으로 수행할 수 있는 가능성을 의미한다. 또한 승진에 대한 결정은 내가 아닌, 상사나 조직의 최고책임자가 하는 것이기 때문에 조직에 결코 승진을 요구해서는 안 된다. 이따금 직장 내에서 자신이 왜 승진을 해야 하는지에 대해 상사에게 강하게 어필을 하는 직장인들이 있는데, 결코 지혜로운 행동이 아님을 알아야만 한다. 반복해서 강조하지만, 직장생활은 100미터 단거리 경주가 아니다. 42.195키로미터를 달려야 하는 장거리 경주와도 같다. 좀 더 길게 보고 기다려라. 그냥 가만히 기다리지만 말고, 조직으로부터 주어진 업무를 성실히 수행하고, 업무와 관련된 전문적인 지식과 기술을 쌓기 위해서 꾸준히 노력하며, 무엇보다 사람을 제대로 부릴 수 있는 리더십을 길러야 한다. 그러한 자세를 유지한 채 계속 달리다 보면, 결승 지점쯤에 다다르면 알게 될 것이다. 당신이 기대했던 것 이상으로의 타이틀이 당신 등에 딱 붙어서 함께 달리고 있었다는 사실을.

6

비정규직을 디딤돌로 활용하라

난 어려서부터 대학교수가 되고 싶은 생각이 전혀 없었고, 대학을 졸업하고 20년 넘게 국내외 기업에서 회사원으로 일을 해 왔기 때문에 대학교수로 직업을 바꾸겠다는 생각을 아예 하지 못했다. 대학교수라는 직업에 관심도 없었지만, 설령 교수채용공고를 보고 지원을 한다 하더라도 우리나라 대학들이 신임교원를 채용할 때 지원자들에게 요구하는 연구실적이 거의 없었기 때문에 1차 서류전형에서 탈락될 게 불 보듯 뻔한 일이었다. 또한 내가 경영학 박사과정에 지원했던 것은 당시 경영컨설팅 사업을 준비하는 과정에서 좀 더 체계적인 연구를 해야 할 필요성을 느꼈기 때문이다. 결코 박사학위를 취득하여 연구원이나 교수가 되기 위함이 아니었던 것이다. 또한 내가 대학에서 시간강사의 신분으로 강의를 했던 이유는 박사학위 취득을 위한 하나의 과정쯤으로 생각했을 뿐, 대학교수가 되기 위한 경력 쌓기의 용도는 전혀 아니었다. 따라서 박사학위를 취득하기만 하면 경희대학교와의 인연은 자연스럽게 끝나는 걸로만 생각하고 있었던 것이다.

그런데 경희대학교 국제대학원에서 박사학위를 취득한 바로 그해에 전혀 뜻하지 않았던 일이 일어났다. 경희대학교 테크노경영대학원에서 시간강사로 마지막 학기의 강의를 마무리하고 있을 쯤 당시의 부대학원장이 개인적인 사정으로 갑작스럽게 사표를 낸 것이다. 말 그대로 대학원에 비상 상황이 발생했다. 신입생 선발에서부터 교수초빙, 그리고 커리큘럼 준비에 이르기까지 해야 할 일이 태산 같은 상황에서 학사와 행정업무를 총괄하던 부대학원장의 자리가 졸지에 공석이 되어 버린 것이다.

마지막 학기의 종강을 1주일 앞둔 상황에서 대학원장은 외래강사들과 저녁 식사를 겸한 간담회를 갖자고 제안을 했는데, 나를 포함한 세 명의 강사만이 대학원장과의 간담회에 참석을 했다. 당시 시간강사들이 스무 명 남짓했으니 비교적 적은 인원이 대학원장과 대화를 하게 된 것이다. 대학원장은 당시의 어려운 환경을 설명하면서 부대학원장의 후보를 급하게 찾고 있으니 주위에 적임자가 있으면 추천해 달라고 했다. 대학교에서는 일반적으로 부학장이나 학과장 등의 직책에 결원이 발생할 경우 학장이 소속 대학의 다른 교수를 임명하도록 되어 있기 때문에 보직을 맡고 있던 교수가 갑작스럽게 사표를 낸다 하더라도 학사운영에 별 문제가 없다. 하지만, 당시 필자가 소속되어 있던 경영대학원의 경우 전일제로 근무하는 교수가 단 한 명도 없이 모든 강의를 외래교수나 시간강사들에게 의존을 하고 있던 상황이었기 때문에 이전 부대학원장의 갑작스런 사표는 그야말로 큰 일이었던 것이다. 공개모집을 하게 될 경우 채용공고에서부터 심사에 이르기까지 최소한 6개월이 소요되기 때문에 대학원에서는 특별채용의 형식으로 진행할 수밖에 없었다.

간담회가 한창 진행되던 중 내가 물었다.

"원장님. 그럼 부대학원장은 어떤 사람이 적임자인지요?"

대학원장이 대답하기를,

"기본적으로 박사학위는 있어야 하고요, 교수로서의 자질과 경력도 있어야 하고…… 나이는 한 50세 정도, 그리고 무엇보다 훌륭한 사람이어야 합니다."

대학원장과 식사를 함께 하면서 한 시간 정도 대화를 나누다 보니 친근감도 생기고 해서 갑자기 농담을 하고 싶어졌다. 그래서 다시 이렇게 물었다.

"원장님. 비록 지금 훌륭한 사람은 아니지만 훌륭해지려고 노력하는 사람도 지원이 가능합니까?"

"물론이지요!"

"그럼 원장님이 찾고 계시는 사람이 한 명 있기는 한데……. 나이는 올해 50이고요, 훌륭한 사람이 되기 위해서 매일같이 노력하는 사람이 있습니다."

"아~ 그래요? 그게 누굽니까?"

"네~ 바로 접니다!"

"푸하하하하~"

모두 한바탕 크게 웃었고 대학원장과의 간담회는 그렇게 끝이 났다. 내가 대학원장에게 그렇게 농담을 건넬 수 있었던 것은 처음 대하는 시간강사들을 격의 없이 대해 주는 대학원장의 소탈함, 그리고 외래 시간강사가 부대학원장을 추천한다는 것 자체가 현실성이 없다고 여겨졌기 때문이다. 그로부터 며칠 후 대학원장으로부터 전화를 받게 되었는데, '공정한 선발을 위해 최소한 다섯 명의 후보를 심사를 해야 하는데, 지금까지 네 명을 추천받은 상태이니 혹시 부대학원장의 자리에 지원할 의사가 있으면 이력서를 제출해 달라'는 내용이었다. 여러 가지 상황을 고려했을 때 내가 부대학원장으로 선택될 가능성은 거의 제로에 가까웠지만, 대학원장의 제안을 단번에 거절하기가 쉽지 않았던 관계로 이력서를 제출했고, 두 번의 면접을 보게 되었다.

최종합격의 통보를 받고 다음 날 대학원장실에서 근로계약서를 처음 보게 되었는데, 거기에는 '비전임교원, 계약 기간: 1년'이라고 적혀 있었다. 즉 1년 계약의 비정규직이었던 것이다. 1년이라는 한정된 기간도, 비정규직이라는 고용형태도 별문제가 되지 않았다. 왜냐하면, 당시 나의 주요 관심사는 '학생들을 제대로 지도하여 그들이 우리 사회에서 빛과 소금의 역할을 할 수 있도록 강력한 동기를 부여하는 것', 그리고 '문을 닫아야 할 지경에 이른 경영대학원을 회생시키는 것'이었기 때문이다. 물론, 정규직에 고액의 연봉, 그리고 정년을 보장받는 조건이었더라면 더 좋았겠지만, 교수의 경력이 일천한 상황에서 학교

측에 이것저것 요구할 만한 처지가 아니었다. '그래, 사명감을 가지고 딱 1년만 해 보자'라고 결심을 한 다음, 그야말로 미친 듯이 일을 했다. 주말 근무는 기본이고, 오전 7시쯤 출근해서 야근을 밥 먹듯 했다. 지금 곰곰이 생각해 보면 1주에 80시간 정도 일을 했던 것 같다.

계약서에 서명을 하고 연구실로 출근을 하여 부대학원장으로서의 업무를 시작했지만, 거의 1개월이 넘도록 인사발령이 나지 않았다. 그 이유를 나중에 풍문으로 들어서 알게 되었는데, 나를 경영대학원의 부대학원장으로 임명하는 것에 대해 학교 내에서 반대가 극심했다고 한다. 다수의 교무위원들이 나의 스펙을 문제 삼고 있다는 것이었다. 명문대학을 졸업한 것도 유학파도 아니다. 시간강사로서의 경력만 있을 뿐 교수로서의 경력은 전무했다. 논문이라고는 석사학위논문과 박사학위논문이 전부였고, 박사학위를 취득한 지는 겨우 5개월에 불과했다. 일부 교수들의 입에서 "어떻게 이런 경력으로 경희대학교의 부대학원장이 될 수 있다는 말인가? 말도 안 돼!"라는 말들이 회자되었다고 한다.

그런데 당시의 대학원장은 '스펙'보다는 '실력'을 중시하는 분이었다. 그분은 소위 대한민국 최고의 명문대학을 졸업하고 미국의 유명 대학에서 연구교수로도 재직했지만, 학벌에 대한 편견이 전혀 없었다. '일을 얼마나 잘하느냐?'가 중요하지 '어느 학교를 나왔느냐?'는 전혀 중요하지 않다는 것이다. '경영대학원을 얼마나 발전시킬 수 있는 능력이 있느냐?'가 중요하지 '논문을 몇 편이나 썼고, 교수로 임용된 지 몇 년이 되었느냐?'는 별로 중요하지 않다는 것이다. '능력은 없는데, 내세울 게 학벌밖에 없는 사람들이 학력을 따진다'는 것이 그분의 지론이었다.

당시 대학원장의 열린 마음과 탁월한 리더십으로 인하여 경희대학교 테크노경영대학원은 발전에 발전을 거듭해 갔다. 공과대학 교수였던 그분은 2015년 1학기에 대학원장으로, 나는 2015년 2학기에 부대학원장의 직함으로 경영대학원에 합류를 했는데, 그분이 지휘봉을 잡은 지 만 3년도 채 안 되어 대학원은 그야말로 괄목할 만한 성장을 이루어 냈다. 당시 150명에 불과 했던 재학생의 수는 어느덧 5백여 명에 달했고, 급격히 증가한 등록금 수입으로 인해 대학의 재정에 크게 기여하게 되었다. 무엇보다 대한민국에서 최초로 중문MBA과정을 시작함으로써 대학차원에서의 블루 오션(Blue Ocean)을 실현하게 되었다. 중문MBA과정은 중국 유학생들을 대상으로 개설한 경영학석사과정인데, 대부분의 수업이 중국어로 진행된다는 점이 큰 가장 특징이다. 학사학위가 있는 중국 학생들이 경희대학교 테크노경영대학원에서 2년 동안 30학점을 취득하고 특정 요건에 부합하면 경희대학교 총장 명의의 경영학석사학위를 취득하게 된다.

중국은 우리나라와 달리 거주 이전의 자유가 없는 국가이다. 예를 들어, 심양에 살던 중국인이 자기 마음대로 상해나 북경으로 이사를 할 수 없고, 거주지를 이전하기 위해서는 반드시 중국 정부의 허가를 받아야만 한다. 대한민국의 경우 충청도에서 대학을 졸업한 학생이 서울이든 부산이든 본인이 원하는 지역으로 언제든지 이사를 할 수 있지만, 중국은 그렇지 않다는 것이다. 중국 정부로부터 거주이전의 허가를 받을 수 있는 예외적인 경우가 몇 가지 있는데, 그중에 하나가 바로 해외에서 석사 또는 박사학위를 취득한 경우라고 한다. 즉, 고급인력을 양성하기 위해 중국 정부가 추진하고 있는 일종의 교육정책인 셈이다. 하지만, 중국에서 대학을 졸업한 학생이 영국이나 미국 등 해외에서 석사학위를 취득하기 위해서는 엄청남 금액에 달하는 비용문제와 언어 장벽을 극복하기 쉽지 않은 게 현실이다.

'그런데 만약 중국과 인접해 있는 국가에서 저렴한 비용으로, 그것도 유학기간 내내 중국어로 수업을 받고 석사학위를 취득하게 된다면?' 바로 이 대목에서 우리는 틈새를 찾게 된 것이다. 중국 학생의 입장에서 보면 저렴한 비용으로 해외에서 경영학석사학위를 취득할 수 있고, 학교의 입장에서 보면 외국인 유학생을 대거 유치함으로써 대학 재정에 도움이 되며, 대한민국의 입장에서 보면 우리나라에 친근한 중국 지식인들을 지속적으로 배출함으로써 양국의 우호적인 관계 유지에 적잖은 도움을 줄 수 있다. 말 그대로 원-윈-윈(win-win-win), 학생, 학교, 국가 모두에게 도움이 되는 프로그램이 아닐 수 없었다. 당시의 대학원장과 나는 경희대학교 테크노경영대학원에 대한민국 최초로 중문MBA과정을 개설하기 위해서 동분서주했다. 중국 내 수많은 대학을 다니며 설명회를 가졌고, 주요 대학의 총장단과의 교류를 통하여 신뢰를 쌓아 갔으며, 세종시에 있는 교육부와 수원시에 있는 외국인출입국사무소를 방문하여 행정적인 문제들을 하나씩 풀어 나갔다. 그런데 이번에도 역시 탁상공론을 일삼는 대학 내의 교수들이 문제였다. '테크노경영대학원의 원장과 부원장이 경희대학교를 말아 먹으려고 작정을 했다'는 둥, '외국인 유학생을 대상으로 학위 장사를 하려 한다'는 둥, 그야말로 반대를 위한 반대가 이어졌다.

한국은행 통계시스템의 자료에 따르면 2014년 한 해 동안 대한민국이 외국인 유학생로 벌어들인 수입액은 8천 5백만 달러, 우리 돈으로 환산하면 996억 원에 불과하다. 그런데 같은 해, 우리나라 유학생들이 해외에 지출한 돈이 무려 37억 2백만 달러가 넘는데, 한화로 치면 4조 2천억 원이 넘는 금액이다. 즉, 2014년 한 해에만 유학수지의 적자 금액이 4조 1,125억이다. 2010년부터 2014년까지 5년 동안의 유학수지 누적 적자를 모두 합하면 206억 달러, 우리 돈으로 약 23조 원에 이른다. 우리나라 대학생이 영미권 국가로 유학을 가게 되면, 거의 대부분의 학생들이 등록금 한 푼 못 깎는다. 아니 못 깎는 정도가 아니라, 외국인 유학생이라는 이유 하나만으로 자국민 학생들이 내는 등록금의 두 배에서 세 배를 더 낸다. 반면 대한민국은 어떠한가? 딱히 확인할 방법은 없지만, 대한민국으로 유학을 오는 외국인 학생의 약 90%가 장학금의 혜택을 받는다는 이야기가 들린다.

등록금 한 푼 안 내고 수업을 받는 외국인 유학생이 부지기수이고, 등록금 면제에 생활비까지 보조해 주는 대학들이 많다고 한다. 왜 그럴까? 교육부에서 시행하는 대학평가에서 높은 점수를 받는 학교들은 정부로부터 많은 액수의 지원금을 받을 수 있는데, 대학을 평가하는 여러 가지 기준 가운데 '국제화 지수'라는 항목을 포함시키고 있다. 즉, 대학이 정부로부터 더 많은 지원금을 받기 위해서는 교육부가 주관하는 대학평가에서 높은 점수를 받아야 하는데, 외국인 유학생을 얼마나 유치했느냐 하는 것이 대학의 국제화 지수에 영향을 미친다는 것이다. 외국인 유학생들이 캠퍼스에 많이 돌아다니는 것 자체가 글로벌이며, 그것이 곧 국제화라는 엄청난 착각을 하고 있는 교육 당국도 문제이지만, 피와 같은 국민의 세금을 조금이라도 더 지원받기 위해서 수단과 방법을 가리지 않는 일부 몰지각한 대학들도 심각한 문제가 아닐 수 없다. 아니 대한민국이 무슨 호구인가? 도대체 누가 학위 장사를 하고 있다는 말인가? 자국민이 아니라는 이유 하나만으로 외국인 유학생들로부터 등록금을 두세 배 더 받아먹는 영어권 국가의 대학들인가? 아니면, 내국인 학생과 외국인 유학생을 차별하지 않고 모든 학생들에게 거의 동일한 등록금을 청구하는 대한민국의 대학들인가?

중문MBA과정을 준비하는 내내 온갖 비방과 훼방이 이어졌지만, 대학원장과 나는 그 프로젝트를 조금의 흔들림도 없이 추진했다. 중국 유학생들에게 양질의 교육을 제공하여 보다 많은 지한파를 배출하는 것이 대한민국의 발전을 위해 도움이 된다라는 신념이 크게 작용을 한 것이다. 중국어에 능통한 교수들을 다수 채용하여 그분들과 함께 머리를 맞대고 경쟁력 있는 커리큘럼을 준비했고, 크고 작은 기업들과 협력하여 중국 유학생들에게 인턴십 프로그램을 제공하였으며, 중국 학생들이 보다 안전하고 쾌적한 환경에서 공부에 전념할 수 있도록 학생 한 명 한 명에게 세심한 관심을 기울였다. 학생들을 대여섯 명 단위로 집으로 초대하여 한식을 함께 나누며 그들에게 다가가기 위한 노력을 게을리하지 않았다. 중국 유학생들 중에는 영어와 한국어에 능통한 학생들이 다수 있었는데, 그 학생들의 요청으로 나도 몇 학기 동안 영어와 우리말로 중문MBA과정의 강의를 진행할 수 있었다. 학생들의 수는 점점 늘었고, 불과 몇 만에 등록금의 명목으로 거의 백억 원에 이르는 외화를 벌어들일 수 있었다.

현재 소속되어 있는 조직에서 비록 계약 기간 1년의 비정규직 신분으로 근무를 시작했지만, 그 후 2년이 채 안 되던 시점에 나는 명예특임교수에 임용되었다. 경희대학교와 새로 체결한 근로계약서에는 '임기에 대한 별도의 제한을 두지 않는다'라는 조항이 포함되었고, 그렇게 해서 필자는 경영대학원에서 MBA과정을 지도하는 교수로서 벌써 6년째 근무하고 있는 중이다. '임 교수는 정년이 보장되어 좋겠다'라는 말을 주위에서 가끔 듣는다. 물론 여러 면에서 부족한 나에게 안정적인 일자리를 제공해 준 학교 측에 감사한 마음이 크다. 우리나라 사립대학의 경우 65세가 정년이기 때문에 숫자상으로만 보면 정년까지 정확히 10년이 남았다. 하지만, 독자들에게 솔직하게 고백하건대, 나는지금도 사표를 준비하고 있다. 경희대학교에 사직서를 제출할 베스트타이밍이 언제인가를 수시로 고민하고 있는 것이다. 법이 정한 대학교수의 정년에는 '65'라는 숫자가 있지만, 내가 정한 정년에는 숫자가 없다. 그 대신 내가 스스로 정한 정년은 '학생들에게 더 이상의 가치를 제공할 수 없을 때'이다. 학생들이 필요로 하는 지식과 정보를 제공해 주지 못하고, 학생들에게 배움에 대한 강력한 동기를 부여해 주지못하며, 그들에게 꼭 필요한 비즈니스 통찰력을 전수해 줄 수 없을 때,바로 그때가 나의 정년인 것이다.

정규직, 비정규직, 계약직, 무기계약직……. 이러한 고용형태가 그렇게 중요한가? 물론 안정적인 고용환경과 고액의 연봉을 싫어하는 직장인이 세상 그 어디에 있으리요? 정년을 보장해 주는 직장, 급여를 많이 주는 직장은 많은 사람들에게 최고의 직장이 될 수 있을 것이다. 하지만, 나에게 있어 최고의 직장은 '나를 필요로 하는 직장' '내가 갖고 있는 지식이나 기술, 그리고 능력을 마음껏 발휘할 수 있는 직장' '나의 가치를 인정해 주고 나와 함께 성장할 수 있는 직장'이다. 혹시 당신이 좋아하는 일인데, 단지 '비정규직'이라는 이유 하나만으로 입사를 망설이고 있는가? 아니면, 남보다 잘할 수 있는 업무인데, 단지 '1년 계약직'이라는 이유 하나만으로 지원 자체를 포기한 경험이 있는가? 그렇다면, 지금부터는 직장을 선택하는 안목을 좀 더 넓힐 필요가 있다. 이제 더 이상 정규직에만 집착하지 말고, 당신의 재능과 실력을 마음껏 발휘할 수 있는 곳이라면, 그 회사에서 당신에게 내미는 1년짜리 계약직의 근로계약서에 쿨~하게 서명하라. 당신의 그러한 자신감 넘치는 태도는 그 회사의 인사담당자에게 깊은 인상을 심어 줄 뿐만 아니라, 팀장과 사장은 아직 계약 기간이 한참 남아 있는 당신을 회사에 더 오래 붙잡아 두기 위해 머리를 맞대기 시작할 것이다.

연봉협상하지 마라

선배들은 말한다. '회사에 들어갈 때 연봉협상을 잘해야 한다'고. 특히 오지랖이 넓은 선배들은 '면접에서 어떻게 협상을 해야 회사로부터 더 많은 연봉을 받아 낼 수 있는지'에 대해 열변을 토한다. '처음 계약할 때의 연봉을 기준으로 급여 인상이 되기 때문에 계약 첫해의 연봉이 매우 중요하다'는 것이 그들의 논리이다. '지난 몇 년 동안 월급이 쥐꼬리만큼 올랐는데, 입사할 때 연봉협상을 잘못하는 바람에 지금은 직장동료들보다 훨씬 적게 받고 있다'는 경험담을 들려주기까지 한다. 선배들의 그러한 조언을 귀담아들은 후배들은 면접현장에서 희망 연봉을 묻는 면접관에게 '얼마 이하는 절대 안 된다'라는 주장을 서슴지 않고 펼친다. 심지어 '내년에 얼마만큼의 연봉 인상이 안 될 경우 사표를 내겠다'며 사장에게 으름장을 놓는 경우도 있다고 한다.

매장에 진열된 식료품과 의류, 자동차, 아파트에 이르기까지 모든 상품에는 '가격'이라는 게 매겨져 있다. 모든 상품에는 소비자가 인식하는 제품의 효용가치, 수요공급의 법칙 등 다양한 요소가 결합하여 가격이 정해진다. 근로자가 직장에서 받는 급여 역시 마찬가지다. 노동을 제공하는 근로자의 가치가 높을수록, 또한 유사한 수준의 노동을 제공하는 근로자의 수가 적을수록 연봉은 높아진다. 이와 반대로, 근로자의 이용가치가 낮고, 시장에 유사한 노동력이 풍부할수록 연봉은 낮아질 수밖에 없다. 이러한 현상은 전문직에 종사하는 사람들의 수입이 보통 직장인들의 수입보다 대체적으로 높은 근본적인 이유가 된다. 직장 내에서도 동일한 원리가 적용된다. 조직에서의 책임 범위가 클수록, 담당 업무의 중요도가 높을수록 다른 구성원들보다 더 높은 연봉을 받게 되어 있다. 회사는 그러한 큰 틀 안에서 직원의 경력, 역량, 성과 등을 반영하여 연봉을 책정하는 것이다.

혹시 '종업원은 회사에서 잘리지 않을 만큼만 일을 하고, 사장은 종업원이 나가지 않을 만큼의 월급을 준다'는 말을 들어 본 적이 있는가? 연봉에 관한 한, 고용주와 근로자 사이에는 이렇게 '주는 만큼 받고, 받는 만큼 주는' 개념이 의식 속에 자리잡고 있다. 이해하기 쉽게 숫자로 표현해 보자. 매월 '10'을 생산하는 근로자 A가 '11'을 월급으로 받아 간다면 사장은 A를 어떻게 평가할까? 몇 개월쯤이야 그냥 넘어갈 수도 있겠지만 '10'의 성과를 내는 직원이 회사로부터 계속해서 '11'을 받아가는 상황이 반복된다면, 사장은 'A를 언제쯤 내보낼까?'에 대한 궁리를 하게 되어 있다. 이번에는 매월 '11'을 생산하는 근로자 B가 '9'를 월급으로 받고 있다면 사장은 B를 어떻게 생각할까? B가 지속적으로 '11'의 성과를 낼 경우 사장은 '얼마를 더 줘야 B를 회사에 오래 붙잡아 둘 수 있을까?'에 대한 고민을 반드시 하게 되어 있다. 이러한 원리는 피고용인과 고용인의 역할을 다년간 수행했던 필자의 경험, 그리고 크고 작은 기업에서 최고경영자로 근무하고 있는 사람들의 의견에 근거한 것이다.

필자는 지금까지 국내 기업과 외국계 기업, 그리고 대학교에서 근로계약서를 10번도 넘게 작성했지만, 단 한 번도 조직을 상대로 연봉협상을 벌여 본 적이 없다. 재직 기간 중에 급여 인상을 요구해 본 적도 없다. 입사 당시 근로계약서에 기재되어 있는 연봉의 액수가 흡족했기 때문이 결코 아니다. 제스프리 코리아라는 회사로 옮긴 첫해에는 이전 직장에 비해 30% 이상 삭감된 연봉을 받기도 했다. 하지만, 줄어든 급여를 벌충하기까지에는 만 2년이 채 걸리지 않았다. '연봉의 액수'보다는 '업무의 성과'에 더 많은 무게를 두고 근무한 결과, 회사로부터 기대 이상의 보상과 혜택을 받을 수 있었다. 이러한 현상은 대학교라는 새로운 조직으로 일터를 옮긴 후에도 유사하게 벌어졌다. 이렇게 일관성 있는 체험들은 필자가 독자들에게 '연봉협상하지 마라'고 자신 있게 목청을 높일 수 있는 바탕이 된 것이다.

"아니……. 연봉협상을 회사와 하지 않으면 누구랑 하느냐?"라며 묻는 독자가 있을 줄 안다. 필자는 보다 성공적인 직장생활을 원하고 있는 그대에게 '연봉협상은 나 자신과 하는 것'임을 강조하고 싶다. 시쳇말로 내 몸값을 높이기 위해서는 나와 먼저 협상을 벌어야 한다는 것이다. '지금까지 해 왔던 대로, 남들 하는 만큼만 일하면서 계속 정체된 직장생활을 할 것인가?' 아니면 '조금 더 열정적으로 일하고, 조금 더 성과를 내서 계속 성장하는 직장생활을 할 것인가?'에 대해 자기 자신과 먼저 협상을 벌여보라는 거다. 이와 더불어 업무 시간 외에는 '치맥도 하고 온라인게임도 하면서 늘 편안함과 즐거움만을 추구할 것인가?' 그렇지 않으면, '적절한 휴식과 함께 독서도 하고 외국어도 습득하면서 미래를 준비할 것인가?'에 대해 자신과 먼저 협상을 해 보라는 거다. 그대 자신과의 협상에서, '오케이~ 그래. 오늘부터는 직장생활을 제대로 한번 해 보자'라는 결과를 얻었다면, 그대도 언젠가는 고액 연봉자의 대열에 합류하게 될 것임을 확신한다.

8

절대 회사를 믿지 마라

전 세계 키위 시장의 30%를 장악하고 있는 회사. 키위라는 과일 한 품목으로만 연간 3조 원 이상의 매출을 올리는 회사. 이 회사가 바로 뉴질랜드에 본사를 두고 있는 제스프리(ZESPRI)다. 잘나가는 이 회사도 한때 심각한 경영 위기를 겪은 적이 있다. 지난 2010년을 전후로 키위나무에 PSA라는 궤양병이 발생하여 키위 생산량이 급감했기 때문이다. 영업이익이 곤두박질치자 회사는 급기야 '인원 감축'이라는 카드를 꺼내 들었다. 회사의 분위기는 무겁게 가라앉기 시작했다. 그러던 어느 날, 사내에 충격적인 뉴스가 들려 왔다. IT부서에서 근무하던 직원이 인사팀장과의 개별면담을 마친 그다음 날 자살을 했다는 것이다. 필자는 당시 제스프리 본사에서 근무 중이었고, 그 직원과는 사무실에서 격의 없이 인사를 나누던 사이였다. 따라서 그의 자살 소식은 말 그대로 충격 그 자체였다. 대체 왜 그가 그렇게 극단적인 방법으로 스스로 생을 마감하였는지에 대해서는 지금도 정확히 알 수 없다. 하지만, 당시 풍문으로 들었던 바로는 회사의 '해고 통보'가 주된 요인이었다고 한다. 잘나가던 회사에서 수년 동안 안정적으로 근무를 해 왔는데, 졸지에 실업자 신세로 전락하게 되는 현실을 받아들이기가 쉽지 않았을 것으로 추측이 된다.

이 세상에 존재하는 모든 조직은 지속적인 생존을 위해 조직 스스로를 보호하려는 본능을 갖고 있다. 조직은 스스로를 보호하기 위해서 상황에 따라서 조직 구성원들을 배신하기도 한다. 기업이 잘나갈 때는 많은 인력을 고용하기 위해 갖은 노력을 다 하지만, 심각한 경영난을 겪게 될 경우에는 정 반대의 현상이 발생한다. 무급 휴가에서부터 임금삭감, 명예퇴직, 희망퇴직, 권고사직에 이르기까지 별의별 방법을 다 동원하여 지출을 줄이려고 한다. 기업은 경영 위기가 악화될 경우 비용을 절감하기 위해 치사한 수준을 넘어 비윤리적인 수단을 사용하기도 한다. 때로는 불법적인 방법을 동원하여 직원들을 내보낸다. 이렇게 조직은 생존하기 위해서 수단과 방법을 가리지 않는 속성을 갖고 있는 것이다. 이러한 조직의 속성을 제대로 이해하지 못한 채 직장생활을 하는 되면 예상치 못한 곤란한 환경에 놓이기도 하고, 종종 비극적인 상황을 맞이하기도 한다. 어떤 이는 회사 앞에서 피켓을 높이 들고 1인 시위를 벌이기도 하고, 어떤 이들은 사업장에 텐트를 설치하고 집단으로 농성을 벌이기도 하며, 어떤 이는 세상에 억울함을 호소하기 위해 자살이라는 극단적인 방법을 사용하기도 한다.

자신이 몸담고 있는 조직을 신뢰하고, 조직의 발전을 위해 맡은 바 소임을 다 하는 것은 어떻게 보면 지극히 당연한 일이다. 직장인이 자신이 다니고 있는 회사를 믿지 않는다면 어떻게 정상적으로 근무를 할 수 있겠는가? 하지만, 필자가 독자들에게 꼭 강조하고 싶은 메시지는 '자신이 속한 조직을 신뢰하고 열정적으로 일하되, 100% 믿지는 말라'는 것이다. 바로 앞에서 설명한 조직의 생존본능, 그리고 조직의 구성원들을 배신하는 속성 때문이다. 따라서 '내가 회사를 위해 열심히 일하면, 회사가 나를 끝까지 책임져 줄 것'이라는 기대는 아예 하지 않는 게 좋다. '내가 조직을 위해서 죽도록 충성하면, 조직이 나를 끝까지 보호해 줄 것'이라는 생각도 하지 말라. 사람들이 평생 다닐 직장을 찾지 말고 평생 할 직업을 찾으라고 강조하는 데에는 다 그만한 이유가 있는 것이다. 이 세상에 의리 있는 사람은 있어도 의리 있는 조직은 존재하지 않는다. 이 세상에 믿을 만한 사람은 있어도 믿을 만한 조직은 단 하나도 없는 것이다.

지혜로운 직장인은 자신이 몸담고 있는 회사를 사랑하고, 회사로부터 부여받은 임무를 충실히 수행하지만, 회사를 100% 신뢰하지는 않는다. 현명한 직장인은 자신이 속한 부서를 좋아하고, 부서의 발전을 위해서 끊임없이 노력하지만, 부서를 100% 믿지는 않는다. 그들은 조직의 속성을 잘 이해하고 있기 때문이다. 아무리 잘나가는 회사도 언젠가는 심각한 경영 위기를 맞이할 수 있고, 회사 내에서 아무리 인정받는 부서라 할지라도 상황에 따라서 언제든지 구조조정 1순위가 될 수 있음을 잘 알고 있기 때문이다. 보다 성공하는 직장생활을 추구하는 그대. 만약, 어느 날 갑자기 그대가 다니는 직장에 심각한 경영 위기가 찾아온다면 그대는 어떠한 행동을 취할 것인가?

- 경영진을 상대로 '생존권 보장'을 외치면서 투쟁을 벌일 것

인가?

- 변화에 대한 두려움에 압도되어 극단적인 선택을 고려할 것
  인가?
- 쌓아 온 업무 실력과 준비된 역량을 바탕으로 새로운 세계에
  도전할 것인가?

평소 우리가 왜 스스로에게 채찍질을 해야만 하는지, 우리가 왜 미래를 위해 끊임없이 준비해야 하는지를 생각하게 해 주는 선택지가 아닌가 싶다.

회사를 위해 일하지 마라

필자가 '회사를 위해 일하지 말고, 자신을 위해 일하라'고 목청을 높이는 몇 가지 이유가 있다. 첫째, 회사를 위해서 일할 경우 직장생활의 주체는 회사가 된다. 즉 근로자는 회사가 설정한 목표를 달성하는 과정에서 사용되는 도구의 역할을 수행한다. 필요할 때는 쓰이나, 필요하지 않을 때는 쓰이지 않는 작은 도구에 불과할 뿐이다. 회사를 위해서 일할 경우 '고용주는 갑, 근로자는 을'이라는 관계가 유지되는 과정에서 갑질이 발생하기도 한다. 필자가 앞에서 '자신의 능력의 100%를 요구하는 직장에 들어가지 말 것'을 강조한 이유가 바로 여기에 있다. 회사를 위해 일하지 않고 나 자신을 위해 일할 때 직장생활의 주체는 내가 된다. 내가 선택한 직장에서 내가 선택한 업무를 내가 주도적으로 수행할 때 비로소 고용주와 나는 갑과 을의 관계가 아닌, 상호협력적인 관계가 형성된다. 회사와 내가 수평적인 관계에서 서로의 가치를 인정하고 존중해 줄 때 생산성은 향상될 수밖에 없다.

둘째, 회사를 위해서 일하면 의존적이 되지만, 자신을 위해 일하면 독립적이 된다. 회사를 위해서 일하는 직장인들의 공통적인 특징을 꼽는다면 회사에 대한 의존성이라 할 수 있다. 그들은 회사로부터 주어진 업무를 성실히 수행하지만, 회사에서 시키지 않은 업무에 대해서는 무관심한 성향을 보인다. 반복적으로 진행되는 업무는 능숙하게 수행하는 반면, 창의성이 요구되는 업무에 대해서는 어려움을 느낀다. 회사가 아닌 자신을 위해서 일하는 직장인들은 독립적으로 사고하고 독립적으로 행동한다. 그들은 반복적으로 진행되는 업무보다는 창의성을 필요로 하는 업무를 선호한다. 그들은 출근길에 '어떻게 하면 성과를 더 낼 수 있을까?'에 대해 생각하고, 퇴근길에도 '업무를 수행하는 과정에 보다 효율적인 방법은 없을까?'에 대해 고민한다. 회사를 위해 일하는 직장인들보다 자신을 위해서 일하는 직장인들이 더 많은 성과를 내는 이유가 바로 여기에 있다.

셋째, 회사를 위해서 일하는 직장인은 회사로부터 잘리지만, 자신을 위해서 일하는 직장인은 회사를 자른다. 회사에 예상치 못한 경영 위기가 찾아왔을 때 두 집단이 보이는 행동은 확연히 다르다. 구조조정을 통한 감원이 불가피한 상황에서 회사가 내린 결정에 직장인들이 대응하는 방법이 다르다. 오직 회사를 위해서, 회사 하나만을 바라보며 직장생활을 해 온 사람들은 사측에 '생존권보장'을 요구한다. 불확실한 미래에 대한 준비가 전혀 되어 있지 않은 상태에서 해고를 당할 경우 말 그대로 생계유지가 곤란할 수 있기 때문이다. 자신을 위해서 일하는 직장인들의 경우 회사로부터 해고통보를 받기 전에 스스로 다음 목적지를 향하여 떠난다. 그들은 회사 업무를 충실히 수행하면서도 불확실한 미래에 대비하여 틈틈이 준비를 해 왔기 때문이다. 사측에 더 많은 명예퇴직금을 요구하면서 버티는 경우도 없다. 그들은 돈보다는 시간이 훨씬 더 가치 있는 자산이라는 것을 잘 알고 있기 때문이다.

  '회사를 위해서 일하지 마라'는 필자의 주장을 혹여 회사 업무를 소홀히 한다거나, 내 입맛에 맞는 업무를 골라서 한다는 의미로 오해하는 독자가 없기를 바란다. '회사가 아닌 나 자신을 위해서 일한다'는 것은 나 자신이 직장생활의 주체가 되어 주도적인 자세로 업무를 수행함을 뜻한다. 내가 삶의 주체가 되고, 남이 아닌 나의 자아실현을 위해 독립적인 사고로 일하다가, 때가 되면 프로답게 떠나는 것이다. 그래야 나도 살고 조직도 산다. 그렇게 진취적인 태도로 업무를 수행할 때 나의 업무 역량도 향상되고, 회사에 더 많은 기여를 하게 된다. 내가 직장생활의 주체가 되어야만 일과 삶의 균형을 이룰 수 있고, 나 자신과 가족을 돌볼 수 있는 것이다. 세상에는 수천수만 개의 직장이 존재하지만, 우주만물보다 더 귀한 그대는 이 세상에 단 한 명뿐이다. 그대의 생명보다, 그대의 건강보다, 그대의 행복보다 더 중한 게 그 어디에 있으리오. 그대가 지금까지 회사를 위해 앞만 보며 달려왔다면, 오늘부터는 인생을 좀 더 멀리 좀 더 길게 내다보고 그대 자신을 위해 일할 것을 조심스레 권해 본다.

10

자존심은 낮추고 자존감을 높여라

"김미라 씨, 회의실로 커피 두 잔만 부탁해요."

"팀장님, 방금 뭐라고 하셨어요? 저에게 커피를 갖다 달라고요?"

이 대화를 끝으로 김미라 씨(가명)는 다음 날 아침 직장에 사직서를 제출하고, 그로부터 얼마 후 영국으로 유학을 떠났다고 했다. 수도권 대학을 우수한 성적으로 졸업한 다음 꽤 이름 있는 중견기업에서 근무한 지 2년쯤 되던 어느 날, 직장상사의 커피 심부름에 자존심이 상한 김미라 씨는 잘 다니던 직장에 다짜고짜 사표를 던져 버린 것이다. 평소에 성실히 근무했고, 사적인 자리에서조차 불평불만 한마디 없었던 터라 김미라 씨의 갑작스런 사표 소식은 그녀와 함께 일했던 직원들에게는 그야말로 충격적인 사건이었다. 김미라 씨의 이야기를 들어 보니 어느 정도 수긍이 갔다. 무남독녀 외동딸로 태어나서 집안 어른들의 사랑을 독차지하면서 자란 데다가, 어머니는 딸이 학업과 취업준비에 전념하도록 설거지 한 번 안 시켰다고 했다. 또한 교직에 계셨던 아버지는 김미라 씨에게 어려서부터 양성평등과 관련한 교육을 수시로 시키셨고, '언제나 남성들과 당당하게 경쟁할 것'을 강조하셨다고 했다. 이러한 김미라 씨의 성장배경은 우리나라 직장에서 여전히 존재하는 여성에 대한 차별에 대해 매우 민감하게 반응을 하게 만든 요인이 되었다.

키가 보통인 사람이 키가 아주 큰 사람 옆에 서게 되면 실제의 키보다 더 작아 보이는 지각의 오류(Perceptual error)를 심리학에서는 대조효과(Contrast effect)라고 부른다. 이처럼 일상생활에서 빈번히 발생하는 지각의 오류들 가운데 지각적 방어(Perceptual defense)라는 것이 있는데, '자신에게 위협이 되거나 불쾌감을 유발하는 생각이나 사물, 또는 상황에 대해서 자신을 보호하려는 성향'을 일컫는 말이다. 즉, 자신의 신념이나 태도와 일치하지 않는 환경에 노출될 경우, 자신의 신념이나 태도를 보호하기 위해서 지각적 방어라는 심리상태에 놓이게 되는데, 이 과정에서 지각의 오류가 발생할 수 있다는 것이다.

김미라 씨가 사표를 던진 배경을 심리학적인 관점에서 들여다 본다면, 직장상사로부터 커피 두 잔을 요구받았던 김미라 씨는 당시 순간적으로 지각적 방어 상태에 놓여 있었을 가능성이 높다. 평소 자신을 프로페셔널 직장인이라고 인식하고 있던 김미라 씨는 '커피 두 잔을 부탁한다'는 상사의 메시지를 '내가 여성이고 직급이 낮기 때문에 상사가 나에게 커피 심부름을 시킨 것'으로 해석함으로써 김미라 씨의 자존심에 깊은 상처가 생겼을 가능성이 높다는 말이다. 만약 김미라 씨의 직장상사가 VIP고객을 신속하게 응대하는 과정에서 김미라 씨에게 커피 두 잔을 부탁했던 것이 업무의 연장선상에서 이루어진 것이고, 김미라 씨가 여성이어서가 아니라 VIP고객에게 친절하게 응대할 적임자로 지목한 것이 판단의 근거였다고 한다면, 더군다나 그 상황에서 직장상사에게 도움을 줄 수 있는 직원이 김미라 씨가 유일하였다면, 김미라 씨의 의사결정은 지각의 오류에 기인했을 가능성이 높은 것이다.

혹시 그대가 지금까지 직장생활을 하는 내내 '자존심 하나로 버텨왔다'라고 한다면, 지금 이 순간부터 자존심은 최대한 낮추고, 그 대신 자존감을 높이는 훈련을 지속해야 한다. "자존심이나 자존감이나 뭐 거기서 거기 아녀?" 이렇게 물어보는 독자가 있을 수 있겠다. 물론 사전적 의미로만 보면 별 차이가 없어 보인다. 국립국어원의 표준국어대사전에 의하면 자존심(自尊心)은 '남에게 굽히지 아니하고 자신의 품위를 스스로 지키는 마음'으로, 자존감(自尊感)은 '스스로 자기를 소중히 대하며 품위를 지키려는 감정'으로 정의하고 있다. 하지만, 자존심과 자존감의 속성을 자세히 들여다보게 되면, 적지 않은 차이를 발견할 수 있다. 무엇보다 자존심의 기준은 다른 사람이 되는 반면, 자존감의 기준은 나 자신이 된다. 즉, 자존심(pride)은 타인으로부터 존중받기를 바라는 마음에서부터 비롯되기 때문에, 다른 사람이 자신에게 손해를 끼치거나 자신을 비방한다고 판단될 경우 이를 용납하지 못한다. 따라서 자존심이 강한 사람일수록 그러한 상황에 대해서 반응하는 정도가 크고, 자존심의 상처가 깊으면 깊을수록 분노 조절이 어려운 것이다. 이와 다르게 자존감(self-esteem)은 자기 스스로를 존중하는 마음에서 비롯되기 때문에, 비록 다른 사람이 자신을 비방하거나 깎아내리는 행위를 하더라도 자신의 감정을 효과적으로 통제한다. 즉, 자존감이 높은 사람은 자신의 신념과 가치관에 따라 주도적으로 행동하는 성향을 보인다.

그렇다면, 자존감을 구성하는 요소에는 구체적으로 어떠한 것들이 있을까? 기업과 대학에서 자존감에 대해 오랫동안 연구를 진행해온 강정범 교수는 그의 저서에서 '**자존감은 자기존중감, 자기효능감, 그리고 자기호감, 이렇게 3가지로 구성되어 있다**'고 설명한다.

> ① *자기존중감: 본인 스스로 행복을 누릴 자격이 있다고 믿는 것.*
> ② *자기효능감: 인생의 도전을 스스로 이겨낼 수 있다고 믿는 것.*
> ③ *자기호감: 자기 자신을 매력적인 존재로 인식하는 것.*

이와 같이 자존감은 우선 본인이 행복을 누릴 자격이 충분히 있다고 믿고, 시시각각으로 찾아오는 인생의 도전을 극복할 수 있다고 믿으며, 평소 자신을 매력적인 사람이라고 인식하는 것이라고 할 수 있다.

직장에서 성공하는 리더를 꿈꾸는 그대. 그 아무짝에도 쓸모 없는 자존심일랑 땅에 묻어 버리고, 오늘 당장부터 자존감을 높이는 훈련을 서서히 시작하자. 커피심부름이면 어떻고 택배심부름이면 어떤가? 비록 다른 사람들의 눈에는 하찮게 보이는 일이라 할지라도 그 일이 조직에서 필요로 하는 일이라면 즐거운 마음으로 임하자.

무엇보다 먼저 그대 스스로를 '행복을 누릴 만한 자격이 있는 사람'이라고 규정하고, 보다 행복한 직장인이 되기 위해서 노력하자. 비록 그대가 지금 받고 있는 월급이 쥐꼬리에 비유되더라도 실업자가 넘쳐 나는 이 시대에 일할 직장이 있음에 감사하자. 그 감사한 마음으로 남에게 조금 더 베풀고, 조금 더 도움을 주면서 조직에서 꼭 필요한 인재가 되자. 그러한 마음가짐으로 성실하게 직장생활을 하는 동안 시시각각 찾아오는 장애물들을 하나씩 지혜롭게 극복하면서, 점점 더 강력한 내공을 쌓아 가자. 그러한 과정에서 성공하는 내일을 향해 한 걸음 한 걸음 뚜벅뚜벅 정진하는 그대를 매일 자랑스럽게 여기자.

"팀장님, VIP 손님이 오신 것 같은데, 제가 커피 좀 갖다 드릴까요?" 이렇게 말할 수 있다는 것은 스스로 자존심을 죽이고 자존감을 높이는 훈련을 계속해 온 그대만이 할 수 있는 특권임을 기억하자.

11

상사가 따라 주는 술을 정중히 거절하라

대한민국에서 직장생활을 하면서 상사가 따라 주는 술을 거절할 수 있는 직장인이 과연 얼마나 될까? 상명하복의 문화가 뿌리 깊게 자리 잡은 조직일수록 부하직원이 '술 한잔 받으라'는 상사의 권유를 뿌리치기란 결코 쉬운 일이 아니다. 술뿐만 아니라 직장생활을 하다 보면 상사, 동료, 또는 고객으로부터 요구받는 일들이 한둘이 아니다. 집단주의 성향이 강한 우리나라 직장인들이 타인의 요구를 매몰차게 거절하는 경우는 흔하지 않다. 대부분의 직장인들이 조직에 순응하려는 경향이 있고, 상대방에 대한 배려심이 많기 때문일 것이다. 그런데, 보다 성공적인 직장생활을 하기 위해서는 평소 '거절하는 훈련'을 반드시 해야만 한다. 특히 다른 사람의 부탁을 절대 거절하지 못하는 소심한 성격의 소유자들은 직장생활을 하는 내내 이 훈련을 게을리해서는 안 된다. 이 거절하는 훈련을 소홀히 함에 따라 불행하게 직장생활의 종지부를 찍은 사례가 헤아릴 수 없이 많기 때문이다.

필자 역시 소심한 성격 탓에 직장생활 초반에 타인의 부탁을 거절하는 과정에 무척이나 어려움을 느꼈다. 특히 상사가 따라 주는 술을 거절한다는 것은 상상조차 못했다. 그래서 직장생활을 시작한지 첫 몇 년 동안은 부서 회식, 동기모임 등 온갖 종류의 모임에 죄다 참석했다. "자~ 임 대리 한 잔 더 받아"라는 부장님의 권유를 거절하지 못하고 억지로 폭탄주를 들이킨 적도 많았다. 남들도 다 받아 마시고 심지어 화장실에 가서 토하기까지 하는데, 괜히 상사가 권하는 술잔을 거절했다가 찍히면 안 된다는 강박관념에 사로잡혔던 것 같다. 그러던 어느 날, '이렇게 우유부단한 직장생활을 계속 하다 보면 언젠가는 후회할 날이 오지 않을까?' '도대체 언제까지 이렇게 수동적인 삶을 살 것인가?'라는 질문을 나 자신에게 던지게 되었다. 그리고 변화와 자기계발의 필요성을 절실히 깨달은 후부터는 상사가 따라 주는 술잔을 정중히 거절하는 훈련에 들어갔다. '감기에 걸려서' '컨디션이 안 좋아서' '운전을 해야 하기 때문에' 기타 등등 온갖 핑계를 대가며 고객이나 상사가 권하는 술잔을 거절하기 시작했다. 물론 '대단히 죄송합니다만' '정말 죄송한데요~'라는 말과 함께 고개를 숙이며 최대한 정중한 자세를 취했다.

'업무상 꼭 필요한 회식에만 제한적으로 참석한다.' '회식에 참석할 경우 술은 마시지 않는다.'라는 원칙을 정해 놓고, 실천에 옮겼다. 단순한 친목성격의 술자리에 초대를 받은 경우에는 '선약이 있어서 참석하기 어렵다'라는 이유를 댔다. '불필요한 술자리에는 참석하지 않는다'라는 나 자신과의 약속을 지키기 위함이었다. 업무상 반드시 참석을 해야 하는 회식 자리에서는 "죄송합니다만, 제가 술을 잘 못합니다. 음료수 한 잔 따라 주시면 감사하겠습니다."라며 상대가 권하는 술잔을 정중하게 거절했다. 처음에는 너무 어색하고 쑥스러웠다. 특히 상사나 고객이 권하는 술잔을 거절하는 데에는 대단한 용기가 필요했다. 그러한 과정에서 눈칫밥도 먹고 때로는 왕따도 당하는 등 별로 유쾌하지 못한 경험들을 해야만 했다. 하지만, 나중에 한 가지 깨달은 사실이 하나 있는데, 진정한 프로가 되기 위해서는 '거절의 기술'을 반드시 익혀야만 한다는 것이다.

거절의 기술은 내가 주도적인 삶을 살아가기 위한 필수불가결한 요소이다. 거절의 기술은 상사나 동료 직원에 의해 이리저리 이끌려 다니는 수동적인 직장생활에서 벗어나게 해 준다. 또한 거절의 기술은 나에게 엄청난 양의 시간과 에너지를 절약해 줌으로써 보다 밝은 미래를 준비하는 과정에 결정적인 역할을 한다. 거절의 기술을 익히다 보면, 직장에서 업무를 수행할 때 '어떤 일이 더 중요한지?' '어떤 일이 더 긴급한지?'에 대해 구분하는 습관이 생긴다. 긴급도와 중요도를 기준으로 모든 업무의 우선순위를 정한 다음, 효과적이고 효율적으로 수행하게 된다. 업무 성과는 자연스럽게 올라가고, 나 자신은 점점 더 경쟁력 있는 인재로 성장하게 된다. 내가 직장상사나 고객이 권하는 술잔을 정중히 거절하는 것은 결코 그들의 존재를 무시해서가 아니다. 그들을 존중하고 진심으로 대하면, 비록 시간은 좀 걸릴지라도, 그들과의 좋은 관계가 오래 유지된다는 것을 경험에 의해서 깨달았기 때문이다. 술잔을 거절하고 안 하고가 그렇게 중요한가? 절대 아니다. 성공을 원하는 직장인에게 정말 중요한 것은 '자신이 추구하는 가치'와 '자신이 설정한 목표'를 얼만큼이나 소중하게 여기느냐는 것이다.

12

'바쁘다'는 말은 한 달에 한 번만 사용하라

"요즘 회사일로 너무 바빠서 운동할 시간이 없어요."
"바빠서 아이랑 놀아 줄 시간이 없어요."
"나 지금 바빠. 나중에 통화해."

평소 직장인들이 자주 사용하는 표현들 중에 이 '바쁘다'라는 말이
빠지지 않는다. 그런데, '바쁘다'라는 표현을 무분별하게 사용함으로
써 자신의 가치를 스스로 떨어뜨리는 경우도 있고, 대인관계에서 마이
너스 요인으로 작용하는 경우도 있다. 주지하다시피, 이 '바쁘다'라는
말은 절대적이 아닌 상대적인 개념의 표현이다. 바빠서 운동할 시간
이 없는 사람은 있어도, 바빠서 자신의 결혼식에 참석하지 못하는 사
람은 없다. 바빠서 한 달에 한 권의 책도 읽지 못하는 사람은 있어도,
바빠서 한 달 내내 밥을 굶는 사람도 없다. 즉, 자신이 처한 환경이나
대하는 사람에 따라서 바쁠 수도 있고, 바쁘지 않을 수도 있는 것이다.
길거리에서 우연히 구입한 로또가 1등으로 당첨이 되었는데, 바빠서
은행에 당첨금을 찾으러 갈 시간이 없는 사람이 과연 있을까? 시도 때

도 없이 걸려 오는 텔레마케터의 전화를 받을 때는 바빴지만, 내가 좋아하는 영화나 스포츠경기를 관람할 때는 한가해지게 되어 있다.

직장에서 상사에게 '바쁘다'라는 표현을 자주 사용하면, 상사는 그 직원에게 업무를 더 줘야 할지 말아야 할지 고민을 하게 된다. 상사는 바쁘다는 말을 입에 달고 다니는 직원에게 업무를 줄 때 상당한 부담을 느끼게 되어 있다. 대부분의 직장상사는 바쁘게 일하는 직원보다 효과적으로 일하는 직원을 절대적으로 선호한다. 바쁘게 일하는 직원은 더 중요한 업무가 무엇인지, 더 긴급하게 처리해야 하는 업무가 무엇인지에 대해 구분하는 훈련이 안 되어 있다. 따라서 바쁘게 일하는 직원은 업무의 우선순위를 정하여 체계적으로 진행하기보다는 닥치는 대로 하는 경향이 있다. 반면에 효과적으로 일하는 직원은 중요하고 긴급한 업무부터 우선 처리하고, 나머지 업무들에 대해서는 상사와 수시로 협의하면서 진행한다. 효과적으로 일하는 직원은 상황에 따라서 업무를 융통성 있게 진행하기 때문에 정신 없이 일할 필요가 없는 것이다. 따라서 '바쁘게 일하는 것'은 때때로 '비효과적으로 일하는 것'으로 해석될 가능성이 높기 때문에 가급적 직장에서는 '바쁘다'라는 표현을 매우 제한적인 환경에서 사용해야 한다.

직장에서 중요한 업무들이 동시에 몰리는 환경에서는 어떠한 표현을 사용하는 것이 좋을까? 부장님이 지시한 업무를 오늘까지 마쳐야 하는데, VIP고객으로부터 전화가 걸려 오고, 다른 부서에서는 회의에 참석해 달라고 요청이 오고, 내 몸은 하나뿐인데 이럴 때 바쁘다고 안 하면, 대체 언제 바쁘다고 하느냐는 말이다. 직장에서 이렇게 업무가 동시다발적으로 발생하는 경우에는 주어를 나 자신으로 하지 말고, 업무로 돌리는 테크닉이 필요하다. 예컨대, 근무 중 가족으로부터 전화가 걸려 올 경우 "내가 지금 엄청나게 바쁘니 전화 끊어."라고 하기보다는 "지금 긴급히 처리 해야 할 업무가 있는데, 업무가 끝나면 바로 전화할게."라는 표현을 사용하는 것이 좋다. 업무를 추가로 지시하는 상사에게는 "제가 지금 바빠서요, 이 업무는 내일 하면 안 될까요?"라기보다는 "현재 진행 중인 업무가 오늘까지 완료될 예정인데요, 이 업무는 내일 진행해도 될까요?"라고 물어보는 게 좋다. 회의 중에 갑자기 VIP고객으로부터 전화가 걸려 오는 경우에는 "제가 지금 바빠서요, 나중에 전화드릴게요."라기보다는 "방금 회의가 시작되었는데요, 회의 끝나면 바로 전화드릴게요."라는 표현을 사용하는 것이 좋다.

이렇게 나 자신을 주어로 하지 않고, 업무를 주어로 하게 되면 상대방은 나로부터 존중받는다는 느낌을 갖게 된다. 나는 상대방과 기꺼이 대화를 나누고 싶고, 나는 상대방의 요청사항을 흔쾌히 들어주고 싶은데, 지금 진행하고 있는 업무 때문에 그렇게 할 형편이 되지 못한다는 메시지를 넌지시 전해 주게 된다. 따라서 나와 커뮤니케이션을 하기 원하는 대상이 가족이든, 직장상사든, 또는 VIP고객이든 상대방과 좋은 관계를 유지하기 위해서는 '바쁘다'라는 표현은 최대한 자제하여 사용할 것을 권한다. 길을 걷다 보면 한 달에 한 번 정도 난생처음 보는 사람이 그대에게 환한 미소를 지으며 다가와서는 이렇게 물어보는 경우 있을 것이다. "혹시 도에 관심 있으세요?" 그럴 때는 망설임 없이 이렇게 말하면서 그냥 지나치기 바란다. "지금 바빠요."

13

지각하지 않으려고 애쓰지 마라

코로나19 사태를 계기로 재택근무 또는 유연근무제를 도입하는 기업들이 증가하는 추세다. 하지만, 팬데믹 시대가 지나갈 경우, 비록 예전의 수준만큼은 아니더라도, 사무실로 출근하는 직장인의 수가 크게 증가될 것으로 예상된다. 그렇게 되면 기업들은 한동안 느슨해졌던 근태 관리를 강화하려는 움직임을 보일 것이다. 근태(勤怠)는 출근과 결근을 아울러 이르는 말로, 다수의 사람들이 함께 모여서 근무하는 조직에서는 나름 중요한 의미를 갖는다. 특히, 근로계약서에 근로자의 근무 시간이 명확히 기재되어 있을 경우 회사의 인사부에서는 직원들의 근태 관리를 철저하게 하는 편이다. 또한 개인이 역량보다는 팀워크를 더 중시하는 회사에서는 근로자의 근태를 인사고과에서 반영하기도 한다. 딱 1분 지각했다고 직원에게 시말서를 요구하는 회사도 있고, 회사의 시말서 요구에 감정적으로 반응한 직원이 시말서 대신 사직서를 내고 직장을 떠나 버리는 사례가 발생하기도 한다. 따라서 직장생활의 기본 중의 기본에 속하는 근태 관리를 제대로 하지 못하게 되면, 예상치 못한 부정적인 결과를 낳을 수 있다.

오전 9시를 출근 시간으로 정한 회사들이 많다. 직장인들이 출근하는 모습을 자세히 관찰해 보면, 아침 8시 이전에 출근하는 출근하는 직원들과 9시 직전에 출근하는 직원들의 표정에서 미묘한 차이를 발견할 수 있다. 아침 8시 이전 사무실에 도착하는 직원들의 표정에는 여유와 자신감이 엿보인다. 반면에 9시가 거의 다 되어 출근하는 직원들의 얼굴에는 여유가 없어 보이고, 왠지 모르게 불안감 같은 게 느껴지기도 한다. 물론 출근 시간 하나로 직원들의 태도를 넘겨짚는 것은 매우 위험하고 고리타분한 발상일 수 있다. 하지만, 회사에서 정한 시간보다 한 시간 정도 일찍 출근하는 집단, 그리고 회사에서 정한 시간에 거의 딱 맞춰서 출근하는 집단 간에는 여러 면에서 차이를 보인다. 비록 상이한 두 집단을 대상으로 설문조사를 한 적도 없고, 학술적으로 인정받은 통계자료도 제시할 수도 없지만, 필자가 30년에 가까운 직장생활을 하는 동안 면밀하게 관찰해 온 근거에 의한 것이다.

규정된 시간보다 한 시간 일찍 사무실에 도착하는 첫 번째 집단, 그리고 규정된 시간에 거의 맞춰 사무실에 도착하는 두 번째 집단 간에는 어떠한 차이가 있을까? 아침형 인간이라고 불리는 이 첫 번째 집단은 일단 지각할 가능성이 거의 없다. 출근길에 승용차의 타이어에 펑크가 나더라도, 지하철이나 버스가 일시적으로 운행이 정지되는 상황이 오더라도 대부분 60분 내에 해결이 된다. 따라서 지각할 가능성으로부터 완전히 자유롭기 때문에 출근 시간을 생산적으로 사용할 수 있다. 독서를 하거나, 외국어를 습득하면서 직장으로 출근하는 시간을 자기계발의 시간으로 활용한다. 이렇게 출근 시간을 값지게 사용하면서 사무실에 도착하다 보니 그들의 표정에 자신감이 묻어나는 것이다. 하지만, 9시 사무실 도착을 목표로 출근하는 두 번째 집단의 주요 관심사는 '지각 여부'이다. 승용차의 타이어에 펑크가 날 경우, 정상적으로 운행되던 지하철이 갑자기 멈춰선 경우, 엘리베이터가 고장이 난 경우 물어볼 것도 없이 그냥 지각이다. 따라서 그들은 출근길에 '거리에 차가 얼마나 막힐까?' '혹시 오늘 또 지각을 하지는 않을까?' 하는 걱정 때문에 출근 시간을 비생산적으로 사용하기 일쑤이다. 9시 정각을 불과 1~2분 남겨 놓은 시간에 엘리베이터에 탑승한 직장인들의 표정을 보면 그저 안쓰러운 마음이 절로 생긴다. 그야말로 긴장 초조 불안 그 자체이다.

기왕에 시작한 직장생활, 최고경영자까지는 아니더라도 기업의 별이라고 불리는 임원으로 승진하고 싶은 마음이 있는가? 그렇다면, 그들이 몇 시쯤 출근하는지에 대해 관심을 가져 보기 바란다. 정확한 데이터를 제시하기에는 어려움이 있으나, 아마도 평균적으로 아침 7시 30분 전후가 아닐까 싶다. 그들에게는 아침 시간을 생산적으로 사용하는 그들만의 노하우가 있다. 그들은 차가 막히는 시간대를 최대한 피하여 출근함으로써 시간을 절약한다. 엘리베이터에서도 줄을 서는 경우가 거의 없다. 아침의 10분이, 오후의 1시간보다 더 가치가 있음을 잘 알고 있기 때문이다. 다른 직원보다 1~2시간 일찍 출근하여 하루의 일정을 수립하고, 업무와 관련한 정보를 수집하며, 독서를 하거나 운동을 하면서 심신을 단련한다. 그들은 이러한 방식으로 아침의 시간을 지배함으로써 하루의 일과를 효율적으로 주도한다. 보다 성공적인 직장생활을 하고 싶다면, 지각하지 않으려고 애쓰지 마라. 평소

보다 조금 더 일찍, 평범한 직장인들보다 조금 더 일찍 출근하여 하루를 먼저 시작하라. 동일한 조건 하에서는 먼저 출발한 사람이 먼저 도착하게 되어 있기 때문이다.

14

야근하지 마라

"교수님, 저 이렇게 일하다가 죽을 것만 같아요. 벌써 2개월째 야근하고 있어요. 지난 달에는 야근하다가 쓰러져 응급실에 실려 간 적도 있어요."

전화기 건너편에서 울먹이는 제자리의 목소리를 듣고 있는 내내 마음이 편치 않았다. 몇 년 전 필자가 담당했던 과목을 수강했던 그 제자는 실력과 인성을 겸비한 최고의 인재였다. 특히 대학을 졸업하기 전 영어와 금융 분야에 남다른 노력을 기울였던 그 제자는 졸업과 동시에 외국계 컨설팅기업에 취직이 되었다. 어떻게 보면 당연한 결과였지만, 당시 워낙 취업시장이 얼어붙어 있던 터라 그 제자의 취업은 학과 내에서만큼은 뉴스거리가 되기에 충분했다. 그 제자와 함께 수업을 들었던 많은 동기생들이 부러워했고, 나 역시 치열한 경쟁을 뚫고 당당히 취업을 한 그 제자가 대견스럽고 자랑스러웠다. 그런데 그 제자가 야근하다가 쓰러져 병원에 실려 가게 된 이야기를 직접 들으니 은근히 열불이 났다. '아니, 요즘이 어떤 세상인데……. 직원을 그렇게

까지 혹사시키는 악덕 기업이 있을 수 있단 말인가?' 하는 생각에 화가 치밀어 올랐던 것이다.

'조직에서 살아남기 위해서' '더 많은 성과를 내기 위해서' '마감시한을 맞춰야 하는 긴급한 업무 때문에' '늦게까지 남아 있는 상사의 눈치가 보여서' …… 밤늦게까지 일하는 직장인들에게 야근하는 이유를 들어보면 저마다 사정이 있음을 알게 된다. "야근을 하고 싶지 않지만, '어쩔 수 없이' 한다."는 것이 이구동성으로 하는 하소연이다. 하지만, 그 '어쩔 수 없이' 하는 야근을 장기간 동안 지속적으로 하게 될 경우에는 상황에 따라 반드시 대책을 세워야만 한다.

1) 비상 상황이 발생하여 야근을 꼭 해야만 하는 경우

직장생활을 하다 보면 언젠가는 평소에 예상치 못했던 업무들을 수행하게 되어 있다. 조직에 중대하고 긴급한 비상 상황이 발생하여 그대의 신속한 대응을 필요로 하는 경우에는 자발적으로 야근하는 것이 좋다. 특히 그대가 신속하게 처리하지 않을 경우 조직에 막대한 피해가 발생할 가능성이 있는 상황에서는 기꺼이 야근하라. 예상치 못했던 심각한 비상 상황이 발생하여 조직이 그대의 도움을 필요로 함에도 불구하고 '근무 시간이 아니다'라는 이유로 퇴근을 서둘러서는 안 된다. 조직생활에서 예외적인 비상 상황은 많아야 1년에 한두 번 발생한다. 그 상황을 기회로 삼을 줄 알아야 한다. 비록 야근수당을 받지 못한다 하더라도 언젠가 조직은 어떠한 형태로든 보상을 할 것이다.

2) 조직에서 반복적인 야근을 강요할 경우

영리를 추구하는 회사가 인건비를 절감하기 위해서 근로자에게 야근을 종용하는 경우가 적지 않다. 두 명의 직원이 해야 할 업무를 한 명에게 배정하게 되면, 그 업무를 수행하는 직원은 야근과 주말 근무를 피할 방법이 없다. 이러한 상황에서는 조직에 반드시 '인력 지원'을 요청해야 한다. "부장님, 일이 너무 많아요~ 사람 좀 뽑아 주세요!"라는 식으로 단순한 방법으로 요청해서는 안 된다. 자신이 현재 담당하고 있는 업무를 일별, 주별, 월별로 일목요연하게 정리한 다음, 자신이 감당할 수 있는 일이 어디부터 어디까지인지를 상사에게 구체적으로 설명해야 한다. 업무 리스트를 체계적으로 작성한 다음 상사에게 우선순위를 정해 달라고 요청할 줄 알아야 한다. 특정한 시기에 업무가 집중적으로 몰리는 경우에는 단기 아르바이트를 지원받는 것도 하나의 방법이다.

3) 평소 습관적으로 야근을 하는 경우

조직 내에 비상 상황이 발생한 것도 아니고, 업무량이 과도하지도 않은데, 습관적으로 야근을 하는 직원들이 더러 있다. 야근이 그저 그 사람의 업무 스타일인 것이다. 특히 직장에서 상사의 눈치를 심하게 보는 직원들은 퇴근 시간을 '상사가 퇴근한 이후의 시간'으로 정하는 경향이 있다. 상사보다 먼저 퇴근할 경우 속된 말로 찍힐 것을 우려하여 그저 야근이 습관화되어 있는 것이다. 하지만, 그러한 경우에는 일시적인 만족감을 얻을 수는 있어도 장기적으로 볼 때 자신의 경쟁력을 스스로 약화시키는 요인으로 작용할 수 있다. 그렇게 타성에 젖어 습관적으로 야근을 하게 되면 업무의 효율성을 크게 저하시킨다. 낮은 업무의 효율성은 업무 성과와 밀접한 연관이 있기 마련인데, 습관적으로 야근을 하게 될 경우 자신의 업무 경쟁력은 점점 떨어지게 되어 있다.

15

글로벌 무대에서 환영받는
비즈니스 매너를 길러라

바야흐로 우리는 글로벌 시대에 살고 있다. 국가 간의 무역과 문화의 교류가 활발해지면서 날이 갈수록 국경의 의미는 점점 축소되고 있는 게 현실이다. 이러한 글로벌 시대에 세계인들과 함께 더불어 살아가기 위해서는 글로벌 마인드의 함양이 무엇보다 중요하다. 내가 살아가는 방식과 우리의 문화도 소중하지만, 외국인들이 살아가는 방식과 세계의 문화도 존중되어야 할 것이다. 평소에는 멀쩡하다가도 술만 마시면 확 달라지는 사람이 있고, 예비군복만 입으면 평소와 전혀 다르게 행동을 하는 사람이 있듯이, 해외에만 나가면 극단적 이기주의자로 돌변하여 다른 사람들에게 피해를 주는 여행객들이 있다. 국내와는 달리 해외에서는 본인을 알아보는 사람들이 거의 없기 때문에 평소 자신의 의식 수준에 따라서 행동을 하는 것으로 풀이가 된다. 하지만, 자신이 대한민국 국민의 일원임을 잠시 망각한 채 제멋대로 행동하고 국제사회에서 통용되는 에티켓을 지키지 않는다면 본인뿐만 아니라 우리나라의 국격에도 부정적인 영향을 줄 수 있음을 명심해야만 한다. 제아무리 영어를 유창하게 하더라도 해외에서 형편없는 매너로 외국인들을 대하게 되면 어글리 코리안(ugly Korean) 소리를 듣는 거고, 비록 영어가 좀 짧더라도 세계인들로부터 환영받는 매너를 갖추게 되면 젠틀맨(gentleman)이나 원더풀 코리안(wonderful Korean) 소리 듣는 것이다. 아래에 각 상황별로 정리한 '비즈니스 에티켓'은 필자가 다국적 기업에서 근무하는 동안 수많은 외국인들과 함께 생활하면서 체험한 것들을 위주로 정리한 것이다. 해외로 출장이나 여행을 가게 되는 경우 사전에 한 번쯤 일독할 것을 권한다.

1) 외국인과의 첫만남에서

외국인들이 한국에 처음 와서 가장 당황스러운 것 중의 하나는 처음 만난 사람으로부터 너무 개인적인 질문을 많이 받는 거라고 한다. 'How old are you?'(몇 살이죠?)에서부터 시작해서 'Are you married?'(결혼했나요?)에 이르기까지 마치 동사무소 직원이 호구조사하는 듯한 질문들에 많은 외국인들이 당황스러워한단다. 나이, 결혼, 종교, 취미 등 사적인 질문들은 어느 정도 친분을 쌓은 다음 자연스러운 분위기에서 하도록 하자. 첫 만남에서는 이름이 무엇인지?(What's your name?), 어디에서 왔는지?(Where are you from?) 등의 가벼운 질문부터 시작해서 주말에는 보통 어떻게 시간을 보내는지?(What do you normally do on weekends?), 한국 음식은 좋아하는지?(Do you like Korean food?) 등 다소 가벼운 내용으로 대화를 전개해 나가는 것이 좋다. 그렇게 부담 없는 주제로 대화를 나누다 보면 어느덧 나이,

가족, 종교, 직업 등에 대한 이야기로 자연스럽게 이어지는 게 일반적이다.

2) 소음에 대하여

많은 사람들이 함께 모여서 시간과 공간을 나누게 되는 공공장소에서 가장 신경을 써야 할 부분이 바로 소리이다. 전화벨 소리, 옆 사람과 대화하는 소리, 친구와 통화하는 소리 등 내가, 또는 내가 소지하고 있는 물건이 내는 소리는 다른 사람들에게 소음이나 잡음으로 인식되는 경우가 많기 때문이다. 바로 이 소음에 대한 민감도는 국가에 따라 혹은 개인에 따라 크게 다르다고 할 수 있다. 후진국일수록 의식 수준이 낮은 국민들일수록 소음에 대한 민감도가 작고, 선진국일수록 의식 수준이 높은 국민들일수록 소음에 대한 민감도가 크다고 할 수 있겠다. 공중도덕이나 예절에 대해 배울 기회가 거의 없는 후진국에서는 공공장소에서 크게 웃고 떠들고 별의별 잡소리를 다 내더라도 사람들이 관대하게 받아들이는 편이다. 하지만, 선진국에서는 타인에게 피해를 주는 소음에 대해서 어려서부터 철저하게 교육을 받기 때문에 여행객들이 공공장소에서 내는 소음에 대해 민감하게 반응하는 경향이 있다. 따라서 자신이 내는 소리에 대해 관심을 갖고 타인에게 피해를 주지 않으려는 노력을 조금만 기울인다면 전 세계 어느 곳을 여행하더라도 '매너 좋은 한국 사람'으로 기억될 것이다.

공공장소에서 가장 주의를 기울여야 할 것이 바로 대화할 때 내는 목소리다. 특히 비행기, 기차, 버스 등의 대중교통을 이용하면서 대화를 나눌 때, 또한 식당이나 박물관 등 사람들이 많이 모이는 장소에서 타인과 대화를 나눌 때는 '도란도란'이라는 단어를 꼭 염두에 두어야 한다. 즉 상대방과 나직한 목소리로 정겹게 대화를 나눌 수 있을 정도만 소리를 내는 것이 바람직하다. 대화가 즐겁다고 해서, 누군가가 정말 웃긴 농담을 했다고 해서 공공장소에서 박장대소를 하는 것은 교육의 기회가 거의 주어지지 않는 미개한 국가의 국민들이나 하는 행동이다. 공공장소는 나 또는 우리가 소유한 공간이 아니고, 불특정 다수의 사람들이 함께 사용하는 공간이기 때문이다. 대화를 나눌 때 나의 큰 목소리가, 우리의 큰 웃음소리가 옆 테이블에서 책을 읽고 있는 여행객이나 '도란도란' 이야기를 나누고 있는 사람들에게 불편을 끼칠 수 있기 때문이다. "까르르" "푸하하" 정도의 웃음소리는 우리 집에 더 잘 어울리고, "ㅎㅎ" "ㅋㅋ" 정도의 웃음소리는 공공장소에 더 잘 어울리는 웃음소리임을 기억하기 바란다.

전화벨 소리와 통화 소리 역시 해외에서든 국내에서든 반드시 지켜야 할 에티켓 가운데 하나이다. 도서관이든 영화관이든 식당이든지 간에 공공장소에서의 벨소리는 '진동'이나 '무음'으로 해 두는 것이 기본이다. 남의 불편은 아랑곳하지 않고, 요란한 전화벨 소리를 내고 다니는 사람들일수록 자신이 속한 조직에서 인정받지 못할 가능성이 높다고 한다. 평소 조직에서 업무 수행 능력을 인정받지 못하고 사람들로부터 긍정적인 주의를 끌지 못하는 사람들일수록 불특정 다수가 함께 사용하는 공간에서 주의를 끌려고 하는 심리가 강하게 작용하기 때문이다. 공공장소에서 통화를 하는 경우에는 '소곤소곤'이라는 단어를 항상 염두에 두어야 한다. 마치 전화로 대화를 하는 상대방과 국가기

밀을 주고받기라도 하듯, 남이 대화의 내용을 알아듣지 못할 정도의 작은 목소리로 통화를 하는 것이 에티켓이다. 특히 엘리베이터를 이용하는 중에 전화벨이 울릴 때에는 자동문자회신(지금은 전화를 받을 수 없습니다.)을 보내거나, 꼭 받아야 하는 경우에는 "지금 엘리베이터인데요, 내리면 전화드릴게요."라고 말하거나, 정말 긴급하고 중요한 전화인 경우에는 손으로 입을 가리고 '소고소곤' 통화를 하는 것이 바람직하다.

대화할 때는 '도란도란', 통화할 때는 '소곤소곤'의 원칙을 내가 스스로 지키지 않는다면, 남들이 '쑥덕쑥덕'거리면서 나에게 dirty look(경멸하는 듯한 눈초리)를 보내게 되어 있다.

3) 바디 랭귀지를 사용할 때

오래전 외국계 회사에서 근무할 당시 사장이 사무실에서 나를 부르면서 했던 손짓(손바닥을 위로 향하게 한 채 네 손가락을 안쪽으로 접었다 폈다는 반복하는 동작)을 보는 순간 적잖이 당황한 적이 있었다. 당황했다기보다는 상당히 기분이 안 좋았다고 표현하는 게 맞을 것 같다. 그 호주인 사장이 나에게 보냈던 바디 랭귀지는 마치 내가 어렸을 때 집에서 기르던 강아지를 부를 때 했던 그 동작 - 아랫니를 아랫입술 깊숙한 곳에 맞닿게 한 다음 재빨리 혀와 아랫입술을 부딪치면서 내는 소리와 함께했던 손짓 - 과 매우 흡사했기 때문이다. 그 호주인 사장을 향해 걸어가면서 나는 속으로 '아니 이 양반이~ 사람을 뭐로 보고~'라고 생각했다.

이 세상에는 수많은 언어가 존재하듯이 바디 랭귀지(Body Language), 즉 말과 글이 아닌 몸으로 하는 의사소통(Non-verbal communication)의 종류가 매우 다양하다는 것을 나중에서야 알게 되었다. 애완동물을 부를 때 우리나라 사람들은 손바닥이 위로 향하는 제스처를 사용하지만, 대부분의 서양인들은 손바닥을 아래로 향하게 한다. 이와 정반대로 우리나라에서는 사람을 부를 때(멀리 떨어져 있는 다른 사람에게 자기 쪽으로 오라는 표현을 할 때) 손바닥이 아래로 향한 채 손을 움직여서 의사표현을 하는 반면, 서양인들은 손바닥을 위로 향한 채 손가락을 움직이는 제스처를 한다.

고객을 위아래로 끄덕이는 동작(nodding)은 대부분의 국가에서 '동의(agreement)'를 의미하지만, 불가리아에서는 '동의하지 않음(disagreement)'을 의미한다. 엄지와 집게손가락을 이용하여 동그란 원을 만들어 보이는 손동작은 나라마다 매우 상이한데, 한국에서는 '돈', 미국에서는 'OK', 프랑스에서는 '0 또는 가치 없음'을 의미하고, 호주나 브라질에서는 외설적인 의미로 통한다. 또한 우리가 보통 단체 사진을 찍을 많이 사용하는 V싸인(검지와 중지를 위로 펴는 손동작)은 대부분의 국가에서는 승리(Victory)를 뜻하지만, 상대방에게 손등을 보이면서 하는 V싸인(Palm-back V sign)의 경우 일부 유럽 국가에서는 욕설의 의미로 통한다고 한다. 따라서 해외에서는 말뿐만 아니라 바디 랭귀지의 사용도 중요함을 잊지 말아야 한다. 특히 손가락을 사용하는 제스처를 할 때는 각별히 신경을 써야 하며, 해외로 출장이나 여행을 가기 전에 해당 국가의 문화에 대해서 미리 학습해 둘 필요가 있다.

4) 재채기나 기침이 나올 때

몸의 상태에 따라 재채기나 기침을 하게 되는 경우가 있다. 예고 없이 찾아온 코로나 사태로 인해 최근 들어 많이 달라지긴 했지만, 예전에는 누군가가 공공장소에서 "에취~" 하고 큰 소리로 재채기를 하게 되면 사람들이 그저 모른 척하고 관대하게 넘어가는 경향이 있었다. 하지만, 국가에 따라서 정도의 차이는 있겠지만, 외국에서는 공공장소에서 큰 소리로 재채기를 하는 경우 사람들로부터 'dirty look'(경멸하는 듯한 눈초리)를 한 몸에 받을 가능성이 상당히 높다. 특히 어려서부터 위생교육을 철저히 시키는 선진국일수록 공공장소에서 큰 소리를 내면서 재채기를 하거나 입을 가리지 않고 연거푸 기침을 해대면 매우 무례하고 무식한 행위로 받아들일 가능성이 높다. 기침은 입에서 시속 80km의 속도로 수천 개의 비말(飛沫)을, 재채기는 기침보다 훨씬 빠른 시속 160km의 속도로 입에서 수만 개의 비말을 뿜어내는데, 5마이크로미터 크기의 입자성 물방울인 이 비말은 경우에 따라 9미터까지도 날아간다고 한다. 따라서 재채기는 기침과 함께 공공장소에서 불특정 다수의 사람들에게 바이러스와 같은 세균을 가장 신속하게 전달하는 방법으로 알려져 있다. 따라서 해외에서 여행 중에, 특히 선진국으로 알려져 있는 국가를 방문하는 중에 사람들이 많이 있는 공공장소에서 재채기나 기침을 하게 될 경우에는 각별한 주의를 기울일 필요가 있다. 가장 효과적인 방법으로는 재채기나 기침이 나올 때마다 손수건이나 휴지로 입과 코를 막는 것인데, 손수건이나 휴지를 꺼낼 틈도 없이 재채기나 기침이 나올 때는 팔꿈치 안쪽 부분의 옷소

매에 입과 코를 재빨리 갖다 대는 것이다. 비록 순식간에 재채기가 나온다 하더라도 도서관이나 박물관, 영화관 등 어느 정도의 정숙이 요구되는 공공장소에서는 타인에게 피해를 주지 않으려고 하는 배려심을 보여 주는 것이 예의이다. 따라서 해외여행 중에 공공장소에서 재채기를 하게 될 경우에는 가급적 손수건으로 코와 입을 가볍게 막으면서 가능한 소리를 작게 내기 위한 노력을 기울여야 한다. 또한 공공장소에서 어쩔 수 없이 재채기나 기침을 하게 되는 경우에는 영어로 'excuse me(실례했습니다)'라며 작은 소리로 한마디 하는 것이 에티켓임을 잊지 말아야 한다.

5) 식당에서

우선 메뉴 선택에 관한 이야기다. 한국인이 가장 좋아하는 식사 메뉴는 '아무거나'라는 우스갯소리가 있다. 외국인과 함께 식사할 때 상대방이 What do you have in mind?(뭐 당기는 거 없어?) 혹은 What would you like to have?(뭐 먹을래?)라고 묻는 경우, 가급적 'anything(아무거나)'라고 답변하는 일이 없도록 하자. 본인이 먹고 싶은 메뉴를 주문해야 하는 것은 기본이고, 서양 메뉴에 대해서 정 모르겠거든, What would you like to recommend?(뭘 추천하고 싶은데?)라고 묻는 게 좋다.

외국인과 한식을 함께하게 될 경우에도 기본적으로 지켜야 할 에티켓이 있다. 우리는 오래전부터 나눔의 문화가 정착되어 있어서인지 찌개나 탕을 먹을 때 같은 그릇에 여러 사람이 숟가락을 넣어 가면서 음식을 나누는 것에 대한 거부감이 별로 없다. 하지만 대부분의 서양 사람들은 좀 다른데, 같은 그릇의 음식을 함께 먹는 문화가 아닌 각자 덜어서 먹는 습관이 몸에 배어 있다. 따라서 외국인에게 김치전골이나 된장찌개 등을 대접하고 싶을 경우에는 음식을 다 끓인 다음 작은 그릇에 덜어서 주는 세심한 배려가 필요하다.

해외의 레스토랑에서 식사 도중에 포크나 나이프를 떨어뜨렸을 때에는 가급적 직접 줍는 일은 삼가는 게 좋다. 이러한 경우 대부분의 서양인들은 웨이터 또는 웨이터리스를 불러서 다시 가져오게 한다. 이유는 떨어진 식사 도구를 집기 위해서 머리를 지나치게 테이블 아래로 숙였을 경우 상대방이나 다른 테이블에 앉자 있는 여성 고객의 다리를 훔쳐본다는 오해를 받을 수 있기 때문이라고 한다. 서양에는 변태들이 많은가 보다.

외국인들을 집이나 식당에 초대해서 우리 고유의 전통음식을 대접할 경우에는 한식에 대한 기본적인 내용만큼은 영어로 설명할 줄 알아야 한다. 비빔밥도 traditional Korean food, 된장찌개도 traditional Korean food, 고등어조림도 traditional Korean food로 설명해서는 안 된다는 이야기다. 삼계탕, 된장찌개, 식혜, 김밥, 떡국, 갈비탕 등 한국의 대표적인 음식에 대한 재료와 조리법 등에 대해서 간략하게라도 설명할 수 있을 정도의 영어 실력을 길러 보는 것은 어떨까 한다.

6) 술자리에서

서양인들은 술잔을 돌리는 법이 거의 없다. 대다수의 서양인들은 위생관념이 철저해서 다른 사람이 한 번 사용한 술잔은 받지 않는 걸 원칙으로 한다. '한국에 왔으니 한국문화를 따라야 한다.'는 식으로 본인이 입을 댄 술잔을 상대방에게 받으라고 강권하는 것은 아주 무례한 행위로 간주될 수 있다. 우리의 음주 문화가 존중되어야 하는 것처럼 서양인들의 음주 문화도 존중되어야 하며, 특히 중요한 계약이 걸려 있는 바이어들과 음주를 할 때는 이 점을 간과해서는 안 된다. 우리의 음주 문화에서는 첨잔(添盞)하는 것, 즉 상대방의 술잔이 비워지기 전에 술을 따라 주는 것을 무례하게 여기는 문화이지만, 서양인들과 일본인들은 첨잔을 오히려 기본적인 예의로 생각하는 경우가 많다. 특히 서양인들은 식사와 함께 와인을 즐겨 마시는데, 상대방의 잔이 완전히 비워지기 전에 호의의 표시로서 잔을 채워 주는 경우가 흔하다. 외국인 바이어가 당신의 빈 잔에 술을 채워 줄 때 '아니 이렇게 무례할 수가?'라며 인상을 쓰기보다는 'thanks'라고 답을 보내기를 바란다.

폭탄주 / 좌로 돌려 우로 돌려 / 파도타기 등 우리만의 음주 문화를 서양인들에게도 강요하는 하는 일이 없도록 하자. 처음에는 창의적이라는 둥, 신기하다는 둥 하면서 칭찬하는 듯하다가 뒤돌아서 흉보는 서양인들이 적지 않기 때문이다. 정으로 함께 어울려지고자 하는 우리의 집단문화와 제각기 편리성을 추구하는 서양인들의 개인문화에서 오는 차이 정도로 생각하는 게 좋을 듯하다.

'당신의 건강을 위하여'라는 건배사를 하면서 이를 영어로 'for your health'라고 표현하는 경우가 종종 있다. 건배제의에 맞는 전치사는 'for'가 아닌 'to'이다. 따라서 'to your health(당신의 건강을 위하여)' 'to your success(당신의 성공을 위하여)'라고 해야 맞다. '건배'(乾杯)

를 문자 그대로 해석하여 'Bottoms up'이라고 하는 경우가 많은데, 'Cheers'라고 제의하는 게 가장 무난하며, 'Let's make a toast'라고 하면 '우리 건배합시다.'라는 의미로 받아들이면 된다.

상대방의 기분만을 지나치게 고려한 나머지 못하는 술을 억지로 마시고 실수를 하는 것보다는 아예 술을 마시지 않는 것이 낫다. 대한민국은 특이하게도 술을 마시고 실수를 하거나, 혹은 술에 취한 상태에서 저지르는 범죄에 대해 '심신이 미약한 상태'라는 이유로 매우 관대한 경향을 보여 왔다. 또한 우리나라에서는 술에 취한 사람에게 술을 판매하는 행위도 불법이 아니다. 하지만 해외에서는, 특히 선진국일수록 술에 취하는 행위 자체를 사회가 매우 부정적으로 받아들이고 있으며, 일부 국가에서는 술 취한 사람에게 술을 파는 행위를 법으로 엄격하게 금지하고 있다. 고대 그리스 국가에서 귀족의 자제들에게 음주에 대해 교육을 시킬 때에는 노예들을 이용했다는 이야기가 전해진다. 사각의 링에 노예들을 입장시킨 다음 그들에게 한 잔 두 잔 계속 술을 마시게 한 다음 벌어지는 현상을 - 즉 술에 취해 노예들이 비틀거리거나 노래를 부르거나 소리를 지르거나 서로 싸움을 하는 등의 추한 모습을 - 귀족의 자제들에게 링 밖에서 관찰을 시킴으로써 음주에 대한 교육을 했다는 이야기다. 이처럼 역사적으로 서양에서는 술에 취해 저지르는 실수에 관대하지 않고, 술에 취해 저지르는 범죄에 대해서 더욱 엄하게 처벌하는 경우도 있다고 한다.

외국인 가정에 초대를 받으면 초대한 사람이 직접 손님들이 앉아 있는 테이블을 돌아다니며 와인을 따라 주는 경우가 있다. 초대에 응해줘서 고맙다는 말과 함께 직접 술을 따라 주며 작은 호의를 베풀기 위함이다. 그런데 본인이 술을 전혀 하지 않는다고 해서 와인 잔을 아예 테이블 위에 엎어 놓는 경우가 있는데, 이러한 행위는 가급적 삼가야 하며, 아주 불편한 감정을 초래할 수 있다. 대신 정말 거절해야 할 경우에는 잔 위에 손을 살짝 엎으면서 'No thanks' 혹은 'I'm sorry, but I don't drink'라고 부드럽게 말하는 게 좋다.

식사를 마친 후 각자 계산하는 걸 일컬어 많은 사람들이 더치페이(Dutch Pay)라고들 하는데, 이 표현은 'Let's go Dutch'라는 영어 표현이 변형된 콩글리쉬(Broken English)로서 네덜란드인을 비하하는 의미를 내포하고 있기 때문에 가급적 사용하지 않는 게 좋다. 대신 '각자 냅시다.'라는 표현에 적합한 영어 표현은 'Why don't we split the bill?' 'Let me share the bill' 등이 있다.

7) 복장에 대해

오래전에 뉴질랜드 대사의 초대로 대사관저에서 열린 만찬에 참석을 했는데, 넥타이를 매지 않고 셔츠에 재킷만 걸치고 갔다가 무척 당황스러워했던 적이 있다. 대사 부부의 초대를 받은 손님 십여 명 모두 타이를 맨 정장을 하고 앉아 있는 게 아닌가? 각국의 정부관료나 외국인 경영자의 집에 초대받았을 때는 비서에게 전화를 걸어 사전에 적절한 복장에 대해서 미리 점검을 해 보는 게 좋다. 또한 아무리 더운 여름이라 할지라도 정장 안에 반소매의 와이셔츠는 가급적 입지 않기를 권한다. 타이가 필요한 정장을 하는 경우, 특히 대규모의 공식회의에 참석하거나 장례식에 참석을 하는 경우에는 흰색 와이셔츠에 무늬가 없는 어두운 색 계통의 정장이 무난하다. 미국에 출장을 갔던 어느 경영자가 반소매 셔츠에 넥타이를 매고 정장을 한 채 유명한 특급호텔에서 개최된 오찬회의에 참석을 한 적이 있다. 각국에서 참석한 경영자들이 식사 전에 정장 상의를 벗어서 의자에 걸쳐 두는 모습을 보고 그대로 따라 했는데, 본인만 유일하게 반소매 셔츠를 입은 걸 알게 된 순간부터 그 한국인 경영자는 영 마음이 편치 않았다고 한다. 비록 무더운 여름철이라 할지라도 서양인들과 함께 일을 하거나 회의를 하는 공간에서는, 특히 전통과 예의를 중시하는 문화권에서는 반소매의 셔츠차림보다는 차라리 긴소매의 셔츠를 입고 소매를 한두 번 접는 것이 바람직하다.

8) 명함(Business Card)을 교환할 때

돈지갑에서 구겨져 있는 명함을 꺼내 상대방에게 건네는 행위, 상대방으로부터 받은 명함 위에 메모를 하는 행위, 명함을 건네받은 다음 호주머니에 바로 집어넣는 행위, 이 모두가 에티켓에 어긋난다고 보면 된다. 특히 해외출장을 갈 경우에는 명함지갑을 항상 휴대하고 다니면서 깨끗하고 반듯한 명함을 주는 것이 기본이다. 명함을 건네받은 다음에는 'Thanks Mr. Wilson'이라고 하면서 상대방의 이름을 한 번 불러 주는 게 좋다.

9) 칭찬이나 사과를 할 때

　자연스럽게 칭찬을 주고받는 경우가 있다. 외국인으로부터 칭찬을 받았을 경우 가벼운 미소와 함께 'thanks(감사합니다)' 'thanks for the complement(칭찬해 주셔서 감사합니다)' 'It's very kind of you to say so(그렇게 말씀해 주시다니 참으로 친절하시군요)' 이렇게 한마디 해 주는 게 매너다. '칭찬은 고래도 춤추게 한다'는 말이 있지만, 상대방으로부터 환영받지 못하는 칭찬을 하게 되는 경우에는 되레 불편함을 초래할 가능성이 있다. 특히 내국인 외국인을 막론하고 대화 상대방의 외모에 대한 칭찬을 할 경우 각별한 주의를 기울여야 한다. 특히 섹시하다(sexy), 아름답다(beautiful), 매력적이다(attractive) 등의 표현을 사용하는 경우 자칫 오해를 받을 수도 있기 때문에 신중에 신중을 기해야 한다.

　"Your eyes are beautiful like stars(당신의 눈은 별처럼 아름답군요)." 동료 여직원에게 무심코 던진 이 말 때문에 한 남자 직원이 '직장 내 성희롱'의 명목으로 고소를 당했다. 이유는 남자 직원이 한 그 말 때문에 당사자인 여성 직원이 성적으로 불쾌감을 느꼈다는 것. 뉴질랜드에서 있었던 실화이다. 따라서 남성이든 여성이든 가급적 외모에 대한 칭찬은 삼가는 것이 바람직하다. 대화 상대방에게 꼭 칭찬을 해 주고 싶은 경우에는 외모보다는 '친절하다(kind)'거나 겸손하다(humble) 등의 태도 중심의 표현이 무난하다.

　한편, 복도에서 혹은 공공장소에서 걸어가다가 실수로 다른 사람의 어깨나 팔을 툭 쳤을 때, 심지어 엘리베이터에서 다른 사람의 발을 실수로 밟았을 때도 우리나라 사람들은 멋쩍어하면서 그냥 씩 웃거나 아예 모르는 척하는 경우가 종종 있다. 외국인들, 특히 서양인들에게는 도저히 이해가 안 되는 대목이다. 혹시 당신이 이동 중에 실수로 외국인의 팔을 건드렸거나, 발등을 밟았거나, 본의 아니게 상대방에게 불편함을 끼치게 되었을 경우 반드시 'I'm sorry' 'Excuse me'라고 사과하는 걸 잊지 않도록 하자.

글로벌 무대에서 인정받고 존중받는 사람은 영어를 유창하게 잘하는 사람이 아니고, 매너가 좋은 사람임을 결코 잊지 말자.

16

해외출장 가기 전에 이것만은 꼭 알아 두자

비록 코로나 사태로 인해 해외로 출장을 가는 직장인의 수가 예전보다 많이 줄어들긴 했지만, 해외에서 여행객들을 대상으로 발생하는 범죄는 좀처럼 줄어들고 있지 않는 듯하다. 해외로 출장을 가거나 여행을 하다가 순간의 부주의로 인해 예상치 못한 사고를 당하게 될 경우, 그 사고를 처리하고 수습하는 과정이 국내보다 훨씬 복잡하고 어려울 수 있다. 따라서 해외로 출장을 가기 전 필수적으로 체크해야 할 몇 가지를 소개하고자 한다.

1) 여권복사

해외에서 여권을 분실했을 경우 겪게 되는 불편함은 상상 이상이며, 자칫 분실한 여권이 범죄의 도구로 악용될 가능성도 있다. 여권을 분실하거나 도난당하지 않도록 해외여행 기간 내내 몸에 휴대하는 게 좋다. 만약의 사태에 대비하여 여권을 2매 정도 복사(사진 나온 면)하여 1매는 자신의 가방에 보관하고, 1매는 동행하는 사람에게 보관을 부탁하는 게 좋다. 인적사항이 기재되어 있는 면을 스캔 또는 촬영하여 휴대폰에 파일로 저장해 두는 방법도 괜찮다.

2) 대사관 전화번호 기재

여권의 복사본에 여행지의 대사관 또는 영사관 전화번호를 미리 기재해 두는 게 바람직하다. 출국하기 전에 전화번호를 휴대폰에 미리 저장해 두는 방법도 괜찮다. 해외에서 뜻하지 않게 여권을 분실하거나 도난당할 경우, 크고 작은 사고를 당할 경우 여행 중인 국가의 한국 대사관 또는 영사관에 즉시 전화를 하여 도움을 요청해야 한다.

3) 택시 이용 시

해외에서 택시를 이용할 경우 각별한 주의가 필요하다. 특히 혼자 택시를 이용할 경우 이따금 범죄의 표적이 될 수도 있기 때문에 스스로 안전을 확보할 수 있도록 최대한 신경을 써야 한다. 승차하기 전에 택시의 번호판을 촬영한 후 휴대폰에 저장해두고, 지인에게 사진을 즉시 전송하여 자신이 택시를 이용하여 이동 중임을 알릴 필요가 있다. 단지 제스처 만으로도 범죄예방의 효과가 있을 수 있다. 또한 택시기사가 제공해 주는 어떠한 종류의 음료수나 음식물을 먹어서는 안 된다. 수면제 등의 약품을 음식물에 미리 타 두었다가 여행객에게 건넨 다음 범죄로 이어지는 경우가 종종 있기 때문이다. 비록 새것처럼 보이는 생수라 할지라도 'No thanks!'라고 말하면서 거절하는 게 좋다.

4) 휴대용 가방

최근 국제적인 마약조직들이 여행객들을 이용하여 마약을 운반하는 사례가 빈번하게 발생하고 있다. 가장 흔한 수법으로는 공항의 출국장에서 범인이 여행객의 가방에 마약이 들어 있는 봉투를 슬쩍 넣어두는 것이다. 범인은 여행객과 함께 같은 비행기를 타고 이동을 하게 되는데, 목적지에 도착하여 여행객이 출국장을 무사히 빠져나오면 그 마약 봉투를 이런저런 이유를 들어 되찾아 가는 방법이다. 만약 보안 검색대를 통과하는 과정에서 마약이 발각되면 본인의 의지와 상관없이 마약을 운반하게 된 그 여행객은 아주 심각한 상황을 맞을 수밖에 없다. '나는 몰랐다' '이 봉투는 내 것이 아니다'라고 제아무리 변명을 늘어놓는다 하더라도 때는 이미 늦은 것이다. 국가에 따라서는 마약 운반을 법정최고형에 처하는 국가도 다수 있기 때문에 휴대용 가방의 관리는 철저하게 해야만 한다. 해외여행을 갈 때 가족이 아닌 지인으로부터, 특히 낯선 사람으로부터 짐 운반을 부탁받는 경우 무조건 거절해야 한다. 또한 사람들이 붐비는 공항에서는 본인의 가방에서 잠시도 눈을 떼서는 안 되고, 심지어 화장실을 다녀올 때도 주의를 게을리해서는 안 된다.

5) 입국심사

세계 도처에서 불특정 다수를 상대로 하는 테러와 전염병이 빈번하게 발생함에 따라 세계의 모든 나라는 자국민을 보호하기 위한 일환으로 입국심사를 강화하고 있는 추세이다. 따라서 최근 여행의 목적이 불분명하거나 위험한 물건을 소지했다는 이유 하나만으로 입국을 거부당하는 사례가 빈번하게 하게 발생하고 있다. 또한 입국심사에 필요한 서류를 실수로 잘못 기재하거나 반입금지품목을 신고하지 않음으로 인해 막대한 금액을 벌금으로 내야 하는 경우도 있다. 입국심사 과정에서 낭패를 보지 않기 위해서는 출국 전에 해당 국가의 입국심사에 관한 정보를 사전에 입수하여 꼼꼼히 살펴보는 게 무엇보다 중요하다. 또한 식품은 여행준비품목에서 가급적 제외해야 하고, 특히 과일이나 채소 등 조리하지 않았거나 가공되지 않은 음식물은 아예 가져가지 않는 게 좋다. 국가별로 다르긴 한데, 주로 국가경제에 농업이 차지하는 비중이 큰 나라들에서는 농산물의 반입을 엄격하게 규제하고 있기 때문이다.

17

리더십 훈련은 단 하루도 걸러서는 안 된다

많은 직장인들이 조직에서 팀장이 되고, 본부장이 되고, 최고경영자가 되기를 희망하지만, 정작 조직을 효과적으로 운영하기 위해 반드시 필요한 리더십의 훈련은 소홀히 하는 듯하다. 사원 시절에는 회사에 적응하느라 바쁘고, 대리 과장 시절에는 업무 성과 올리기에 바쁘고, 차장 부장 시절에는 경영진 눈치 보기 바쁘다고들 한다. 회사에서 열심히 일한 결과 승진을 거듭하여 팀장도 되고 본부장도 되었는데, 리더십에 대해 제대로 공부해 본 적도 없고, 체계적인 훈련도 못했던 터라 조직에서 리더의 역할을 감당하지 못하는 사례가 부지기수다. 또한 리더의 자질이 전혀 없는 자가 부서장으로 임명되어 조직 구성원들을 힘들게 하고 결국 조직을 망하게 하는 주요인으로 작용하는 사례도 적지 않다. 규모가 작은 조직일 경우 무능한 리더로 인해 발생하는 피해의 정도가 가벼울 수 있겠지만, 조직을 구성하는 구성원의 숫자가 늘어나면 늘어날수록 준비되지 않은 리더로 인해 조직이 입게 되는 피해의 정도는 비례하여 커질 수밖에 없는 것이다.

그대가 만일 보다 성공적인 직장생활을 꿈꾸는 분이라면, 무엇보다 먼저 '관리자'와 '리더'의 차이를 분명히 구분할 줄 알아야만 한다. 물론 관리자와 리더 모두 조직 구성원들에게 영향력을 행사하고, 조직이 설정한 목표를 달성하기 위해 노력한다는 차원에서 유사하다고 볼 수 있다. 하지만, 목표를 달성하는 과정에서 관리자와 리더가 선택하는 방식은 매우 다르다. 관리자는 조직의 질서와 안정을 추구하고, 목표달성을 위한 계획을 수립하며, 조직 구성원들을 감독하고 통제하는 역할을 수행한다. 리더는 조직의 변화와 발전을 추구하고, 조직이 나아가야 할 방향과 비전을 제시하며, 조직 구성원들에게 동기를 부여하고 근로 의욕을 고취시킨다. 관리자는 단기적 성과를 좇지만, 리더는 중장기적 성과를 중시한다. 관리자는 채찍과 당근을 동원하여 부하직원들을 밀어붙이는 방법을 이용하지만, 리더는 진실한 태도와 솔선수범을 통하여 부하직원을 이끌고 가는 방식을 이용한다. 한편, 관리자와 리더는 조직에서 부정적인 성과를 대하는 태도도 극명하게 다르다. 업무 성과가 저조할 경우 관리자는 "네 탓"이라 말하며 팀원들을 몰아세우지만, 리더는 "내 탓"이라 말하며 팀원들을 독려한다. 따라서 조직에서 동일한 직급의 부서장이라 할지라도 관리자가 수행하는 매니지먼트(Management)와 리더가 수행하는 리더십(Leadership)의 속성에는 상당한 차이가 있는 것이다.

팀장 리더십, 감성 리더십, 서번트 리더십, 통합의 리더십, 이심전심 리더십, 리더십 골드, 리더십의 본질, 리더십의 법칙, 셀프 리더십, 글로벌 코칭 리더십, 광기의 리더십……. 대형서점의 자기계발 코너에 가 보면 리더십을 주제로 출간된 책들이 그 수를 헤아리기 힘들 정도로 많다는 걸 금세 알 수 있다. 번거롭게 서점에 방문할 필요도 없이, 인터넷 서점에서 '리더십'이라는 키워드를 입력하게 되면 이와 관련한 책이 수천 종이나 출시되어 있음을 알 수 있다. 그렇다면 과연, 리더십을 다룬 책들을 이것저것 많이 읽으면 조직을 성공적으로 이끌어 가기 위한 리더십이 계발되는 것일까? '어느 정도 도움이 될 수 있겠지만, 그렇지 않을 듯'이라고 조심스럽게 답하고 싶다. 대중매체와 서적, 그리고 연구논문을 통하여 다수의 사람들이 "이러이러한 리더십을 길러야 한다"면서 저마다 목청을 높이고 있는 게 현실이다. 하지만, 필자는 우리나라에서 직장생활을 하는 분들에게 진실되고 참된 리더십, 이름하여 진성 리더십(Authentic Leadership)을 갖추기 위해 끊임없이 훈련할 것을 주장한다.

어느 분야에서든지 대가(大家), 즉 전문 분야에서 뛰어난 권위를 인정받는 사람이 몇 명씩 있기 마련인데, 리더십도 예외가 아니다. 미국 와싱턴 대학(University of Washington)의 아볼리오(Bruce Avolio) 교수, 그리고 텍사스 대학(Texas Tech University)의 가드너(William L. Gardner) 교수가 바로 진성 리더십 분야의 대가들이다. 그들의 오랜 연구 결과, 조직을 진정성 있게 이끌어 가는 리더들에게는 다음과 같이 4가지 특징이 있다는 것을 발견하게 되었다.

① 자아인식(Self-awareness): 자신의 강점과 약점, 동기 요인들, 그리고 다른 사람들이 자신의 리더십을 어떻게 인식하는지 이해한다.
② 균형 잡힌 정보 프로세스(Balanced processing): 의사결정

을 내리기 전 관련된 모든 정보를 객관적으로 분석한다.

③ 내재화된 도덕적 관점(Internalized moral perspective): 외부의 압력에 의해서가 아닌, 내적인 도덕적 기준과 가치에 따라서 행동한다.

④ 관계적 투명성(Relational transparency): 정보를 공개적으로 공유하고, 자신의 본심과 감정을 솔직하게 표현한다.

첫째, 진정성 있는 리더가 갖추어야 할 가장 기본 중의 기본은 바로 '자기 자신을 아는 것'이다. 이 속성의 이론적 배경은 고대 그리스 철학자 소크라테스로까지 거슬러 올라가는데, 자기 자신을 안다는 것이 리더에게 얼마나 중요한 덕목인지를 가늠하게 해 준다. 훌륭한 리더는 조직을 운영하면서 자신의 강점을 최대한 살림과 동시에, 스스로가 부족하다고 느끼는 부분에 대해서는 조직의 구성원들에게 의견을 구하고, 자신의 권한을 위임해 주는 성향이 강하다. 반면, 무능한 리더는 하나부터 열에 이르기까지 모든 일들에 사사건건 관여하면서, "내가 예전에 해 봐서 아는데…….", "나 때는 말이야…….",라는 상투적인 표현과 함께 끊임없이 지적하고 요구한다. 부하직원들이 자신의 리더십을 어떻게 평가하고 인식하는지에 대해서는 조금도 관심이 없다. 그야말로 '천상천하 유아독존(天上天下唯我獨尊)'의 자세를 버리지 않는다. 따라서 조직에 꼭 필요한 리더가 되기 위해서는 매일같이 자신을 돌아보고, 조직 구성원들의 의견을 경청하는 훈련을 게을리해서는 안 된다.

둘째, 진실된 리더는 조직에서 의사결정을 내리는 과정에서 사사로운 감정이나 주관적인 편견에 의존하지 않고, 수집된 모든 정보를 객관적으로 분석하는 경향이 강하다. 이와는 반대로 무능한 리더는 개인적인 편견에 근거해서 감정적으로 의사결정을 하는 성향을 보인다. 따라서 무능한 리더는 자신의 의견에 동의하지 않는 부하직원들을 적대시할 뿐만 아니라, 그들에게 인사상의 불이익을 가하기도 한다. 이렇게 리더가 조직에서 구성원들에게 진실되지 못한 모습을 반복적으로 보여 줄 경우 조직 내에서의 진솔한 의사소통을 기대하기 어렵다. 따라서 보다 진실된 리더가 되기 위해서는 업무와 관련한 수집된 모든 정보들을 객관적으로 분석하는 역량을 키워야 함과 동시에 보다 합리적인 의사결정을 내려야만 한다.

셋째, 진성 리더는 도덕적 기준과 가치에 따라서 행동한다. 즉, 자신의 행동이 도덕적으로 올바른 것인지, 본인이 지향하는 가치에 부합하는 것인지를 우선적으로 고려한다. 따라서 자신에게 요구되는 행동이 비윤리적이라고 판단될 경우 조직에서 아무리 강하게 압력을 가하더라도 절대 굴복하지 않는다. 자신의 비윤리적인 행동이 결국 조직에 손해를 끼치게 됨을 잘 알고 있는 것이다. 이와 반대로, 거짓된 리더는 자신의 이해득실을 기준으로 행동한다. 상사로부터 인정받을 수만 있다면, 좀 더 높은 지위에 올라갈 수만 있다면, 좀 더 많은 돈을 챙길 수만 있다면, 비윤리적인 행동을 하는 데에 주저함이 없다. 거짓된 리더들에게는 순간적인 욕망에 저항할 내공이 없기 때문에 비윤리적인 행동을 반복하게 됨으로써 결국에는 조직에 큰 손해를 끼치게 된다. 그대가 조직에서 진실된 리더로 성장하기 위해서는 비윤리적인 행동을 유발하는 각종 유혹들에 강력히 저항하는 훈련을 계속 해야만 한다.

넷째, 참된 리더는 조직 구성원들과의 관계를 투명하게 유지한다. 업무와 관련된 내용을 부하직원 모두와 적절하게 공유하고, 본인이 느끼는 감정을 최대한 솔직하게 표현함으로써 구성원들과의 투명한 관계를 유지하기 위해 힘쓴다. 비록 자신보다 직급이 낮은 직원이라 할지라도 언제나 존중과 배려의 마음을 잃지 않고 진심으로 대함으로써 부하직원들로부터 존경을 받는다. 반면에 거짓된 리더는 업무와 관련된 정보를 일부의 직원들과 제한적으로 공유하고, 대부분의 정보를 조직을 통제하는 수단으로 활용한다. 또한 거짓된 리더는 '내 편'으로 분류된 직원들에게만 각종 특혜를 제공하고, '네 편'으로 분류된 직원들에게는 불이익을 줌으로써 조직에서 끊임없이 갈등을 조장하고 방관한다. 입으로는 조직의 화합과 단합을 강조하지만, 실제로는 편가르기와 차별을 통해 조직을 비효과적으로 운영하는 것이다. 가족이나 친구, 혹은 동료 직원이든지 간에 평소 그대가 만나는 모든 사람들을 항상 투명하게 대하라. 주변 사람들과의 관계를 그렇게 투명하고 진실되게 유지하다 보면, 그리 머지 않은 장래에 그대는 부하직원들로부터 존경받는 리더가 될 것이다.

18

주는 리더가 될 것인가? 받는 리더가 될 것인가?

2000년을 전후로 미국 경제에 큰 획을 그었던 두 명의 미국인 경영자에 관한 이야기로 시작하고자 한다. 한 명은 1942년 미주리주에서 태어나 미주리 대학에서 경제학을 전공하여 석사학위를 받은 후 휴스턴 대학에서 박사학위까지 취득한 켄 레이(Kenneth Lay)라는 사람이고, 또 다른 한 명은 1936년 펜실베이니아주에서 태어나 센디에이고 대학에서 학사학위를 받은 짐 세네갈(Jim Senegal)이라는 사람이다. 켄 레이는 당시 미국에서 가장 큰 에너지기업(엔론, Enron Corporation)에서, 짐 세네갈은 미국에서 두 번째로 큰 유통회사(코스트코, Costco)에서 최고경영자로 근무했다는 면에서는 유사한 면이 있지만, 그들이 재임 기간 중에 받았던 연봉에서는 큰 차이를 보인다. 켄 레이는 기본급과 보너스를 합쳐서 약 8백만 불, 우리 돈으로 치면 매년 95억 원 가량의 연봉을 받아 갔고, 1999년 한 해에만 무려 4천 240만 불, 한화로 거의 5백억 원에 이르는 연봉을 챙겼다. 하지만, 짐 세네갈의 경우 엔론보다 규모가 훨씬 더 큰 기업을 더 오랜 기간 동안 경영했지만, 자신의 연봉을 35만 불, 즉 우리 돈으로 4억 원이 넘지 않도록 했다. 당시 코스트코 매출의 50% 정도밖에 안 되던 코카콜라의 최고경영자였던 켄트가 받던 연봉이 1천 447만 불이었음을 감안하면, 승승장구하던 코스트코의 최고경영자 짐 세네갈의 연봉은 초라한 수준이었던 것이다.

켄 레이는 자신이 근무했던 직장에서 최고경영자의 지위를 이용하여 천문학적인 규모의 돈을 자신의 연봉으로 챙겼지만, 그의 말로는 비참하게 끝이 났다. 그가 경영했던 기업은 2001년에 문을 닫았는데, 미국역사상 가장 규모가 큰 파산 기록으로 남아 있다. 미국 최대의 에너지기업에서 근무했던 2만 여 명의 직원들이 하루아침에 실업자 신세로 전락했고, 엔론의 지속적인 성장 가능성을 믿고 돈을 맡겼던 투자자들은 수십억 달러에 이르는 금전적인 피해를 입었다. 2004년 켄레이는 검찰로부터 증권사기, 금융사기, 분식회계 등 11개의 죄목으로 기소를 당했으며, 2006년 법원의 최종 선고를 몇 개월 앞두고 64세의 나이로 사망하였다. 콜로라도의 한 병원에서 실시한 부검결과 그의 직접적인 사망원인은 심장마비였다.

짐 시네갈은 자신이 창업한 기업의 최고경영자로 재직하는 동안 비교적 적은 액수의 연봉을 받았지만, 그가 29년간 경영했던 코스트코는 지금도 승승장구하고 있는 중이다. 1983년 약 85억 원의 자본금으로 시작한 코스트코는 전 세계 25만여 명의 직원들이 일하고 있고, 2019년 한 해에만 무려 100조 원이 넘은 매출을 달성했다. 그가 경영하던 기업에서 그의 직위는 회장 겸 최고경영자였지만, 자신만을 위한 집무실을 별도로 두지 않았으며, 창문과 별도의 문이 없는 9제곱미터가 채 안 되는 공간에서 칸막이를 두고 근무했다고 한다. 비록 자신은 짠돌이 수준으로 검소했던 사람이었지만, 짐 시네갈은 '직원들에게 최고의 혜택을 준 경영자'로 잘 알려져 있다. 코스트코 직원들의 연봉은 유통업계의 평균보다 40% 정도 높고, 매년 1조 원 이상의 돈을 직원들을 위한 건강프로그램과 복지혜택에 쏟아부었다고 한다. 2021년 1월에 85세가 된 짐 세네갈은 아내, 세 자녀, 그리고 손주들과 함께 장수의 축복을 누리며 살고 있다.

애덤 그랜트(Adam Grant)는 미국 펜실베이니아 대학교의 와튼스쿨에서 심리학과 교수로 재직 중이다. 그랜트 교수는 그의 저서《기브앤 테이크(Give and Take)》를 통해 사람들을 기버(giver - 받은 것보다 더 많이 주기를 좋아하는 사람), 테이커(taker - 주는 것보다 더 많이 받기를 원하는 사람), 그리고 매쳐(matcher - 주는 만큼 받고, 받은 만큼 주는 사람)로 분류하여 설명하고 있다. 테이커와 기버는 사람들을 대하는 태도와 행동에서 크게 다르다고 한다. 테이커(taker)는 누군가에게 도움을 제공해야 할 기회가 생길 때 자신에게 돌아올 반대급부를 염두에 두고 전략적으로 행동을 취하는 반면, 기버(giver)는 자기자신의 이익보다는 상대방에게 돌아갈 혜택을 우선시하는 행동을 한다는 것이다. 한편, 그랜트 교수의 연구결과 기버들은 테이커들보다 평균적으로 약 14% 적은 돈을 벌고, 각종 범죄로부터 희생될 위험이 2배나 높으며, 권력이 22% 더 적은 것으로 나타났다. 기버들은 성공 사다리의 맨 아랫부분을 차지하고 있고, 그들 위에 매쳐들과 테이커들이 존재하지만, 성공 사다리의 맨 윗부분을 차지하고 있는 집단 역시 기버들이라고 한다. 단기적이고 피상적으로는 테이커들이 성공한 것처럼 보일 수 있겠지만, 장기적인 면에서 진정으로 성공한 사람들은 바로 기버들이라는 메시지가 담겨 있는 듯하다.

앞서 등장한 켄 레이의 경우 테이커들을 대표하는 인물로 묘사되고 있는데, 그는 영향력이 막강한 사람들과의 네트워크를 구성하여 그들을 자신의 이익을 극대화하는 수단으로 이용한 인물로 잘 알려져 있다. 켄 레이는 조지 부시(George H. W. Bush)가 미국의 41대 대통령으로 재임하던 시절, 다양한 수법의 로비활동을 통해서 그와의 우호적인 관계를 유지했다. 그다음 대선에서 조지 부시가 빌 클린턴(Bill Clinton)에 패배하자, 이번에는 클린턴 대통령의 수석보좌관에게 줄을 대어 클린턴과 골프를 치면서 새 정권과 친밀한 관계를 이어 나갔다. 그다음 대선에서 공화당 후보로 나섰던 조지 W. 부시(George Walker Bush)가 대통령에 당선되자 이번에는 그의 연줄을 최대한 이용하여 백악관과 정부 고위관료들을 상대로 적극적인 로비활동을 펼쳤다. 이렇게 켄 레이는 자신의 이익을 극대화할 목적으로 정권이 바뀔 때마다 권력자들에게 전략적으로 접근했음이 결국 드러나게 되었다. 선거 때마다 후보의 당선 가능성을 고려하여 공화당과 민주당에 적절한 비중으로 정치헌금을 하는 등, 보다 더 많이 받기 위해서 끊임없이 노력하는 테이커들의 전형적인 태도를 보여 준 것이다.

바로 이 대목에서 독자들, 특히 직장에서 성공하고 존경받는 리더가 되기 위해 노력하는 그대에게 다음과 같이 질문을 하고 싶다.

'그대는 받는 리더(Taking Leader)가 될 것인가? 아니면 주는 리더

(Giving Leader)가 될 것인가?'

팀장이 되고 본부장이 되어 권한이 더 주어지면, 그 우월적 지위를 이용해서 부하직원들로부터 뭔가를 좀 더 얻어 내기 위해서 노력할 것인가? 그렇지 않으면 보다 많은 정보와 예산을 이용해서 그들에게 도움을 주기 위해 노력할 것인가?

조직에서 부여한 권한을 최대한 행사함으로써 부하직원들에게 자신의 지위를 인정받기 위해 애쓰는 상사가 될 것인가? 그렇지 않으면, 직장에서 솔선수범하는 자세로 부하직원들에게 강력한 동기를 부여해 주는 상사가 될 것인가?

지위와 권한을 이용해서 조직에서 조금이라도 더 챙기고 조금이라도 더 모으기 위해서 안간힘을 쓰는 리더가 될 것인가? 아니면, 팀원들에게 따뜻한 밥 한 끼, 시원한 커피 한 잔을 사주면서 그들을 격려해 주는 리더가 될 것인가?

그대가 후세들에게 진정으로 성공한 직장인, 존경받는 리더로 기억되고 싶다면, 오늘 당장부터 주는 연습에 돌입하자. 주는 것도 연습이 필요하고, 베푸는 것도 습관이 필요하다. 남보다 더 많이 갖고 싶고, 남보다 더 많이 벌고 싶고, 남보다 더 많이 모으고 싶은 욕구에서 조금씩만 벗어나 보자. "돈을 아끼고 또 아껴서 주식에 투자하라."고 연일 목청을 높이는 어느 재테크 전문가는 사람들에게 이렇게 말한다. "어제보다 오늘 더 부자가 되었는지를 체크해 보라."고. 하지만, 나는 그대에게 이렇게 말한다. "어제보다 오늘 내가 사람들에게 더 많이 베풀었는가를 체크해 보라."고.

19

리더십이 전부가 아니다,
팔로워십도 길러야 한다

리더십(Leadership)을 '조직에서 사람들이 취해야 할 행동에 대해서 방향을 제시해 주는 과정'이라고 한다면, 팔로워십(Followership)은 '자신이 해야 할 행동에 대해 조직의 리더로부터 방향을 제시받는 과정'으로 정의될 수 있다. 리더십의 주체는 조직의 리더가 되지만, 팔로워십의 주체는 조직의 구성원이 된다. 우리나라 직장에서 근무하는 중간 관리자들이 리더십의 계발에는 적지 않은 관심과 노력을 기울이고 있는 듯한데, 정작 조직의 성과에 가장 큰 영향을 미친다고 할 수 있는 팔로워십의 계발에는 그다지 많은 관심을 보이지 않고 있다는 것이 필자의 견해이다. 그도 그럴 만한 것이 대다수의 기업들이 좋은 리더를 육성하기 위해 많은 예산과 시간을 투입하고 있는 데 반하여, 좋은 팔로워를 양성하는 과정에는 그다지 적극적이지 않은 게 현실이다. 하지만, 미국의 카네기 멜론 대학교(Carnegie Mellon University)에서 MBA과정을 지도하고 있는 켈리(Robert Kelly) 교수는 '조직의 성공에 리더십의 영향은 10%~20%에 불과하고, 팔로워십이 미치는 영향이 80%~90%를 차지한다'고 주장할 정도로 조직에서 팔로워십이 차지하는 비중은 막강한 것이라 할 수 있다.

켈리 교수는 오랜 연구를 통하여 조직에 존재하는 팔로워를 소외형(Alienated followers), 생존형(Survivors), 온순형(Sheep), 예스맨형(Yes people), 효과형(Effective followers) 등 5가지 유형으로 구분하여 설명했다. 이 가운데 효과형은 독립적이고 비판적인 사고를 하며, 업무를 진행할 때는 적극적인 태도를 보이는 모범적인 유형이다. 이들은 조직과 리더에 가장 큰 도움이 되는 집단이다. 효과적인 팔로워들은 자기관리가 철저하고 책임감이 강하며, 조직에 헌신하는 성향을 보인다. 또한 이들은 재능과 능력을 발휘할 수 있는 업무들을 스스로 찾는 경향이 있고, 언제나 정직한 자세로 일하며, 리더와 조직의 믿음을 저버리지 않는다. 우리가 효과적인 팔로워가 되기 위해 부단한 노력을 해야 하는 이유는 너무도 단순하다. 팔로워로서의 역할을 수행하는 과정에서 비효과적인 방법으로, 즉 아무 생각 없이 상사가 지시하는 대로, 자신이 수행하는 업무가 조직에 어떠한 결과를 가져올지에 대한 비판적 사고도 없이, 그 업무가 윤리적으로 문제가 있는지에 대한 구분 없이, 계속할 경우 그 결과는 불 보듯 뻔하기 때문이다. 조직에서 비효과적인 팔로워의 역할을 장기간 수행해 온 자는 조직에 꼭 필요한 리더, 진정성 있는 리더, 조직 구성원들로부터 존경받는 리더가 결코 될 수 없기 때문이다. 그래서 그대가 팀의 일원으로 일하면서, 중간관리자로서 근무하는 동안 보다 효과적인 팔로워가 되기 위해서 부단한 노력을 기울여야만 하는 것이다. 남에게 의존하지 않고 비판적인 사고를 하되, 업무를 추진하는 과정에서는 적극성을 보여야만 하는 것이다. 그러한 사고와 행동이 장기간 축적되어야만 조직을 리드할 때 솔선수범이 가능한 거고, 훌륭한 리더가 되어 부하직원들에게 영감을 불러일으키고, 미래에 대한 비전을 제시해 주며, 강력한 동기를 부여해 줄 수 있는 것이다.

고대 그리스의 철학자 아리스토텔레스는 '좋은 팔로워가 되지 못하는 자는 좋은 리더가 될 수 없다(He who cannot be a good follower cannot be a good leader).'는 말을 남겼다. 남을 따르는 방법을 잘 알지 못하는 사람은 결코 남을 제대로 부릴 수가 없다는 것이다. 이렇듯 팔로워십의 중요성은 2천 년이 넘는 장구한 세월에 걸쳐 강조되어 왔다.

직장생활을 하는 동안 조직에서 인정받고 팀원들로부터 존경받는 리더가 되기를 희망하는가? 그렇다면 우선 그대가 소속되어 있는 부서에서 효과적인 팔로워가 되기 위한 노력부터 시작해 보자. '상사가 시키는 일이면 무조건 한다'라는 단순한 사고방식에 벗어나서 부서의 목표를 보다 효과적으로 달성하는 방법에 대해서 고민도 해 보고, 상사가 보든 보지 않든 자신에게 주어진 업무를 적극적이고 자세로 완수하자. 또한 이제부터는 그대의 업무 범위를 기존에 수행해 왔던 것들이나 상사의 지시사항에만 한정하지 말고, 그대가 속한 부서에 도움이 되는 일이라면 스스로 업무의 범위를 확장하여 주도적으로 수행하자. 그래서 형님뻘 되는 팀장으로부터 "김 대리, 요즘 많이 달려졌어!"라는 말도 들어 보고, 아재뻘 되는 임원으로부터 "자네, 다른 직원들과 뭔가 다른 것 같아. 아주~ 잘하고 있어!"라는 말도 한 번쯤 들어 보자.

20

리더에게 필요한 7가지 핵심역량을 이해하라

팀원으로서 효과적인 팔로워십을 발휘하고, 팀장이 되어서는 진정
성 있는 리더십을 발휘하게 되면 직장에서 성공하는 리더가 될 수 있
을까? 앞장에서 설명한 대로 사람들을 언제나 진실된 마음으로 대하
고, 받는 리더가 아닌 주는 리더가 되며, 솔선수범하는 자세로 꾸준히
노력하면 조직에서 요구하는 훌륭한 리더가 될 수 있을까? 도대체 무
엇을 어떻게 노력하라는 말인가? 글로벌 시대에 경쟁력 있는 리더가
되기 위해서 어떠한 훈련을 어떻게 해야 하는지에 대해 구체적으로 설
명해 달라는 요구가 있을 줄 안다. 따라서 이번 장에서는 리더십의 핵
심역량 계발 분야에서 권위 있는 전문가들의 연구결과에 근거하여 이
야기를 전개하고자 한다.

미국에서 교수로 재직 중인 슬로컴(John W. Slocum) 박사와 헬리
겔(Don Hellrigel) 박사는 조직행동 분야의 전문가로서 그들이 함께
저술한 책《Principles of Organizational Behavior》을 통하여 '리더에
게 꼭 필요한 핵심역량'을 7가지 영역으로 구분하여 소개한 적이 있
다. 다음에서 자주 등장하는 '역량(力量, competency)'이라는 용어는

'효과적인 성과를 위해 필요한 지식과 기술, 그리고 능력'을 총체적으로 일컫는 말이다. 따라서 '감당해 낼 수 있는 힘'을 뜻하는 '능력(能力, ability)'보다는 더 포괄적인 개념으로 이해해 주기 바란다.

① 자기관리 역량(Self Competency): 자신의 강점과 약점을 평가하고, 스스로 목표를 설정하여 달성하며, 일과 개인적 삶의 균형을 유지함과 동시에 항상 배우려고 노력하는 역량.

② 의사소통관리 역량(Communication Competency): 자신의 아이디어, 생각, 그리고 감정을 타인과 효과적인 방법으로 교환할 수 있는 역량

③ 다양성관리 역량(Diversity Competency): 개인과 집단의 고유한 특성들을 중요하게 여기고, 그러한 특성들이 조직이 성장하는 과정에 잠재적인 원인임을 인정하며, 각 개인의 독특함을 이해할 줄 아는 역량

④ 윤리성관리 역량(Ethics Competency): 의사결정과 행동을 선택하는 과정에서 옳은 것과 옳지 않은 것을 분별하는 가치 및 원칙을 구체화할 수 있는 역량

⑤ 다문화관리 역량(Across Cultures Competency): 국가와 문화에는 저마다 유사한 점과 차이가 있다는 점을 인정하고, 다른 문화를 포용하는 역량.

⑥ 팀관리 역량(Teams Competency): 목표를 달성하기 위해 조직을 지원하고, 활성화하며, 이끌고 나갈 수 있는 역량.

⑦ 변화관리 역량(Change Competency): 인력, 업무, 전략, 구

조, 기술 등 조직 내에서의 변화의 필요성을 인식하고, 주
도적으로 변화를 관리하는 역량.

위에서 소개한 '리더에게 필요한 7가지 핵심역량'을 읽어 내려가는
동안 밀려오는 졸음을 적절하게 통제할 수 있었던 독자라면 내공이 정
말 대단하거나, 보다 성공적인 리더로 성장하기 위해 열심히 노력하는
분일 거라는 추측을 해 본다. 내용 자체가 전반적으로 딱딱할 뿐만 아
니라, 마치 교과서를 읽는 듯한 느낌이 들었을 가능성이 높기 때문이
다. 하지만, 슬로컴과 헬리겔 박사가 오랜 연구를 통해서 제시한 역량
7가지를 평소 골고루 계발하지 못한다면, 결코 경쟁력 있는 리더가 될
수 없음을 필자는 확신한다. 특히, 4차 산업혁명 시대를 맞아 전 세계
의 크고 작은 기업들이 무한경쟁 시대에 돌입한 작금의 상황에서 리더
의 역할은 그 어느 때보다 중요해졌음을 인정하지 않을 수 없다.

그대가 만약 지금까지 체계적이지 않은 방법으로 리더십을 공부했
다면, 이제부터는 리더십을 보다 과학적이고, 체계적이며, 효과적으로
훈련할 필요가 있다. 무엇보다 먼저, 위에서 제시한 7가지 분야의 역
량들을 골고루 균형 있게 계발할 것을 강력히 권한다. 리더십은 우리
의 몸과도 같은 것이다. 신체를 정상적으로 유지하는 데에 필요한 각
종 영양소를 음식을 통해 골고루 공급해 주지 않을 경우 언제든지 건
강을 잃을 수 있다. 탄수화물, 단백질, 지방, 비타민, 그리고 무기질이
필수 5대 영양소임은 이미 잘 알려져 있는 사실이다. 한때 탄수화물은
줄이고 지방의 섭취량을 늘리는 저탄고지의 식단이 크게 유행한 적이
있다. 하지만, 다이어트를 위해 탄수화물의 섭취를 지나치게 줄이게

되면, 불안과 집중력 장애를 가져올 수 있다는 것이 전문가의 의견이다. 비타민C가 부족할 경우에는 면역력이 떨어지고 각종 질병에 노출될 가능성이 높아진다. 비타민D가 부족할 경우에는 골다공증이, 비타민E가 부족할 경우에는 근위축증이나 신경질환이 발생할 수 있다고 한다.

우리 몸에 꼭 필요한 5대 필수영양소를 식품을 통해 적절하게 공급해 주지 않을 경우 건강을 잃게 되는 이치와 마찬가지로, 리더에게 꼭 필요한 7가지 핵심역량을 골고루 균형 있게 계발하지 않으면 조직에서 리더십을 효과적으로 발휘하기가 거의 불가능하다. 예컨대, 자기관리를 거의 완벽하게 하고, 팀원들을 효과적으로 관리하여 업무 성과도 뛰어나며, 의사소통 역량도 탁월하여 회사에서 차기 최고경영자 1순위로 거명되고 있는 A 전무가 있다고 치자. 그런데 그렇게 유능한 A 전무가 퇴근길에 멀쩡한 승용차 주차장에 세워 두고, 지하철을 타고 이동하면서 한 승객의 신체 일부를 몰래 촬영하다가 사복경찰에게 붙잡혀서 법의 심판을 받게 되었다. 이 경우 A 전무에게 부족한 역량은 무엇일까? 그렇다. 바로 윤리성관리 역량이 크게 부족한 것이다. 다른 역량 모두 마찬가지다. 제아무리 윤리적으로 바르게 행동하고, 자기관리에 철저하다 하더라도, 팀원들 관리를 제대로 하지 못하거나, 급변하는 기업환경에 능동적으로 대처하지 못할 경우 무능한 리더로 남을 수밖에 없는 것이다. 따라서 위에서 이전에 소개한 7가지 핵심역량의 내용을 다시 한번 정독한 다음, 나에게 부족한 역량들은 무엇인지, 언제 어떠한 방법으로 그 역량들을 계발할 것인지에 대해서 진지하게 생각해 보는 기회를 갖기 바란다.

21

보컬 코드와 비주얼 코드가 더 중요하다

널리 알려진 부동산 용어 가운데 '로케이션, 로케이션, 로케이션'이라는 말이 있는데, 부동산의 가치를 결정짓는 가장 중요한 요인은 첫째도, 둘째도, 셋째도 모두 로케이션(location, 위치)이라는 것이다. '부동산이 어느 곳에 위치하느냐에 따라 그 가치가 크게 달라진다'는 말에는 이견이 별로 없을 것이다. 그렇다면 과연 직장인의 가치를 결정하는 가장 중요한 요인은 무엇일까?

커뮤니케이션. 커뮤니케이션, 커뮤니케이션!

경영대학원에서 MBA과정을 지도하고 있는 필자는 성공하는 직장인과 성공하지 못하는 직장인을 가름하는 중요한 기준으로 '의사소통 관리 역량(Communication Competency)'을 꼽는 데에 주저함이 없다. 조직생활을 조금이라도 경험해 본 사람이라면 누구나 커뮤니케이션이 조직에서 차지하는 비중이 얼마나 큰지에 대해 설명할 수 있을 것이다. 얼마 전 GMAC가 미국 내 900개의 기업을 대상으로 실시한 조사에 의하면, 86%에 해당하는 기업들이 직원을 선발하는 과정에서 '커뮤니케이션 기술(Communication Skills)'을 가장 중요한 요인으로 꼽았다고 한다. 따라서 이번 장부터는 직장인들이 필수적으로 습득해야 하는 커뮤니케이션과 관련한 이야기를 하고자 한다.

커뮤니케이션은 '생각이나 감정을 타인에게 상호 이해할 수 있는 방식으로 공유하는 과정'쯤으로 정의할 수 있는데, 다음과 같은 3가지 코드로 구성되어 있다.

① 버벌 코드(verbal code): '언어(language)'에 해당하는 버벌 코드는 생각이나 감정을 전달하는 말 또는 글을 뜻한다.

② 보컬 코드(vocal code): '준언어(paralanguage)'에 해당하는 보컬 코드는 음성의 크기와 톤(tone), 음성의 높낮이와 속도 등을 뜻한다.

③ 비주얼 코드(visual code): '비언어(nonverbal cues)'에 해당하는 비주얼 코드는 표정, 제스처, 눈맞춤, 자세 등을 뜻한다.

사람들은 상대방과 메시지를 주고받는 과정에서 '버벌 코드'를 더 중시하는 경향이 있다. 다시 말해서, 타인과 커뮤니케이션을 하는 과정에서 상대방과 주고받는 '말이나 글'의 내용을 중요하게 생각한다는 것이다. 하지만, 커뮤니케이션을 연구하는 전문가들에 의하면, 버벌 코드가 커뮤니케이션에서 차지하는 비중은 31%에 불과하고, 보컬 코드와 비주얼 코드가 69%의 비중을 차지한다고 한다. 즉, 사람들은 상대방이 전하는 메시지를 해석하는 과정에서 상대방의 말이나 글의 내용보다는, 상대방으로부터 들려오는 음성의 톤 또는 상대방의 표정이나 몸동작에 더 비중을 둔다는 것이다. 미국의 저명한 심리학자 메라

비언(Albert Mehrabian)은 '사람들이 주고받는 대부분의 커뮤니케이션은 비언어적인 요소로 구성되어 있다.'고 하면서 비주얼 코드가 차지하는 비중은 55%에 이른다고 주장한 바 있다.

비록 동일한 내용의 메시지라 할지라도 a)다소곳한 자세로 앉은 상태에서 메시지를 전하는 사람, b)두 다리를 쩍 벌리고 앉은 채 메시지를 전하는 사람의 이미지가 다르게 느껴지는 이유가 바로 비주얼 코드 때문이다. 또한 a)밝은 표정으로 상대방의 얼굴을 바라보며 말하는 사람, b)무표정한 얼굴로 여기저기에 흘깃흘깃 시선을 분산시켜 가며 말을 하는 사람에서 인품의 차이를 느낄 수 있는 이유도 바로 이 비주얼 코드의 역할 때문인 것이다. 비슷한 표정과 동일한 내용이다 하더라도 a)또렷한 발음으로 분명하게 말하는 사람, b)잘 알아듣지 못하는 발음으로 웅얼거리며 말하는 사람 사이에 신뢰감의 차이가 느껴지는 이유는 바로 보컬 코드의 기능 때문이다. 한편, 직장생활을 하면서 효과적으로 커뮤니케이션을 하기 위해서는 보다 체계적이고 지속적인 훈련이 필요한데, 다음에서 강조하는 몇 가지만이라도 평소에 훈련하기를 바란다.

보컬 코드와 비주얼 코드를 강화하기 위한 훈련

- 분명한 발음과 목소리

평소 대화를 나누는 사람들로부터 "뭐라고요? 다시 한번 말씀해 주세요."라는 말을 자주 듣는 편이라면 이 훈련을 꼭 해야만 한다. 뉴스를 진행하는 아나운서들의 멘트를 자주 따라 해 보라. 그들은 보컬 코드를 오랜 기간 동안 훈련받은 전문가들이기 때문이다. 수시로 책이나 신문의 내용을 큰 목소리와 분명한 발음으로 읽은 연습을 꾸준히 하기 바란다.

- 음성의 높낮이와 말하는 속도

음성이 너무 높거나 낮을 경우 듣는 사람이 불편해할 수 있다. 하지만, 상대방과 인사를 나눌 경우에는 무조건 하이-톤으로 가자. 특히 "안녕하세요?" "반갑습니다." "정말 오랜만이군요~" 이러한 종류의 인사말을 건넬 때는 평소 자신이 갖고 있는 음색보다 조금 더 높여서 하는 게 좋다. 많은 사람들 앞에서 발표를 할 경우에는 평소보다 볼륨은 크게, 속도는 약간 느리게 조정하는 것이 효과적이다.

- 밝은 표정

가정에서든 직장에서든 타인과 의사소통을 할 때는 일단은 밝은 표정으로 시작하자. 대화 도중 진지한 내용을 주고받게 되면 자신도 모른 사이에 표정이 점점 굳어지게 되어 있다. 그런데 처음부터 너무 진지하고 딱딱한 표정을 하고 있을 경우 상대방에게 심리적으로 적지 않은 부담을 주게 된다. 직장상사든 고객이든 그 누구든 사람들은 밝은 표정의 얼굴을 더 좋아하게 되어 있다. 따라서 평소 밝은 표정을 만들기 위해 지속적으로 훈련을 해야만 하는데, 한 가지 주의할 점은 이 훈련은 엄청 오래 걸린다는 것이다. 하지만, 훈련 기간을 한 5년에서 10년 정도 잡고 꾸준히 하다 보면, 나중에 엄청난 결과물을 얻게 될 것이다. 대부분의 직장인들은 이 훈련의 필요성을 느끼지조차 못한다. 따라서 이 훈련을 하는 그대가 다른 직장인들보다 성공할 가능성이 훨씬 더 높은 것이다.

- 아이컨텍(eye contact, 눈맞춤)

상대방과 대화를 나눌 때 가급적 상대방의 눈을 응시하라. 하지만, 오직 눈만을 뚫어져라 쳐다보면 자칫 상대방이 불편해할 수 있다. 따라서 자연스럽게 눈을 깜빡이면서 몇 초에 한 번씩 시선을 상대방의 눈 - 인중 - 눈 - 코 - 눈 - 턱 등으로 옮겨 주는 게 좋다. 대화가 끝날 때까지 상대방의 얼굴에서 잠시도 시선을 떼지 않을 경우에도 부담스러울 수 있다. 따라서 가끔 찻잔과 노트 등에 시선을 분산시킬 필요가 있다. 상대방과 대화를 나누는 도중 수시로 휴대폰을 쳐다보거나 전화를 받는 경우가 있는데, 이는 상대방을 존중하지 않는 행위로 해석될 수 있다. 정말 긴급하고 중요한 문자나 전화가 올 경우에는 상대방에게 양해를 먼저 구하는 게 좋다.

22

소통의 달인들은 디코딩을 잘한다

　오래전 대장암으로 투병 중이던 친구로부터 들었던 이야기다. 친구는 어느 날 직장인 대상의 정기건강검진을 받게 되었는데, 내시경을 통한 검사결과 친구의 대장에서 용종 몇 개가 발견되었다고 했다. 그래서 의사의 권고에 따라 다음 날 정밀 검사를 실시했는데, 진단결과 '대장암 2기' 판정을 받았다는 것이다. 순간 하늘이 무너져 내리는 것만 같았다고 했다. 가족에게 알릴까 말까 고민을 거듭하다가 '대장암 2기는 치료만 잘하면 생존율이 90% 가까이 된다'라는 의사의 말에 위안이 되어, 가족과 함께 저녁 식사를 하면서 솔직하게 말하기로 마음을 먹었다고 했다.

　"여보~ 나 암이래."
　"……."

　친구는 정기검진을 받는 시점부터 진행되었던 내용에 대해서 수시로 아내와 공유를 했기 때문에 아내는 현실을 그저 덤덤한 표정으로 받아들이는 것 같았다. 그런데 초등학교 5학년생인 아들이 문제였다.

"흑흑흑, 흑흑흑흑……."

세 식구가 한자리에 모여서 저녁 식사를 마칠 쯤 아빠가 엄마에게 건넨 그 말 한마디가 끝나자마자 아들의 눈에서 닭똥 같은 눈물이 뚝뚝 떨어지기 시작했다.

"흑흑흑, 흑흑흑흑……."

좀처럼 눈물을 그치지 않는 아들의 모습에 급당황한 아빠가 말했다.

"아들아, 울지 마라. 의사 선생님이 그러는데, 치료하면 거의 다 낫는 병이래."
"흑흑흑, 흑흑흑흑……."

그래도 식탁에서 고개를 떨군 채 눈물을 그치지 않은 아들의 모습을 바라보던 아빠의 가슴이 순간 울컥했다. '아~ 역시 피는 물보다 진하구나'라는 생각에 아들로부터 큰 감동을 받게 되었고, 순간 몸이 금세 회복될 것만 같은 기분이 들었다. 그런데, 한참을 울던 아들이 울음을 그치면서 혼잣말로 중얼거리면서 하는 말.

"암은 유전된다던데……."

한참을 울어서 배가 고팠던지 아들은 남아 있던 밥그릇을 깨끗이 비운 다음, 자기 방으로 쏙 들어가 버렸다는 것이다.

　마치 누군가가 지어낸 것만 같은 이 이야기는 필자가 경영대학원에서 담당하는 '비즈니스 커뮤니케이션' 수업 시간에 약방의 감초처럼 꺼내는 사례이다. 다름 아닌 '인코딩'과 '디코딩'이라는 커뮤니케이션 용어를 학생들이 이해하기 쉽게 설명하기 위함이다. 영어로 encoding이라고 표기하는 인코딩이란 '타인에게 메시지를 전달하기 위해 어떠한 형태로 전환하는 과정'으로 정의할 수 있는데, 우리말로 흔히 '부호화'라고 한다. 예컨대, 연인에게 사랑하는 감정을 표현하고자 어떤 이는 문자를 보내기도 하고, 어떤 이는 귀엣말로 속삭이기도 하며, 어떤 이는 손가락으로 하트 모양을 만들어 보이기도 한다. 이렇게 메시지의 전달을 위해서 말과 글, 혹은 몸동작 등을 만들어 내는 모든 과정을 인코딩이라고 하는 것이다. 한편, 영어로 decoding이라고 표기하는 디코딩이란 '상대방으로부터 전달받은 메시지를 정확하게 해석하는 과정'으로 정의할 수 있는데, 우리말로 '해독'이라고 표현하는 학자들이 많다. 예컨대, 연인으로부터 'I love you'라고 표현하는 말과 글, 하트모양의 제스처, 사랑을 뜻하는 이모티콘을 받게 될 경우, 그러한 메시지를 '상대방이 나를 사랑하는 감정'으로 이해하는 과정을 가리켜 디코딩이라고 하는 것이다.

　지금은 건강을 회복했지만, 한때 암으로 투병 중이었던 친구가 저녁 식사 시간에 아들과 나눴던 이야기로 다시 돌아가 보자. 아빠가 암에 걸렸다는 소식을 듣자마자 "흑흑흑, 흑흑흑흑……." 하고 흐느껴 울었던 아들의 행위가 일종의 인코딩(encoding)이라고 한다면, 아빠가 '아~ 역시 피는 물보다 진하구나'라고 생각을 했던 것이 바로 디코딩(decoding)이라 할 수 있다. 아들이 말없이 울면서 아빠에게 전달한 메시지에는, 물론 아빠가 병에 걸렸다는 소식을 접하고 슬픈 마음도 들었겠지만, 그보다는 '암은 유전되기 때문에 나도 언젠가는 아빠처럼 암에 걸릴 수도 있겠다'는 두려움의 표현이었다. 그렇게 슬픔보다는 두려움이 더 컸던 아들의 마음을, 아빠는 '하나밖에 없는 자식이 아버지의 건강을 얼마나 염려했으면 저렇게 슬피 울까?' 하고 해석을 했다. 이렇게 아들과 아빠가 의사소통을 하는 과정에서 아들이 만들어 낸 인코딩, 그리고 아빠로부터 만들어진 디코딩이 서로 상이함에 따라 커뮤니케이션의 오류가 발생하게 된 것이다.

우리 주변에서 커뮤니케이션 기술이 뛰어난 사람들을 자세히 관찰해 보면 인코딩과 디코딩을 아주 잘한다는 것을 알 수 있다. 특히 디코딩에 능숙한 직장인은 상사나 동료들로부터 '센스가 있다', '눈치가 빠르다'라는 말을 자주 듣는다. 반면에 디코딩이 약한 직장인은 주위 사람들로부터 '말귀를 잘 못 알아 듣는다'거나 '눈치가 없다'는 등의 이야기를 자주 듣게 된다. 따라서 직장에서 상사, 동료, 부하직원, 고객 등 다양한 사람들과 의사소통을 하는 과정에서 디코딩이 차지하는 비중은 매우 크다고 할 수 있다. 필자는 오랜 관찰과 연구 끝에 디코딩을 탁월하게 잘하는 직장인들의 공통점을 몇 개 발견하게 되었는데, 아래에서 제시하는 3가지 포인트를 숙지한 다음, 지속적인 노력을 통하여 프로페셔널 커뮤니케이터(professional communicator)가 되기를 바란다.

1) 그들은 습관적으로 맥락적 사고를 한다

이것은 디코딩 기술이 뛰어난 사람들의 첫 번째 특징인데, 그들은 상대방과 대화를 나눌 때 개별적인 나무보다는 숲 전체를 보려는 경향이 강하다. 대화 중에 상대방과 오고 가는 단편적인 것들에만 국한하지 않고, 대화의 전반적인 배경, 대화가 전개되는 상황, 상대방의 의도, 예상되는 반응 등을 종합적으로 생각하면서 소통을 한다. 상대방이 대화 중에 사용한 한두 개의 단어 혹은 하나의 팩트(fact)에만 집중하지 않고, '상대방이 나에게 전달하려고 하는 메시지의 핵심이 무엇인지?'에 더 많은 비중을 두고 대화를 한다. 그들과 같이 타인과 의사소통을 하는 과정에서 습관적으로 맥락적 사고를 하게 된다면, 시쳇말로 '상대방의 말꼬리를 잡고 늘어지는 현상'은 사라지게 될 것이다.

2) 그들은 3가지 코드를 효과적으로 활용한다

디코딩을 능숙하게 잘하는 사람들은 버벌 코드(verbal code), 보컬 코드(vocal code), 그리고 비주얼 코드(visual code)가 커뮤니케이션 과정에서 차지하는 비중을 숙지하고 있다. 따라서 그들은 타인과 대화를 나눌 때, 메시지의 내용과 함께 메시지를 전달하는 속도와 소리의 크기, 표정, 제스처, 옷차림 등 커뮤니케이션에 영향을 주는 모든 요소들을 효과적으로 활용하는 특징이 있다. 다른 사람들과 대화를 나눌 때 그들의 눈은 언제나 상대방의 얼굴을 향한다. 또한 적절한 타이밍의 눈맞춤(eye contact)과 지나치지 않은 몸동작(gesture)을 활용함으로써 상대방을 대화에 더 집중하도록 유도한다. 많은 사람들 앞에서 발표를 할 경우에도 앞서 설명한 3가지 코드를 적절하게 활용함으로써 청중의 마음을 사로잡는다. 청중 앞에서 중요한 메시지를 전달할 때 그들이 보여 주는 안정된 자세와 진지한 표정은 신뢰감을 불러일으킨다. 고개를 좌우로 번갈아 돌리는 행위를 재빠르게 반복함으로써 청중들을 정신 사납게 만드는 경우가 결코 없다.

3) 그들에게는 뛰어난 경청의 기술이 있다

디코딩을 능숙하게 하는 사람들의 세 번째 특징이 바로 '경청'인데, 이 기술은 성공적인 직장생활을 하기 위해 필수불가결한 매우 중요한 요소이기 때문에 다음 장에서 보다 구체적으로 다룰 예정이다. 의사소통 과정에서 맥락적 사고를 하고, 커뮤니케이션의 3가지 코드를 제대로 사용하기 위해서는 무엇보다 먼저 상대방의 말을 제대로, 효과적으로, 그리고 잘 듣는 '경청의 기술'이 기본적으로 갖춰져 있어야 한다. 다른 사람들과 대화를 나눌 때 그들이 상대방의 말을 중간에 가로막는 경우는 거의 없다. 상대방이 말을 할 때 팔짱을 끼거나 귓속을 후벼 가며 듣는 경우도 없으며, 대화 중에 딴전을 피우거나 감정적으로 반응하지도 않는다. 그들은 적극적인 경청의 중요성을 이미 인지하고 있을 뿐만 아니라, 구체적인 경청의 기술을 터득한 커뮤니케이션 분야의 고수들이기 때문이다.

23

경영자들이 가장 중요한
기술이라고 생각하는 것

2021년 6월 24일 새벽, 미국 플로리다의 해변에 위치한 서프사이드 아파트가 붕괴되었다. 순식간에 발생한 그 사고로 98명이 사망했는데, 세계 최강의 선진국에서 거주용 아파트가 무너져 내렸다는 뉴스는 전 세계인들의 이목을 집중시켰다. 언론보도에 의하면, 1981년에 완공된 그 12층 높이의 아파트는 2015년부터 꾸준히 안전 문제가 제기되었다고 한다. 2015년에는 건물의 외벽에 금이 발생하여 소송으로 이어졌고, 2018년에 작성된 건물안전 진단보고서에는 대대적인 보수의 필요성이 제기 되었으며, 2020년에는 플로리다의 한 대학교수가 아파트의 구조적 문제를 제기하기에 이르렀다 이렇게 아파트의 안전 문제가 전문가들로부터 꾸준히 제기되어 왔음에도 불구하고, 건물의 안전을 책임지고 있던 사람들 가운데 그 누구도 그들의 경고음에 귀를 기울이지 않았던 것이다.

서프사이드 아파트보다 4년 앞서 완공된 59층의 시티그룹 빌딩

(Citigroup Center Tower)은 뉴욕에 위치하고 있다. 높이가 279미터, 면적이 12만 제곱미터에 이르는 이 빌딩은 세련된 디자인 때문인지 건립한 지 40년도 더 되었는데, 뉴욕시민들과 관광객들로부터 꾸준한 사랑을 받고 있다고 한다. 그런데 이 웅장하고 멋진 빌딩이 미국 건축물 역사상 최대의 붕괴사고로 기록될 뻔했던 사건에 대해서는 널리 알려지지 않은 듯하다. 프린스턴 대학교의 학생 다이앤(Diane Hartley)이 시티그룹 빌딩을 처음 방문했던 때는 1978년 6월, 당시 공대에서 건축공학을 전공했던 그녀는 뉴욕 한복판에 웅장하게 들어선 시티그룹 빌딩으로 견학을 가게 되었다. 견학 프로그램에 참가한 학생들은 빌딩 관계자들의 친절한 안내 덕분에 빌딩 구석구석을 자세히 둘러볼 수 있었는데, 프로그램의 마지막 순서인 Q&A(질의응답) 시간을 통해 빌딩 건축과 관련한 여러 가지 궁금증을 해소할 수 있었다.

기다렸다는 듯이 다이앤이 손을 번쩍 치켜들었다. "저~ 궁금한 게 하나 있는데요~ 건물 내부에 기둥이 세워져 있는 제가 위치를 자세히 관찰해 봤는데요~ 구조적으로 약간 이상한 것 같은데요~ 혹시 안전상의 문제는 없는지 해서요~" 당시 견학현장에는 시티그룹 빌딩의 설계에서부터 시공, 감리 등 건축물이 완공되기까지의 모든 과정을 총괄 지휘했던 윌리엄(William LeMessurier)이 참석하고 있었다. 하버드대와 MIT에서 건축공학을 전공한 후 하버드대에서 교수로 재직했던 윌리엄은 그 당시 건축공학 분야에서 최고의 권위를 인정받던 거장이었다. 그런데, 이제 막 건축공학을 공부하기 시작한 대학생이 당대 최고의 건축전문가 앞에서 건물의 안전 문제를 꺼낼 줄이야. 다이앤의 질문이 끝나자 견학 현장 여기저기에서 웅성거리는 소리가 들렸다.

학생의 질문을 주의 깊게 듣고 있던 윌리엄은 다음 날 빌딩 전체를 대상으로 한 안전점검을 단행했다. 예상했던 대로 건물의 기둥에는 전혀 문제가 없었다. 그런데, 정밀진단 결과 건물 전체의 심각한 구조적 결함을 발견하게 되었는데, 쿼터윈드(Quarter Wind, 뒤에서 비스듬하게 불어오는 바람)가 불 경우 기둥 연결 부위의 압력이 평시보다 160% 정도 증가하게 됨을 알게 된 것이다. 추가로 이어진 조사결과 59층 가운데 30층의 연결 부위가 가장 취약하다는 것을 발견하게 되었고, 뉴욕에 16년 주기로 찾아오는 강풍에 노출될 경우 빌딩 전체가 붕괴될 수도 있는 상황이었다. 견학 프로그램 종료 후에 윌리엄의 지시로 실시한 안전점검과 후속조치가 아니었더라면 시티그룹 빌딩은 오래전 역사 속으로 사라졌을지도 모른다.

윌리엄 교수는 비록 81세의 나이로 세상을 떠났지만, 당시 그가 보여 줬던 경청의 태도는 자칫 초대형 인공재난으로 기록될 뻔한 사고를 예방할 수 있는 밑거름이 되었다. 이처럼 '경청'은 상황에 따라서 수많은 목숨을 구할 수도 있는 엄청난 영향력을 갖고 있을 뿐만 아니라, 보다 성공적인 삶을 살고자 하는 직장인들이 필수적으로 갖춰야 하는 요소이다. 비단 필자의 주장뿐만 아니라, 커뮤니케이션 분야의 전문가인 해밀턴(C. Hamilton) 교수는 그의 저서 《Communicating for Results》에서 다음과 같이 경청의 중요성을 강조하고 있다.

- 미국의 약 80%의 경영자들이 경청을 직장에서 가장 필요한 업무 기술로 꼽았다.

- 직장인들은 평균적으로 50% 이상의 시간을 '듣는 활동'에 사용한다.
- 경청은 훌륭한 매니저를 만들 뿐만 아니라, 성공적인 비즈니스를 위한 핵심요소이다.
- 세일즈맨이 실패하는 가장 큰 이유는 경청의 기술이 부족하기 때문이다.

경청(傾聽)이라고 해서 다 같은 경청이 아니다. 상대방의 말을 듣기는 듣는데, 대화의 내용에 아무런 관심이 없이 건성으로 듣는 것을 소극적 경청(passive listening)이라고 한다. 이와는 반대로 상대방이 하는 말에 관심을 갖고, 주의를 기울이며, 공감을 하면서 듣는 것을 적극적 경청(active listening)이라고 부른다. 이보다 상위의 개념으로 맥락적 경청(contextual listening)이라는 것이 있는데, 상대방의 말을 적극적으로 경청할 뿐만 아니라, 상대방의 의도와 감정, 그리고 전체적인 상황을 헤아리면서 듣는 것을 일컫는다. 하지만, 맥락적 경청의 경우 대화의 시간이 제한적이거나, 또는 상대방에 대한 구체적인 정보(성격, 태도, 환경 등)가 사전에 충분히 확보되지 않을 경우 실현하는 과정에 한계가 있다. 그렇다면, 조직 내에서 직장인들이 필수적으로 마스터해야만 하는 경청의 종류는 무엇일까? 그렇다. 바로 적극적 경청이다. 로빈스(S. Robbins) 박사는 적극적인 경청의 구체적인 방법을 다음과 같이 제시하고 있다.

① eye contact(눈 마주치기): 눈을 마주친다. 대화 중 발화자

의 눈을 마주치는 행위가 매우 중요한 이유는 상대방에 대한 존중과 관심을 나타내기 때문이다. 하지만, 평균적으로 3초 이상 눈이 뚫어져라 쳐다보는 것은 상대방에게 부담을 줄 수 있다. 따라서 2~3초 간격으로 상대방의 눈, 인중, 턱, 그리고 다시 눈 순으로 자연스럽게 번갈아 가면서 보는 게 효과적이다.

② *effective body language*(효과적인 몸동작 사용하기): 적절한 몸동작을 통하여 의사소통을 촉진한다. 대화 중에 고개를 떨구는 행위, 입을 크게 벌리고 하품을 하는 행위, 몸을 뒤로 젖히고 삐딱하게 앉는 자세 등은 상대방으로 하여금 불쾌한 감정을 불러일으킬 수 있다. 대화 중 수시로 고개를 끄덕이며 긍정적인 표현을 전달할 수 있어야 한다.

③ *focusing on the topic*(주제에 집중하기): 대화의 주제에 집중하고 딴전을 피우지 말아야 한다. 상대방의 말이 끝나기도 전에 말을 끊어 버리거나, 아직 본론에 이르기도 전에 대화의 주제를 마음대로 변경해서는 안 된다. 특히, 대화 중에 수시로 휴대폰을 쳐다보고, 상대방에게 양해를 구하지 않은 채 통화를 하거나 문자를 보내는 행동을 삼가야 한다.

④ *Paraphrasing*(바꿔 말하기): 같은 의미의 말로 바꿔 표현한다. 대화가 끝날 때까지 입을 굳게 닫은 채 침묵을 유지하는 것은 적극적인 경청이 아니다. 대화 중 중요하다고 생각하는 부분에 대해서는 동일한 뜻의 다른 말로 변환하여 표

현할 수 있어야 한다. "그러니까 방금하신 말씀은 이 프로 젝트가 다음 주까지는 꼭 완성이 되어야 한다는 거죠?"와 같이.

⑤ keeping silence(침묵 유지하기): 너무 많은 말을 하지 않는 다. 대화 중에 상대방보다 지나치게 말을 많이 하게 될 경 우 상대방이 나에게 전달하고자 하는 메시지의 핵심을 파 악하기 어렵다. 따라서 대화 중에 꼭 필요한 질문이나 의견 등이 아닌 경우에는 너무 많은 말을 하지 않도록 각별한 주 의를 기울일 필요가 있다.

24

유스트레스(Eustress)를 높여라

얼마 전 해외 파견을 앞두고 부족한 영어 실력 때문에 스트레스에 시달려 오던 대기업 부장 A 씨가 스스로 목숨을 끊는 사건이 발생했다. A 씨는 중동 국가로의 파견을 앞두고 현지인들과 영어로 소통을 해야 하는 부담감 때문에 스트레스에 시달려 오다 결국 자살이라는 극단적인 선택을 했다고 한다. 스트레스는 직장인들뿐만 아니라, 남녀노소와 지위고하를 막론하고 우리나라 국민들이 가장 빈번하게 사용하는 외래어 가운데 하나다. 그렇다면 스트레스란 무엇인가? 스트레스에 대한 정의는 매우 다양한데, 필자가 MBA과정에서 사용하는 교재《Principles of Organizational Behavior》에서는 스트레스를 '개인에게 부과되는 요구 또는 스트레스를 유발하는 요인들이 자신이 대응할 수 있는 능력을 넘어선다고 생각할 때 발생하는 흥분, 걱정, 그리고 신체적 긴장 상태'로 정의하고 있다. 기왕에 스트레스에 관한 이야기가 나왔으니 스트레스와 밀접하게 관련된 전문용어 두 가지를 더 소개하고자 한다. 첫 번째 스트레서(stressor)는 '스트레스를 유발하는 사람이나 사건'을 뜻하고, 그다음 스트레인(strain - distress라고도 불림)

은 '스트레스 때문에 발생하는 심리적 또는 육체적 결과'를 의미한다. 예를 들어, 어느 직장인이 승진심사과정에서 결정적인 역할을 하는 영어시험을 앞두고 걱정을 심하게 하다가 끝내 우울증이라는 병에 걸렸다는 상황을 가정해 보자. 이러한 경우 곧 영어시험을 치러야 하는 상황은 스트레서(stressor)가 되는 거고, 스트레스를 감당하지 못하고 걸린 우울증은 스트레인(strain or distress)이 되는 것이다.

그렇다면 스트레스는 무조건 나쁜 것인가? 스트레스를 연구하는 수많은 전문가들은 '스트레스 자체는 좋은 것도 나쁜 것도 아닌 중성적인 것'이라고 규정한다. 적당한 정도의 스트레스는 삶의 만족도와 업무 성과를 높인다는 연구논문이 한둘이 아니다. 그중 가장 고전적이고 대표적인 것이 바로 Y-D법칙(Yerkes-Dodson Law)인데, 이들은 아주 오래전 한 신경심리학 저널을 통하여 '적정량의 스트레스가 최적의 성과를 만들어 낸다'고 주장하였다. 스트레스의 레벨이 아주 낮거나 높을 때는 성과도 낮은 수준을 보이지만, 스트레스의 레벨이 적정한 수준을 유지할 경우 성과가 높게 나타난다는 것이다.

이렇게 감당할 수 있을 정도의 스트레스, 업무 성과를 향상시키는 긍정적인 의미의 스트레스를 '유스트레스(Eustress)'라고 부른다. Eustress는 '극도의 희열'을 뜻하는 'euphoria'와 'stress'가 결합하여 만들어진 합성어다. 한편, 스트레스의 강도가 매우 약한 경우에는 자극이 거의 없는 상태이기 때문에 지루함을 느끼게 되고, 스트레스의 강도가 매우 강한 경우에는 지나친 정도의 자극으로 인하여 스트레인(strain)

을 얻게 된다는 것이 그들의 주장이다. 너무 낮은 스트레스는 지루함을, 너무 높은 스트레스는 불안과 걱정을 유발한다. 스트레스의 레벨이 너무 낮으면 성장할 기회를 잃고, 스트레스의 레벨이 너무 높으면 건강을 잃게 되어 있다. 따라서 장거리 경주와도 같은 직장생활에서 유종의 미를 거두기 위해서는 긍정적인 스트레스, 즉 유스트레스(eustress)를 강화하기 위한 노력을 지속적으로 기울여야 한다.

한편, 아무리 유스트레스를 강화하기 위한 노력을 기울여도 직장인들은 누구든지 크고 작은 스트레스에 노출되게 되어 있다. 특히 통제가 거의 불가능한 팬데믹 상황에서 직장생활을 하다 보면 개인적으로, 가정적으로, 그리고 업무적으로 다양한 종류의 스트레스를 겪을 수밖에 없다. 따라서 일상생활에서 발생하는 스트레스를 효과적으로 예방하고 체계적으로 관리하는 것이 무엇보다 중요하다. 즉 스스로 자기 자신을 위한 스트레스 매니저(Stress Manager)가 되어 스트레스를 잘 다스려야 한다. 미국의 저명한 심리학자 칼슨 박사(Richard Carson)는 그의 저서 《Don't sweat the small stuff》를 통해 스트레스를 효과적으로 관리하는 방법 100가지를 소개하였는데, 그의 책은 전 세계에서 5백만 부 이상 판매되었을 정도로 많은 사람들로부터 호응을 얻었다. 필자가 지금까지 기업체에서 근무하는 임직원들과 MBA과정에 재학 중인 학생들에게 수년 동안 소개했던 방법들 가운데, 비교적 양호한 피드백을 받아 온 11가지에 대해 간략히 정리해 보고자 한다.

① *Don't sweat the small stuff.* (사소한 것들에 신경 쓰지 마라.): 우리는 흔히 별로 중요하지 않은 일들에 지나치게 신

경을 씀으로써 우리 스스로를 스트레스에 노출시키게 된
다. '사소한 일에 신경 쓰지 않는 것'이 가장 효과적인 스트
레스 관리법이다.

② *Ask yourself the question, "Will this matter a year from
now?"* (당신 자신에게 "이 문제가 1년 후에도 중요할 것인
가?"에 대해서 물어보라.): 지금 내가 겪고 있는 상황이 정
말 중요한 문제인가에 대해 스스로 물어보라. 시간이 지나
면 결국 잘 해결될 수 있는 문제로 지금 당장 스트레스에
시달리고 있을 가능성이 많다.

③ *Allow yourself to be bored.* (자신에게 지루함을 허락하
라.): 지나치게 업무에 몰두하지 말고 적당한 휴식을 취하
게 되면 집중력과 창의력을 발휘할 수 있다.

④ *Repeat to yourself, "Life isn't an emergency."* ('인생은 결
코 비상 상황이 아님'을 자신에게 늘 상기시켜라.): 오늘의
긴급상황은 다른 사람이 아닌 당신 스스로가 만들고 있음
을 알아야 한다.

⑤ *Set aside quiet time, every day.* (매일 묵상하는 시간을 가
져라.): 매일 조용히 묵상하는 시간을 별도로 갖게 되면 활
기차면서도 평화로운 고독을 즐기게 될 것이다.

⑥ *Become a better listener.* (경청하는 사람이 되어라.): 다른
사람들의 말을 경청하게 되면 인내심이 향상될 뿐만 아니
라 사람들과의 관계도 좋아질 것이다.

⑦ *Spend a moment, every day, thinking of someone to*

love. (당신이 사랑하는 사람의 모습을 매일 잠깐 동안 떠올려 보라.): 매일 당신이 사랑할 그 누군가의 모습을 생각하게 되면 당신 안에 있는 분노는 사라질 것이다.

⑧ Resist to urge to criticize. (비판하고 싶은 욕구에 저항하라.): 다른 사람들을 비판하는 것도 일종의 습관이다. 그 나쁜 습관 때문에 사람들과의 불편한 관계가 지속되는 것이다.

⑨ Count to ten. (10까지 세라.): 갑자기 분노가 치밀어 오를 경우 마음속으로 '하나, 둘, 셋……' 하고 열까지 세라. 당신의 폐와 뇌에 많은 양의 산소가 공급되는 동안 분노가 점점 가라앉을 것이다.

⑩ Fill your life with love. (당신의 삶을 사랑으로 가득 채워라.): 당신이 사람들에게 사랑을 주면 줄수록 당신은 사람들로부터 많은 사랑을 받게 될 것이다.

⑪ Mind your own business. (당신의 일에만 신경을 써라.): 다른 사람들의 문제까지도 해결해 주려고 애쓰지 마라. 남의 이야기를 엿듣지도 말고, 뒷담화도 하지 마라.

(출처: Richard Carson, Don't sweat the small stuff)

직장생활을 하는 동안 시시각각으로 찾아오는 스트레스를 효과적으로 관리함으로써 어제보다는 오늘, 오늘보다는 내일 더 성장하고 발전하는 삶을 추구하자. 나에게 자극을 주고 변화를 가져오는 유스트레스(eustress)를 극대화하여 업무 성과도 높이고, 내가 속한 조직에서 인정도 받자. 진정한 프로는 스트레스에 시달리지 않고, 스트레스를 관리한다. 진정한 프로는 스트레스를 유스트레스로 바꾸기 위한 노력을 게을리하지 않는다. 성공하는 직장인을 꿈꾸는 그대. 이제 더 이상 스트레스에 시달리지 말고, 유스트레스를 높이고 또 높여서 진정한 프로의 대열에 합류하자.

25

벼락거지 되는 걸 두려워하지 마라

    장기불황으로 인해 우리나라뿐만 아니라 전 세계의 국가들이 수년째 저금리정책을 유지하고 있던 중, 코로나 사태를 계기로 시중에 엄청난 양의 돈이 풀리게 되었다. 그 결과 부동산과 주식시장에 투자 열풍이 불기 시작했고, 펀드와 가상화폐, 금, 은 등 투자가 될 만한 것들에 빠른 속도로 돈이 쏠리게 되었다. 유한한 자산에 돈이 무한정으로 몰리다 보니 각 자산들의 가치는 순식간에 천정부지로 치솟았다. 또한 은행에서 2%~3%대의 저금리로 돈을 빌려 투자한 자산이 불과 몇 개월 만에 두 자릿수, 심지어 세 자릿수의 이익을 내는 사례들이 비일비재하게 발생하게 되었다.

    은행에서 대출을 최대한도로 받아서 서울 강남의 똘똘한 아파트 한 채로 갈아탄 김 대리는 벼락부자가 되었고, 정기적금을 해지하고 친척들에게 돈을 빌려 주식에 몰빵한 최 대리도 벼락부자가 되었다. 입사한 지 얼마 안 된 신입사원마저 마이너스 통장을 이용하여 비트코인에 투자한 결과 벼락부자의 대열에 합류했다. 그럼 나는? 물어볼 필요도 없다. 순식간에 벼락거지로 전락한 것이다. '벼락거지'라는 신조어는 이러한 배경으로 등장하게 되었는데, 시사상식사전에서는 벼락거지를 **'자신의 소득에는 변화가 없는데, 부동산과 주식 등의 자산가치가 급등함으로써 상대적으로 빈곤해진 사람'**으로 정의하고 있다. '조급해하지 말고 조금 더 기다려 달라'는 정부의 정책을 신뢰했고, '절대 빚 내서 투자하지 말라'는 꼰대들의 조언을 경청한 탓에 재테크에 무관심했을 뿐인데, 세상이 나를 졸지에 벼락거지로 만들어 버릴 줄이야……. 이렇게 탄식하는 직장인들의 목소리가 여기저기에서 들린다.

'투자가 또는 재테크 전문가로 불러다오.' '투기꾼으로 불러도 좋다. 부자만 될 수 있다면.' 조금 더 부자가 되고 싶어 하는 우리나라 사람들의 욕구는 어느덧 대한민국을 거대한 투기판으로 만들어 버렸다. 월급에 의존하여 생활을 하고 저축을 하던 직장인들이 앞 다투어 투기판에 뛰어들기 시작했다. 투자를 하기에는 통장에 잔고가 충분하지 않다는 걸 알게 된 직장인들은 은행에서 돈을 빌리기 시작했다. 빚을 내서 투자하는 국민들이 급속히 증가하면서 빚투족(빚을 내서 투자하는 사람들), 영끌족(영혼까지 끌어 모아 대출을 받는 사람들)과 같은 신조어들이 생겨났다. '영끌'과 '빚투'의 영향으로 은행 가계대출 총액이 2021년 사상 처음으로 1,000조 원을 돌파했고, 결과적으로 대한민국의 GDP 대비 가계부채 비율 역시 사상 처음으로 100%를 넘어섰다. 가계부채가 GDP 대비 100%를 초과했다는 것은 국내 가계의 연간소득을 모두 합해도 빚을 감당하지 못한다는 뜻이다. 갈수록 심각해지고 있는 상황에 대하여 국내외 금융기관에서 경고의 메시지를 지속적으로 보내고 있음에도 불구하고, 직장인들의 부자 되기 열풍은 좀처럼 수그러들 기미를 보이지 않는다.

우리나라에 '부자 되기 열풍이 불어닥친 시기'에 대해서 적지 않은 갑론을박이 있지만, 1990년대 말 우리나라가 IMF 외환위기의 긴 터널을 빠져나온 직후로 보는 견해가 많다. 특히, 2002년 김정은이라는 이름의 연예인이 BC카드사의 광고모델로 출연하여 TV를 통해 널리 알려졌던 광고 카피, "여러분, 부~자 되세요"는 언제부터인가 우리나라 국민들이 흔히 주고받는 덕담이나 인사말로 자리를 잡았다. 그 영향 때문인지는 잘 모르겠으나, 2003년 2월에 출간된 책《한국의 부자들》은 경영 경제 분야의 베스트 셀러에 장기간 올랐고, 그 후 '1억 모으기' '10억 만들기' 등의 제목을 달고 나온 책들이 줄줄이 히트를 쳤다. '부자'의 주제로 열리는 각종 강연회와 세미나는 인산인해를 이루게 되었고, 2003년 한 해 동안 판매된 복권은 무려 3조 8천억 원에 달했다. 2005년부터 약 8년 동안 2조 원대를 유지하던 로또 판매 금액이 2014년도에 다시 3조 원대로 진입하더니 2020년에는 4조 7천억 원이라는 대기록을 수립하기에 이르렀다. 로또에 의지하여 '대박'과 '인생역전', 그리고 '부자'를 꿈꾸는 우리나라 사람들이 얼마나 많은지를 단적으로 보여 주는 예라고 할 수 있겠다.

부자. 참 좋은 말일 수 있다. 이 세상에 부자로 살고 싶지 않은 사람이 과연 몇 명이나 될까? 그렇다면 우리는 대체 얼마만큼의 돈이 있어야 부자가 될 수 있는 것일까? 이 질문에 가장 객관적인 답변을 제시할 수 있는 근거는 지난 2015년에 스위스의 한 은행이 발표한 자료에서 찾아볼 수 있다. 스위스에 있는 크레딧 쉬스(Credit Suisse) 은행이 조사한 자료에 따르면, 세계의 모든 가구가 보유한 순자산(총자산에서

부채 제한 금액)은 263조 달러인데, 세계 최상위 1% 내의 부자가 되기 위해 필요한 돈은 799,000달러, 즉 당시의 평균환율(1USD = 1,131.5원)을 기준으로 했을 때 우리 돈으로 약 9억 5백만 원 정도가 있으면 전 세계 가구 가운데 최상위 1% 이내의 부자에 들어간다는 이야기다. 아마 독자들 중에서 "에게? 그것밖에 안 돼?"라고 의아하게 생각하는 분이 계실 줄 안다. '부자' 하면 미국의 빌 게이츠나 워렌 버핏과 같은 억만장자를 떠올릴 수도 있겠지만, 전 세계의 1%가 차지하는 가구의 수는 무려 4,700만 개나 된다. 그 가운데 미국이 1,800만 가구로 가장 많기는 하지만, 그 나머지는 유럽 아시아 남미 등 수많은 국가에 분산되어 있음을 감안한다면 이해가 쉽게 갈 것이다.

전 세계 상위 10% 이내의 가구에 들기 위해 필요한 돈은 7만 7천 달러, 우리 돈으로 약 9천만 원만 있으면 충분하다. 그렇다면 전 세계의 모든 가구들 가운데 순자산의 규모가 중간 정도 되려면 얼마만큼의 돈이 필요할까? 단돈 3,650달러이다. 빚을 제하고 우리 돈으로 약 413만 원만 있다면, 부(富)에 관한 한 전 세계에서 중간 정도에는 들어간다는 뜻이다. "엥?" 하고 또 믿지 못하는 독자들이 또 있다면, 그분들은 아마도 자신의 부를 옆집이나 앞집 사람과만 비교하는 성향 때문이 아닐까 싶다. 비교를 하려면 제대로 해야 하지 않을까? 중국과 인도에만 28억 명이 넘는 사람들이 살고 있고, 먼 아프리카에 사는 사람들도 2억 명이나 되는데 말이다.

그런데, 우리나라 사람들이 생각하는 부자의 개념은 위와 같이 크레딧 쉬스(Credit Suisse) 은행이 제공한 자료와는 큰 차이를 보인다. 잡코리아와 알바몬이 2021년 초 대한민국의 성인남녀 3,415명을 대상으로 '부자의 기준'에 대해 설문조사를 진행했는데, '얼마가 있어야 부자일까?'라는 질문에 답한 전체 응답자의 평균 금액은 49억 원이었다. 세계 최상위 1% 안에 들어가기 위해 필요한 돈(9억 5백만 원)보다 5배가 넘는 금액이다. 다른 나라 사람들보다 서너 배나 많은 재산을 가지고 있음에도 불구하고 결코 행복하지 못한 우리나라 부자들의 실상을 그대로 보여 주는 대목이라 할 수 있겠다.

"집부터 장만해라" "꿈과 희망 필요 없다. 무조건 돈 벌어라" 하면서 우리 기성세대들이 이 땅의 젊은이들에게 물질적인 가치만을 지나치게 강조해 온 결과는 어떠한가? 부자라는 동일한 목표를 향하여 힘껏 달려온 우리 대한민국은 과연 얼마나 행복해졌을까? 멀리 갈 것도 없이 지난 30년만 돌이켜 보자. 자살로 생을 마감한 우리 국민이 1990년에는 3,251명에 불과했다. 그런데, 2001년에는 그 숫자가 6,911명으로 두 배 이상 증가하더니, 2010년 한 해 15,566명으로 폭증하였고, 그 후 1만 3천~1만 5천 명 선을 꾸준히 유지하고 있다. 우리는 지금 하루 평균 40명에 가까운 대한민국 국민이 스스로 목숨을 끊는 무시무시한 사회에서 함께 살고 있는 것이다.

사실 이번 장의 원고를 쓰는 내내 마음이 편치 않았는데, 바로 이 '벼락거지'라는 단어 때문이다. 불가피한 사정 때문에 타인에게 음식을 구걸하여 생계를 이어 갈 수밖에 없는 사람들에게는 다분히 모욕적인 표현이 될 수도 있겠다는 생각이 들었다. 그들도 모두 소중한 생명이고 우리 국민인데, 남들이 나보다 돈을 좀 더 벌었다고 해서 굳이 그렇게 저속한 신조어를 만들어 내고 여기저기에서 무분별하게 사용할 필요가 있을까 하는 생각이 든다. 하지만, 최근 들어 수많은 직장인들의 근로 의욕과 사기를 크게 저하시키는 개념 없는 신조어들이 우후죽순처럼 생겨나서 많은 사람들로부터 회자되고 있는 현실을 계속 외면하고 있을 수만은 없는 노릇이다.

'내가 인정하지 않는 한 내 삶에 벼락거지는 존재하지 않는다.' 필자가 그대에게 꼭 전해 주고 싶은 메시지다. 김 대리가 최근에 사들인 부동산 가격이 폭등했다고 해서, 최 대리가 보유하고 있는 주식이 크게 올랐다고 해서, 또한 신입사원이 투자한 비트코인의 수익률이 엄청 뛰었다고 해서 그대가 가난해진 것이 결코 아니다. 또한 그들이 빚을 내서 사들인 자산을 처분하지 않고 보유하고 있는 상태라면 아직 이익 실현이 되지 않았기 때문에 실제 부자가 된 것도 아니다. 재테크를 하지 않은 그대, 그리고 재테크에 몰두한 그들의 순자산에는 전혀 변동이 없다는 거다. 혹시 그들이 부동산과 주식을 최저점에 구입한 후 최고점에 팔아서 막대한 시세차익을 거두었다고 치자. 그래서 그대의 자산에는 어떠한 변화가 생겼는가? 손해가 발생한 것도 아닌데, 낙심하거나 자괴감을 느낄 필요가 있을까? 빚 없이 413만 원 정도의 자산만 있으면 전 세계에서 중간 정도는 한다는데, 도대체 앞날이 창창한 젊은 그대가 뭐가 그리도 급해서 투기판에 뛰어들어 돈을 벌려 하느냐 이 말이다.

인생의 불행은 남과 비교하면서부터 시작된다. 행복한 사람은 내가 갖고 있는 것을 사랑하고, 불행한 사람은 남이 갖고 있는 것을 사랑한다. 그대가 보다 성공하는 직장생활, 그리고 보다 행복한 삶을 영위하기 위해서는 오늘 당장부터라도 그대가 갖고 있는 것들을 사랑하는 훈련을 해야 한다. 지금 그대가 다니고 있는 직장, 그리고 지금 그대가 하고 있는 업무를 사랑할 줄 알아야 한다. 남이 다니는 직장, 남이 하는 일들에 부러운 눈길을 보낼 때마다 그대의 정신적 에너지는 점점 더 고갈될 것이다. 다른 사람들이 부동산과 주식, 그리고 가상화폐에 한눈을 팔고 있을 때 그대는 그대가 지금 하고 있는 업무에 집중하라. 그들이 수시로 휴대폰을 꺼내 들고 매시간 바뀌는 주식과 코인의 시세를 확인하면서 일희일비하는 그 시간에, 그대는 지금 그대가 하고 있는 업무에 더 몰두하여 더 많은 성과를 낼 수 있도록 하라. 그들이 빚을 얻어 부동산과 주식에 투자를 할 때, 그대는 더 나은 미래를 위해 그대에게 투자하라. 인생은 결코 100미터 단거리 경주가 아님을 기억하라. 필자가 확실히 보장한다. 부자가 되기 위해 돈을 좇지 않고, 우리 사회에 꼭 필요한 사람이 되기 위해 꿈을 좇는 그대가 '인생'이라는 장거리 경주에서 반드시 승리할 것임을.

더 나은 미래를 위한
자기계발

당 신 이   먼 저   회 사 를   잘 라 라

매주 22시간을 프라임 타임 영역에 사용하라

　우주만물을 창조하신 절대자는 이 땅에 존재하는 생명체들에게 각기 다른 모습과 저마다 다른 재능을 주셨지만, 모든 인간들에게 똑같이 공평하게 주신 유일한 것이 바로 '시간'이다. 따라서 시간을 지배하는 자가 인생을 지배하게 되어 있다. 누군가가 시간을 지배한다는 것은 주도적인 삶을 추구하면서 시간을 컨트롤함을 의미한다. 시간을 지배하는 직장인은 시간에 쫓겨 다니면서 일하지 않고, 계획적이고 체계적으로 업무를 수행함으로써 시간을 효율적으로 사용한다. 장거리 경주에 비유되는 직장생활은 누가 시간을 더 효율적으로 사용하느냐에 따라 성공과 실패가 달려 있다고 해도 결코 과언이 아니다. 대부분의 직장인들이 일터에서 보내는 '시간의 양(quantity)'은 하루 8시간 내외로 비슷하다. 그런데, 날이 갈수록 그들이 만들어 내는 성과는 점점 달라지고, 해가 더할수록 직장 내에서 그들이 차지하는 역할과 비중도 점점 달라지기 마련이다. 그렇게 차이를 보이는 가장 큰 이유는 '시간의 질(quality)' 때문이다. 조직에서 성공하지 못하는 직장인들은 '능력이 부족해서' 또는 '운이 없어서' 등 실패 요인을 능력이나 운에서 찾는 경향이 강하다. 따라서 보다 성공적인 직장인이 되기 위해서는 무엇보다 '시간의 질'에 대한 올바른 이해가 필요하다.

세계 최고의 시간관리 전문가이자 자기계발 컨설턴트인 자이베르트(Lothar J. Seiwert)는 그의 저서 《시간관리(Mehr Zeit fuer das wesentliche)》를 통해 '아이젠하워 법칙(The Eisenhower Method)'을 소개하고 있다. 미국의 제34대 대통령을 지낸 아이젠하워(Dwight Eisenhower)는 재임 시절 모든 업무를 중요성(importance)과 긴급성(urgency)을 기준으로 4개의 영역으로 분류하여 처리함으로써 효율성을 극대화하였다는 것이다. 자이베르트뿐만 아니라 《성공하는 사람들의 7가지 습관》의 저자인 스티븐 코비(Stephen Covey) 박사 등 수많은 자기계발 전문가들에 의하면, 우리가 개인적으로 혹은 업무적으로 행하는 모든 일들은 다음의 표에서 예시한 바와 같이 긴급도와 중요도에 따라 4가지 영역 가운데 하나에 속한다고 한다.

	긴급함	긴급하지 않음
중요함	[제1영역] • 위기 또는 재난 등의 비상 상황 • 단기 프로젝트, 상사의 지시사항	[제2영역] • 건강관리, 중장기계획 수립 • 가족과의 관계, 자기계발 활동
중요하지 않음	[제3영역] • 수시로 소집되는 회의에 참석 • 전화벨 소리와 초인종 소리 응대	[제4영역] • 카톡 페이스북 등의 SNS 활동 • 연예인/스포츠스타의 동향파악

각 영역별로 다음과 같은 특징을 갖는다.

- 제1영역(긴급하면서도 중요한 일): 외부의 환경 또는 직장 상사의 영향을 가장 많이 받는 영역이다. 대응하거나 수행하지 않으면 안 되는 업무들이 이 영역에 속하기 때문에 대부분의 직장인들이 가장 우선시하는 영역이라고 할 수 있다.
- 제2영역(긴급하지는 않지만 중요한 일): 이 영역의 가장 큰 특징으로는 그 누구도 강요하지 않는다는 것, 그리고 스스로 강력한 동기를 부여를 하지 않을 경우 수행하고 실천하기가 쉽지 않은 일들이 이 영역에 속한다.
- 제3영역(중요하지는 않지만 긴급한 일): 시작 시간 또는 마감 시간이 정해져 있음으로 인해 시간의 영향을 많이 받는 일이지만, 생산성이나 효과성이 비교적 떨어지는 일들이 이 영역에 속한다.
- 제4영역(중요하지도 않고 긴급하지도 않는 일): 굳이 시쳇말을 빌어 표현하자면 '별로 영양가 없는 일들'이 이 영역에 속한다. 이 영역의 가장 특징으로는 나의 인생보다는 남의 인생과 관련된 일들이 더 많은 비중을 차지한다.

주위에서 함께 시간을 자주 보내는 사람들의 행동을 자세히 관찰해 보면 가장 비중을 많이 차지하는 영역, 그리고 각 영역간의 이동경로를 어렵지 않게 파악할 수 있다. 일반적으로 직장인 또는 학생들이 가장 우선시하는 영역은 바로 [제1영역]이다. 학생의 경우 중간고사, 기말고사 등을 예로 들 수 있겠고, 직장인들의 경우 보고서 제출, 중요

프로젝트 마감, 또는 직장상사의 지시 등이 예가 될 것이다. 이 영역에 속하는 일들은 대부분 기한 내에 수행하지 않으면 안 되는, 즉 하지 않을 경우 자신에게 직간접적으로 불이익이 발생하기 때문에 의무감으로 수행하는 일들이다.

[제1영역]의 업무를 마치고 나면 어느 영역으로 이동을 할까? 대다수의 학생이나 직장인들은 [제1영역]의 일들이 끝나게 되면 [제3영역] 또는 [제4영역]으로 이동을 하게 되는데, [제1영역]의 일들을 수행하는 과정에서 적잖은 스트레스에 노출이 되기 때문에 [제4영역]으로 곧바로 이동할 가능성이 상당히 높다. 따라서 많은 사람들이 틈만 나면 수시로 단톡방에 접속을 하거나, 혹은 페이스북이나 트위터 등에서 이리저리 옮겨 다니는 정보들을 수집하거나 전달하면서 적지 않은 시간을 보낸다. 이렇게 비생산적인 활동에 몰두하던 중에 회의가 소집되면 [제3영역]으로 이동을 하게 되고, 회의 등을 통하여 상사로부터 시급이 수행해야 할 중요한 업무 지시를 받게 되면 다시 [제1영역]으로 돌아가서 그야말로 열심히 일을 하게 된다. 이러한 일련의 과정을 위의 도표에서 화살표와 함께 ① ② ③의 숫자로 나타낸 것인데, 수많은 직장인들이 '건강관리 할 시간이 없다.' '가족과 함께 식사할 시간이 없다.' '운동할 시간이 부족하다.' '영어 공부나 독서하는 데에 투자할 시간이 없다.' 기타 등등의 사유로 [제2영역]으로 이동하지 못하는 이유가 바로 거기에 있는 것이다.

그렇다면 과연 위의 네 가지 영역 중에서 인생의 성공과 실패를 결정짓는 영역은 어디일까? 두 말하면 잔소리, 바로 [제2영역]이다. 앞서 잠깐 설명한 대로 [제2영역]에 속하는 일들, 즉 평소에 가족과 충분한 대화를 나누는 일, 틈틈이 책을 읽는 것, 과로와 과음을 피하고 짬을 내서 하는 운동, 인생의 중장기 계획을 세우는 일, 그리고 자투리 시간을 활용해서 외국어를 습득하는 일 등의 특징은 '그 일들을 수행하도록 그 누구도 강요하지 않는다'는 것이다. 자기 자신이 스스로 목표를 세우고, 진행상황과 결과를 수시로 점검하고, 절제하는 습관과 함께 자기관리를 철저하게 하지 않으면 도저히 수행할 수 없는 영역이 바로 [제2영역]이다. 이 영역을 수시로 방문하는 사람들은 상사의 지시도 조직의 요청도 없지만, 자기 자신에게 강력한 동기를 부여함으로써 자신이 해야 할 일들을 묵묵히 수행한다. 이를 바탕으로 하루 24시간 가운데 일정한 시간을 쪼개어 자신과 가족을 돌보고, 유명인들을 팔로잉하기보다는 자신이 세운 중장기 목표를 달성하는 과정에 에너지와 시간을 효율적으로 사용한다. 다시 말해서 보다 밝은 미래를 위해서 끊임없이 노력하는 사람들, 유행에 휘둘리지 않고 주도적인 삶을 살아가는 용기 있는 자들만이 머무를 수 있는 영역이 바로 [제2영역]인 것이다.

한편, 위에서 설명한 1~4영역은 아래의 도표와 같이 Golden Time, Prime Time, Right Time, 그리고 Killing Time 등 네 가지의 다른 타임 영역으로 구분하여 설명할 수 있다.

	긴급함	긴급하지 않음
중요함	[제1영역] Golden Time	[제2영역] Prime time
중요하지 않음	[제3영역] Right Time	[제4영역] Killing Time

① Golden Time(골든 타임): 긴급하면서 중요한 영역에 속하는 일들을 처리할 때는 절대 골든 타임(golden hour)을 놓쳐서는 안 된다. 이 영역에 속하는 업무들은 시간이 지날수록 그 결과물에 대한 가치가 떨어지는 속성이 있기 때문이다.

② Prime Time(프라임 타임): 인생의 승부는 바로 이 영역에서 결정된다. 지금 당장 급하지 않더라도, 다소 귀찮더라도 보다 나은 미래를 위해 오늘 꼭 투자해야만 하는 시간이다. 성공하는 직장인 되기 위해서는 이 영역에 매일같이 20%의 시간을 투자해야 한다.

③ Right Time(라잇 타임): 중요하진 않지만 긴급한 업무를 수행할 때 적용되는 시간 개념이다. 제때 시작하고, 제때 도착하고, 제때 수행하는 타이밍이 중요한데, 실질적인 성과보다는 형식이 더 중요시되기 때문이다.

④ Killing Time(킬링 타임): 말 그대로 시간을 죽이는 영역이다. 정체되어 있는 사람들일수록 하루 일과 시간의 대부분을 이 영역에서 허비한다. 이 영역의 시간을 점진적으로 줄여 나가지 않을 경우, 언제가 그 킬링 타임 때문에 자신의 인생이 소리 없이 죽게 되어 있다.

'직장인이 하루 일과 중 20%에 해당하는 시간을 프라임 타임(Prime Time) 영역에 사용한다면 반드시 성공할 것이다.' 이 표현은 필자의 막연한 추측에 의해서가 아닌, 자기계발 분야 전문가들의 의견을 빌려 온 것이다. 하루 24시간 중 수면 시간을 넉넉히 잡은 8시간을 제하면 16시간이 하루의 일과 시간에 해당하고, 16(시간)에 7(일)을 곱하게 되면 1주일의 일과 시간은 총 112시간이 된다. 그 가운데 20%는 정확히 22.4시간이다. 아마도 이쯤에서 "허걱~ 22.4시간?" "직장생활 하나 하기에도 바쁜데, 무슨 수로 1주일에 프라임 타임(Prime Time)을 22시간이나 만들어 낼 수 있다는 말인가?" 하고 심난해하는 독자들이 더러 있을 줄 안다. 그래서 필자가 주경야독을 하는 직장인들에게 자주 권하는 '평3주7'의 방법을 소개하고자 한다.

'평3주7'이란, 문자 그대로 평일에는 3시간, 주말에는 7시간을 '나를 계발하는 시간'으로 정해 놓고, 실천에 옮기는 것을 말한다. 즉, 월요일부터 금요일까지는 매일 3시간씩, 그리고 주말에는 토요일이나 일요일에 7시간을 프라임 타임(Prime Time) 으로 사용하는 것이다. '평3주7'은 필자가 직장생활을 하는 동안 습관적으로 사용해 온 자기계발의 방식이다. 부끄러운 고백이지만, 필자는 직장인으로서의 첫 3년 동안 자기계발과는 완전히 담을 쌓고 지냈었다. 신입사원 시절에는 자기계발의 필요성 자체를 전혀 느끼지 못했고, 근무 시간 외에는 아무런 계획 없이 빈둥거리거나 각종 모임을 쫓아다니며 시간을 보냈다. 그런데 3년차에 접어들어 자기계발의 필요성을 절실히 느끼게 된 계기가 하나 있었는데, 회사의 승진심사에서 탈락한 것이다. 함께 입사했던 대다수의 동기들은 사원에서 대리로 직급이 바뀌었지만, 나는 1

년 더 사원직급으로 남아 있어야 했다. 물론 충남 지역에서 3년 동안 영업 업무를 하다가 본사의 기획부서로 이동을 하자마자 받게 된 승진심사였기 때문에 결과를 어느 정도 예상을 했지만, 난생처음 경험한 진급심사에서의 탈락은 필자에게 자기계발에 대한 동기를 부여해 주기에 충분했다.

출근길 1시간, 퇴근길 1시간, 그리고 자투리 시간 1시간, 평일에는 이렇게 3시간 동안 무조건 읽었다. 위인전에서부터 경영 서적과 자기계발 서적에 이르기까지 닥치는 대로 읽었다. 토요일이면 도시락을 싸 들고 집 근처의 도서관으로 달려가서 영어 교재를 펼쳐 놓고 7시간 동안 집중해서 읽고 쓰고 외우기를 반복했다. 놀더라도 도서관 안에 있는 휴게실에 가서 놀았다. 그러한 방식으로 '평3주7'을 반복하는 동안 1년이 가고, 3년이 가고, 5년이 가고, 10년이 갔다. 그렇게 세월이 가는 동안 IMF외환위기도 겪고, 금융위기도 겪었지만, 필자는 '평3주7'의 끈을 끝까지 놓지 않았다. 처음에는 직장인으로 '평3주7'을 지속하기가 만만치 않았지만, 장기간 습관적으로 반복을 했더니 어느덧 생활의 일부가 되어 버렸다. 언제부터인가 '평3주7'을 통한 자기계발을 은근히 즐기고 있는 나를 발견하게 되었다. 곰곰이 생각해 보니 '평3주7'을 꾸준히 실천함으로써 생긴 결과물들이 하나둘씩 생기기 시작하면서부터였던 것 같다.

'평3주7'을 통해 주경야독을 하면서 경영학석사학위와 경영학박사학위를 취득할 수 있었다. '평3주7'을 지속적으로 이용했기 때문에 작가가 아닌 직장인 신분으로 4권의 책을 출간할 수 있었는데, 그 가운데 한 권은 중국어판로 출간되어 중국에서 스테디셀러로 자리를 잡았다. '평3주7'을 활용했기에 재직 중에 일간지의 칼럼니스트로, 강연가로, 컨설턴트로 활동할 수 있었다. '평3주7'을 효율적으로 활용한 덕에 영어 한마디 못하던 순수 토종이 주한 외국계 기업의 사장이 될 수 있었고, '평3주7'의 끈을 놓지 않았기에 비유학파인 필자가 대학강단에서 외국인 학생들을 대상으로 영어로 강의를 할 수 있었던 것이다.

오늘보다 더 성장하는 내일을 준비하고 있는 그대, 무엇보다 먼저 프라임 타임(Prime Time) 영역에서 수행해야 할 리스트를 작성해 보라. 가족과의 관계, 규칙적인 운동, 건강식단, 독서, 외국어 습득, 중장기계획 수립, 기타 등등 지금 당장 급하지는 않지만, 보다 성공하는 직장인 되기 위해, 보다 행복한 삶을 영위하기 위해 지속적으로 훈련해야 할 To Do List(수행할 목록)을 한번 만들어 보라. 그다음 필자로부터 검증된 '평3주7'의 방식을 이용하여, 그대 안에 잠재되어 있는 역량들의 수준을 한껏 끌어올려라. 절대 조급해하지 말고, 스트레스도 받지 말고, 그저 묵묵히 '평3주7'이 직장생활의 일부가 되게 하라. 그렇게 꾸준히 하다 보면, 언젠가는 그 언젠가는 그대 스스로의 노력으로 만들어 낸 결과물들을 하나씩 바라보며 흐뭇한 미소를 짓는 그대의 모습을 발견하게 될 것이다.

2

조조할인 보지 마라

2021년을 기준으로 서울의 메가박스 극장에서 영화 한 편을 보려면 14,000원을 지불해야 한다. 그런데, 관객이 많지 않은 오전시간에는 '조조할인'이라는 명목으로 1,000원에서 2,000원 정도의 금액을 할인해 준다. 똑같은 내용의 영화라 할지라도 이른 아침에 영화를 보게 되면 앉아서 1~2천 원을 버는 셈이다. 이렇게 몇 년 동안 조조할인제도를 이용하여 수십 편의 영화를 감상하게 되면 금전적으로 수만 원을 이득을 보게 된다. 비용을 절약하는 측면에서 볼 때 조조할인은 분명 직장인들에게 유익할 수 있다. 하지만, 조조할인을 통하여 절약한 그 몇만 원의 돈이 과연 우리의 인생 전체에도 이득이 되는지에 대해서는 한 번쯤 냉정하게 생각을 해 봐야 한다.

'Lose an hour in the morning, and you'll spend all day looking for it(아침에 한 시간을 잃어버리면, 그 시간을 찾느라 하루 종일을 쓰게 될 것이다).' 오래전에 영어 학습과 관련된 프로그램을 듣다가 우연히 알게 된 표현이다. 비록 같은 양의 시간이라 할지라도 아침의 한 시간은 오후의 몇 시간보다 더 큰 가치를 갖는다. 아침 시간이 생산의 영역에 속한다면, 저녁 시간은 소비의 영역에 속한다. 아침은 하루를 계획하고 시작하는 시간이지만, 저녁은 하루를 마감하고 정리하는 시간이다. 그래서 아침 시간에는 무엇보다 집중력과 창의력이 요구된다. 이러한 시간의 비밀을 제대로 이해하지 못한다면, 아무리 열심히 살아도 평범한 수준을 결코 넘어설 수 없다. 보통 사람들보다 일찍 일어나서 하루의 일과를 일찍 시작하는 사람, 일반인들보다 한 걸음 먼저 걸어가서 조금 더 앞서가는 사람, 우리는 그런 사람들을 가리켜 '아침형 인간'이라 부른다.

아침 시간을 소중하게 다루는 사람은 하루의 시간을 효율적으로 사용하고, 하루를 효율적으로 사용하는 사람은 1년의 시간을 효과적으로 사용한다. 시간을 지배하는 자가 인생을 지배하게 되어 있다. '지배하는 삶을 살 것인가? 지배당하는 삶을 살 것인가?' 하는 문제도 결국은 시간을 어떻게 효율적이고 효과적으로 사용하느냐에 따라 달려 있는 것이다. 따라서 성공적인 삶을 살기 위해서는 앞 장에서 설명한 골든 타임(Golden Time)과 프라임 타임(Prime Time)의 영역을 점진적으로 확대해 나가야만 한다. 또한 주말이든 주중이든 구분하지 말고, 창의력이나 집중력이 요구되는 일들, 그리고 조금이라도 부가가치를 만들어 낼 수 있는 일들은 무조건 아침으로 몰아넣어야 한다. 가급적 조조할인 영화를 보지 말라고 권하는 이유가 바로 여기에 있는 것이다. 한편, 창의력과 집중력을 필요로 하지 않는 일들, 그리고 조금도 부가가치를 만들어 낼 수 없는 일들은 무조건 오후나 저녁 시간으로 몰아넣어야 한다. 주말에도 아침 시간에는 TV 시청이나 영화감상을 삼가는 것이 좋다. 운동을 아침에 하는 게 좋은지 저녁에 하는 게 좋은지에 대해 갑론을박이 많다. 하지만, 필자의 기준에 의하면 운동은 무조건 오후나 저녁 시간으로 정한다. 운동뿐만 아니라 청소, 설거지, 방 정리, 쓰레기 분리배출, 다림질, 영화감상, 샤워 기타 등등 모든 하루의 일과를 정하는 모든 기준은 '생산성(productivity)'이 되어야만 한다. 이것이 바로 시간의 비밀이다.

필자는 그러한 시간의 비밀을 알게 된 삼십 대 초반부터 실천에 옮기려고 애를 썼다. 물론 아직도 개선의 여지가 많지만, 하루 24시간을 효율적으로 사용하기 위한 노력을 계속하고 있다. 그러한 지속적인 노력 때문에 지난 30년 동안 직장을 다니면서 적지 않은 것들을 얻고 이룰 수 있었다. 시간의 비밀을 제대로 이해하고 효과적으로 활용한 덕분에 직장에서 남보다 조금 더 나은 성과를 낼 수 있었고, 직장생활 20년 만에 외국계 기업의 CEO까지 하게 되었다. 또한 시간의 비밀을 터득한 덕분에 가족과 많은 시간을 함께 보낼 수 있었고, 내가 좋아하는 취미활동도 마음껏 즐길 수 있었다.

30대 초반까지 영어와 담을 쌓고 지냈던 필자가 비로소 50대에 이르러 대학에서 외국인 학생들을 대상으로 영어로 강의를 진행할 수 있게 된 것 역시 바로 시간의 비밀을 이해한 덕분이었다. 혹시 독자들 가운데, 필자처럼 대한민국에서 태어나 영어와 담을 쌓고 지내 온 분이 있다면, 다음 장부터 전개되는 영어와 관련한 이야기에 주의를 기울여 주기 바란다. "맑은 공기는 공짜로 마시는데, 왜 영어는 돈을 주고 배워야 하는가?" 바로 이것이 영어라는 거대한 시장의 한복판에서 필자가 밤낮으로 외쳐대는 주장이다. 한편, 다음 장부터 전개되는 이야기는 독자가 어떻게 받아들이느냐에 따라 자칫 딱딱하고 지루하게 느껴질 수도 있겠다. 하지만, 영어 학습에 관심이 있는 독자들에게는 앞으로 엄청난 양의 시간과 비용을 절약하는 계기가 될 것이다.

3

먼저 영어에 대한 오해를 풀어라

대한민국에서 직장생활을 하는 우리나라 사람이라면 아마도 누구나 한 번쯤은 '나도 영어를 잘하고 싶다'는 생각을 해 봤을 듯하다. 그도 그럴 것이 대학입시에서는 영어라는 과목이 필수로 지정된 지 오래이고, 입사시험과 승진시험에서 영어는 언제나 약방의 감초의 역할을 하고 있을 뿐만 아니라 여기저기에서 '글로벌 시대에 영어는 선택이 아니 필수'라고들 외치고 있기 때문이다. 그렇다고 영어 하나 때문에 잘 다니던 직장을 그만두고 영어권 국가로 훌쩍 떠날 수 있는 형편도 못되고. 그야말로 이 영어라는 것은 대한민국에서 직장생활을 하고 있는 수많은 사람들을 끈질기게 쫓아다니며 끝까지 괴롭히고 있다고 해도 과언이 아닐 것이다. 만약 지금 이 책을 접한 그대가 조기유학의 경험도 없고 해외어학연수의 경험도 전혀 없는 순수 토종이라 한다면, 시쳇말로 땡 잡은 거나 다름 없다고 생각해도 좋다. 왜냐하면 이번 장에서부터 전개되는 이야기는 해외 유학이나 어학연수의 경험이 전혀 없는 필자가 회사를 다니면서 돈 들이지 않고 영어를 습득하게 된 노하우에 관한 것들이기 때문이다.

그렇다면 도대체 어떻게 해야만 영어를 잘할 수 있다는 말인가? 영어를 잘하기 위해서는 무엇보다 먼저 영어를 둘러싸고 있는 각종 오해들을 말끔히 씻어 내야만 한다. 영어를 생계 수단으로 하여 먹고사는 사람들의 수가 늘어나면 늘어날수록 영어라는 원재료에 첨가해지는 인공조미료의 양이 비례해서 증가할 수밖에 없다. 다시 말해서, 일개의 언어가 돈과 결합하여 다양한 상품들이 출시되다 보니 영어에 대한 오해가 점점 더 많아지고 깊어지는 것이다. 따라서 필자와 같이 대한민국에서 태어나 성인이 될 때까지 한국에서 성장한 순수 토종들이 영어와 관련한 잘못된 고정관념에서 벗어나지 않는 한 영어 사냥에서 성공할 확률은 거의 제로에 가깝다고 보면 된다. 다음의 3가지는 우리나라에서 직장생활을 하고 있는 수많은 사람들이 영어에 대해서 가장 많이 오해하고 있는 것이다.

• 첫 번째 오해: 성인이 되어 영어를 잘하는 것은 불가능하다

'인간은 태어날 때부터 뇌의 특수 기관인 언어 습득 장치(LAD, Language Acquisition Device)를 통하여 자연스럽게 언어를 배우게 되는데, 이 장치의 기능은 청소년기로 접어들면서부터 급속히 저하된다.' 바로 이것이 미국의 저명한 언어학자 촘스키(Noam Chomsky)가 주창한 생득주의 이론의 핵심적인 내용이다. 또한 생물학자 린버그(Eric Lenneberg)는 결정적 시기 가설(CPH, Critical Period Hypothesis)을 통하여 언어 습득 과정에는 제한적인 시기가 존재한다고 주장함으로써 언어의 조기 교육 필요성을 강조하였다. 이렇듯 언어를 습득하기 위한 적령기는 어릴수록 좋다는 데에는 이견이 별로 없다. 언제부터인가 이들의 이론을 영어 유치원과 어린이 영어 학원들이 대거 홍보하기 시작했고, 수많은 사람들이 '영어는 한 살이라도 더 어릴 때 배워야 한다'라는 믿음을 갖게 된 것으로 추정해 볼 수 있다. '영어 조기 교육의 필요성'을 맹신하는 학부모들이 하나둘씩 늘어나면서부터 미국으로 원정 출산을 떠나는 임산부의 수가 급격히 증가하였고, 영어권 국가로 조기유학을 떠나는 초등·중학교 유학생이 부지기수에 이르게 되었다.

하지만, 모국어가 아닌 외국어를 습득하기에 적합한 시기에 대해서는 학자마다 의견이 분분하다. 미국 하버드대학의 교수 캐서린 스노우(Catherine E. Snow)는 영어를 모국어로 사용하지 않는 사람들이 영어를 익히는 과정을 연령대별로 5년 동안 추적 관찰을 했다. 그녀가 내린 결론은 영어를 가장 잘 익히는 집단은 청장년층, 그다음이 장년층, 맨 마지막이 아이들이었다. 즉, 모국어가 아닌 외국어를 습득하기에 가장 좋은 나이는 청소년과 성인이고, 어린이들의 경우 모국어를 신속하게 잊어버리는 특징을 가지고 있기 때문에 외국어를 습득하기에는 가장 불리한 집단으로 분류된 것이다. 또한 인간의 뇌 가운데 언어기능을 담당하는 측두엽은 7세부터 생기기 때문에 그 이전에 하는 외국어 학습은 하나마나라는 설도 있다.

한편, 언어 습득과 관련한 이론 가운데 행동주의 이론이라는 것 있는데, 행동주의 이론에 의하면 특정 언어를 습득하기 위해서는 단어나 표현들을 반복해서 학습해야 하며, 이 과정에서 학습자의 노력과 동기부여가 큰 비중을 차지한다는 것이다. 행동주의 이론이 얼마만큼의 설득력이 있는지에 대해 예를 들어 설명해 보자 한다. 오래전에 뉴질랜드에서 만났던 B 씨는 중학교 때 부모님을 따라 뉴질랜드로 이민을 떠나 그곳에서 중고등학교와 대학교를 졸업했고, 뉴질랜드에서 첫 직장생활을 시작했다. 그는 교회에서 만난 한국인 여성과 결혼도 하고 예쁜 두 딸과 함께 단란한 가정을 꾸려 뉴질랜드의 상업 중심지 오클랜드에서 알콩달콩 살고 있었다. 그러던 중 어느 뉴질랜드의 기업으로 이직을 했는데, 그 기업은 한국 지사에서 근무할 한국인 직원을 찾고 있었고, 영어와 한국어가 능통한 B 씨가 채용되었다.

B 씨는 가족과 함께 한국으로 이주를 했고, 꿈에 그리던 고국으로 돌아와 행복한 직장생활을 하게 되었다. 그런데 한국에서 파견근무를 시작한 지 얼마 안 되어 아이들의 언어에 대한 고민거리가 생기기 시작했다. 두 딸 모두 뉴질랜드에서 태어나 뉴질랜드의 유치원과 초등학교를 다녔기 때문에 영어로 의사소통을 하는 데에는 전혀 문제가 없었다. 그런데 한국인 초등학교를 보내면서부터 예상치 못한 문제가 발생했는데, 두 딸 모두 한국말이 서툴다는 이유로 학교에서 친구들로부터 자주 왕따를 당했던 것이다. 그래서 B 씨는 영어를 자유자재로 구사하는 아이들에게 '앞으로 집에서는 한국말만 쓸 것'을 줄기차게 요구했다고 한다. 그런데, 어느 날 B 씨가 퇴근 후 집에 돌아와보니 큰딸과 작은딸이 여전히 서로 영어로 말하면서 장난을 치고 있는 게 아닌가? 순간적으로 화가 난 B 씨는 그날 아이들을 불러놓고 "아빠가 집에서는 한국말만 쓰라고 했지? 대체 몇 번이나 더 말을 해야 돼?"라며 심하게 꾸중을 했고, 그때부터 서서히 가정에 불편함이 감지되기 시작했다고 한다. 하지만, 그때를 계기로 아이들의 한국어 실력은 날로 향

상이 되었고, 학교에서도 친구들과 잘 어울리며 학교생활도 잘하는 것 같았다.

　그런데 그로부터 2년 후 B 씨의 가정에 전혀 예상치 못한 상황이 발생했다. 어느 날 큰아이가 학교에서 성적표를 받아 와서 자세히 보니 다른 과목들은 반에서 상위 그룹에 속할 정도로 성적이 좋았는데, 영어 점수가 50점도 안 되었던 것이다. '오 마이 갓!' '영어를 모국어로 사용하는 나라에서 태어나 영어만 사용하는 유치원을 다녔고, 영어만 사용하는 초등학교를 다니다 온 큰아이의 영어점수가⋯⋯.' 엄청 화가 난 B 씨는 아이들을 불러놓고 이렇게 말했다고 한다. "너희들, 이제부터 집에서는 영어로만 말해. 한국말 절대 쓰지 마. 알았어?"

　영어 학습 프로그램에서 영어를 가르치는 진행자들이 학습자들에게 동기부여를 하기 위해서 가장 빈번하게 사용하는 말 중의 하나가 바로 'If you don't use it, you lose it(사용하지 않으면 잃어버린다)'라는 표현이다. 영어가 그렇게 유창했던 B 씨의 두 딸의 경우만 살펴보더라도 언어는 반복 학습의 결과물이라는 사실을 금세 알 수 있다. 미국에서 태어나서 미국에서 자란 같은 미국인이라 하더라도 본인의 의지에 따라서 mono-lingual(하나의 언어만 사용하는)이 될 수도 있고 bi-lingual(두 개의 언어를 사용하는)이 될 수도 있다. 어느 날 TV 프로그램에 게스트로 출연한 한 미국인은 미국인 부모 사이에서 태어나서 미국에서 정규교육을 받은 남성인데, 아주 오래전에 주한 미군의 신분으로 한국으로 오면서부터 영어를 사용할 기회가 조금씩 줄어들기 시작했다고 한다. 한국말을 아주 유창하게 잘하는 그는 기자와의 인터뷰에서 다음과 같이 말했다. "한국에서 살면서 영어를 계속 안 쓰다 보니까 영어로 말하는 게 지금은 어려워요. 대충 알아듣기는 하겠는 데…….” 한편, 경상도 사투리를 자유자재로 구사하는 방송인 로버트 할리(Robert Bradley Holley)는 미국에서 태어나서 미국에서 대학교와 대학원까지 나왔는데, 20대 후반부터 부산에 오랜 기간 동안 거주하면서부터 한국어를 자연스럽게 습득하였고, 영어와 한국어를 아주 유창하게 구사한다. 비록 유사한 환경에서 동일한 언어를 모국어로 사용한다고 할지라도 학습자의 의지와 태도에 따라 제2언어의 습득은 가능할 수도 불가능할 수도 있음을 적나라하게 보여 주는 예가 아닐 수 없다.

‘성인이 되어 영어를 잘하는 것은 불가능하다’라는 말은 어쩌면 일종의 편견 또는 핑계에 불과할 수 있다. 물론 학습의 속도 차원에서만 본다면 언어뿐만 아니라 거의 모든 분야에서 뭔가를 배우려면 어린 나이에 시작할수록 좋다는 것이 일반적인 견해이다. 10대 소녀와 40대의 아줌마 중에서 누가 더 피아노를 빨리 배울 수 있고, 20대 청년과 50대 아저씨 가운데 누가 더 골프를 빨리 배울 수 있을까? 기타 조건이 유사할 경우 40대 아줌마보다는 10대 소녀가 피아노를, 50대 아저씨보다는 20대 청년이 골프를 빨리 배울 수 있을 것이다. 어디 악기와 운동뿐이겠는가? 균형감각이 중요한 스키나 보드 타기에서부터 순발력을 필요로 하는 컴퓨터 게임에 이르기까지 대부분의 분야에서 나이가 많은 사람보다 젊은 사람의 학습 속도가 월등히 빠르다는 사실은 굳이 설명할 필요가 없다고 본다.

외국어 습득에 관한 한 청소년 또는 장년층의 연령이 더 유리할 수 있다는 근거는 바로 모국어를 잊어버리지 않고 외국어를 익힐 수 있다는 장점 때문일 것이다. 하지만 '영어만큼은 어릴수록 좋다'는 편견에 사로잡혀 한글도 제대로 못 깨우친 어린아이들을 영어 유치원으로 영어권 국가로 앞다투어 보내는 작금의 현실을 우리는 한 번쯤 냉철하게 되짚어 볼 필요가 있다고 본다. 우리는 중국어도 일본어도 독일어도 어려서부터 배우지 않는다. 아무리 빨리 시작해도 고등학교에서 제2외국어를 배우면서부터다. 하지만, 우리 주변에는 일본어 유치원과 중국어 유치원을 다니지 않았지만, 일본어와 중국어를 유창하게 하는 사람들을 찾아보기가 그리 어렵지 않다. 유독 영어에 대해서만큼은 잘못된 편견을 가지고 있는 것이다. '영어가 곧 권력이요 돈'이라는 허상에서 하루빨리 벗어나야만 한다는 것이 필자의 주장이다.

• 두 번째 오해: 영어 학원을 다녀야만 영어를 잘할 수 있다

'영어 학원을 다녀야만 영어를 잘할 수 있다'는 말에 공감을 하는 독자도, 그렇지 않은 독자도 있을 것이다. 이 표현은 영어에 관한 거짓말이라기보다는 '영어에 대한 편견'쯤으로 해석하는 것이 좋을 듯하다. 왜냐하면, 우리 주변에는 영어 학원을 다녀서 영어 실력을 향상시킨 사람들도 많고, 영어 학원을 거의 다니지 않고서도 영어를 제법 잘하는 사람들도 많기 때문이다. 이 두 집단을 군이 '학원파'와 '비학원파'로 분류해서 그들의 영어 실력을 측정할 경우 과연 어느 집단이 영어를 더 잘할까?

여기 비슷한 영어 실력의 두 사람이 있다고 가정해 보자. 학원파인 A는 토익(TOEIC)을 전문으로 하는 영어 학원을 꾸준히 다니면서 영어를 공부했고, 비학원파인 B는 영어 학원에 다니지 않고 독학으로 영어 공부를 했다고 치자. 1년이나 2년 후쯤 지난 두 사람이 동시에 토익 시험을 본다면 아마도 A가 B보다 100점~200점 이상 높은 점수가 나올 것이 분명하다. 토익을 전문으로 하는 대부분의 영어 학원에서는 객관식으로 출제되는 문제들의 정답을 잘 맞출 수 있는 요령을 가르쳐 주기 때문이다. 영어 회화 역시 마찬가지다. 학원파의 영어 회화실력이 그렇지 않은 비학원파보다 더 나을 수밖에 없다. 왜냐하면 학원파의 경우 학원을 다니면서 영어를 모국어로 사용하는 외국인들과 접촉할 기회가 많기 때문에 외국인들과 영어로 소통을 하는 과정에서 심리적 부담감을 덜 느끼기 때문이다. 하지만, 비학원파의 경우 평소에 외국인과 영어로 소통할 기회가 거의 없기 때문에 자신의 의사를 영어로 전달하는 과정에서 상당한 부담감을 느낄 수밖에 없는 것이다.

1년 또는 2년, 이렇게 단기적인 관점에서 볼 경우 학원파의 영어 실력이 비학원파의 영어 실력보다 뛰어날 수밖에 없다. 하지만, 5년 또는 10년 혹은 20년 이렇게 장기적인 관점에서 볼 때에도 비학원파보다 학원파의 영어 실력이 나을까? 오랜 관찰 끝에 필자가 내린 결론은 '그렇지 않다'이다. 학원파 영어의 가장 큰 특징은 '언어적 환경(Linguistic environment)'과 '경제적 지원(Financial support)'에 있다. 언어적 환경이란 무엇인가? 학습자의 특별한 의지나 노력이 없이도 자신을 영어를 사용하는 환경에 자연스럽게 노출시킬 수 있다는 거다. 학원에 가서 토익 만점 강사가 알려 주는 대로 영어 교재에 밑줄 쫙쫙 그으면서 수업을 듣기만 하면 '오늘의 영어 공부 끝~'이 되는 거다. 경제적 지원은 무엇을 뜻하는가? 영어 학원을 다니려면 돈이 든다. 내가 벌어서 내든 부모님의 도움을 받아서 내든 영어 강좌를 듣기 위해서는 학원에 수강료를 지불해야 한다는 거다.

학원파의 가장 치명적인 단점이 바로 이 두 가지 특징에 있다. 다시 말해서, 학원파들에게는 언어적 환경이 조성되지 않거나, 혹은 자의든 타의든 경제적 지원이 끊기게 될 경우 영어 학습을 쉽게 포기하는 현상이 발생한다. 회사나 집 근처에 있는 영어 학원을 잘 다니다가 이직을 하거나 이사를 하게 되면 영어를 다시 멀리하게 되는 현상, 돈 들어갈 데가 많이 생겨서 영어 학원을 끊는 경우 영어 학습도 동시에 끊어지는 현상이 발생한다는 것이다.

이와는 반대로, 비학원파의 가장 큰 특징으로는 '자발적 학습(Voluntary learning)'과 '경제적 이득(Financial gain)'에 있다. 비학원파에 속한 사람들은 영어 학습의 동기가 외부 요인에 있지 않다. 다시 말해서, 영어 공부를 나 아닌 다른 사람의 강요에 의해서 하는 것이 아니고, 자신 스스로가 영어 습득의 필요성을 느껴서 자발적으로 한다는 뜻이다. 또한 비학원파는 언어의 습득을 위한 과정에서 비용의 지출을 최대한 억제하는 성향이 강하다. 그들은 TV나 라디오에서, 혹은 인터넷을 통하여 매일 홍수처럼 쏟아져 나오는 영어 프로그램들을 거의 공짜로 이용한다. 따라서 영어 학원에 수강료로 지불해야 할 돈을 절약함으로써 경제적인 이득을 얻게 되는 것이다.

뒤에서 자세하게 설명을 하겠지만, 영어든 스페인어든 중국어든 특정의 언어를 습득하기 위해서는 최소한 3천 시간 이상을 투자해야 언어 습득을 위한 가장 기초적인 학습 단계를 마칠 수 있다. 3천 시간을 영어 학원에만 의존하여 학습을 하게 되면 대략 3천만 원에서 6천만 원의 비용이 소요된다. 예컨대, 시간당 2만 원씩 하는 영어 회화 학원에 등록할 경우 6천만 원 정도의 돈이 들것이고(20,000원 * 3,000시간 = 60,000,000원), 수강료가 시간당 1만 원인 강좌를 계속 듣게 되는 경우에는 3천만 원이 학원비로 들어간다(10,000원 * 3,000시간 = 30,000,000원). 수많은 직장인들이 몇 년 동안 영어 학원을 열심히 다니다가 영어를 포기하는 이유도 어찌 보면 이 3천 시간의 비밀에 있을 가능성도 있다. 따라서 영어 학원 몇 년 다녀서 영어를 마스터하겠다는 생각은 아예 접는 게 좋겠다.

영어에 관한 한, 단거리 경주에서는 학원파가, 장거리 경주에서는 비학원파가 승리할 수 있게 되어 있다. 처음 1~2년 정도는 비학원파가 학원파의 영어를 능가하기 어려울 수 있다. 하지만, 어느 시점에 도달하게 되면 학원파는 비학원파의 영어 실력을 따라갈래야 따라갈 수가 없다. 학원파들의 경우 영어 학원의 위치, 영어 강사의 실력, 경제적 상황, 기타 등등 외부적 요인들이 영어 학습과정에 큰 변수로 작용하기 때문에 학습의 지속성이 떨어질 가능성이 크다. 하지만, 비학원파의 경우 그야말로 비가 오나 눈이 오나 바람이 부나 외부적인 요인들에 상관하지 않고, 스스로 돈 들이지 않고 자신을 꾸준하게 영어에 노출시키는 습관이 몸에 배어 있기 때문이다.

영어 학원이 무조건 나쁘다는 것도, 영어 학원을 절대 다니지 말라고 주장하는 것도 아니다. 영어 학원에만 의존해서는 결코 영어 사냥을 성공적으로 마칠 수 없으니, 이제부터는 비학원파로 옮겨 와서 영어를 보다 체계적이고 경제적인 방법으로 습득해 보지 않겠느냐는 제안을 하는 것이다.

• 세 번째 오해: 토익 점수가 높을수록 영어를 잘한다

　전 세계에서 토익에 응시하는 인원은 연간 약 7백만 명 정도인데, 그 가운데 우리나라에서 약 2백만 명이 응시하여 매해 약 800억 원을 토익 시험을 보는 데에 지출한다고 한다. 이 숫자만 보면 대한민국의 토익 사랑은 정말 세계 최고의 수준이라고 해도 과언이 아닐 것이다. 그런데 문제는 과연 토익 점수가 높으면 영어를 잘하고, 토익 점수가 낮으면 영어를 잘 못하느냐는 것이다. 결론부터 말하자면, 그럴 수도 그렇지 않을 수도 있다. 최근 들어 TOEIC Speaking과 TOEIC Writing이 도입되어 응시자의 말하기 능력과 글쓰기 능력을 측정할 수 있게 되었다고는 하지만, 전통적인 토익 시험은 응시자의 독해 능력과 청취 능력만 측정할 수 있는 반쪽짜리 시험이라고 평가하는 견해가 일반적이다.

　몇 년 전 벤처기업을 운영할 당시 인턴사원을 채용할 기회가 있었는데, 지원자인 J 씨의 이력서를 자세히 들여다보니 'TOEIC score: 990'으로 기재되어 있었다. 토익 만점을 받은 것이다. 그 정도면 영어 테스트는 하지 않아도 되겠다 싶어 영어 인터뷰는 생략한 채 J 씨를 인턴사원으로 선발했다. 그런데 J 씨가 출근한 지 며칠 지나지 않아 문제가 발생하기 시작했는데, 다름 아닌 영어 때문이었다. 어쩌다가 외국에서 전화가 걸려 오면 J 씨는 크게 당황한 나머지 '어… 어….' 하다가 그냥 끊어 버리는가 하면, 영문으로 레터를 작성해야 하는 업무는 아예 시도조차 못하는 경우가 발생한 것이다. 내가 물었다. "아니 J 씨. 토익 정말 990점 받은 거 맞아요?" J 씨는 모기만 한 소리로 "네…." 하고 대답을 하는 게 아닌가?

자초지종을 들어 보니 너무 기가 막혀 할 말을 잃고 말았다. J 씨는 '취업을 위해서는 오로지 스펙(specification)만이 정답이다'라는 생각에 토익 점수를 조금이라도 더 많이 받기 위해 대학교 3학년부터 토익을 전문으로 하는 영어 학원을 다니기 시작했고, 4학년 1학기부터는 거의 매달 토익 시험을 봤다고 했다. 토익을 전문으로 하는 영어 학원에서는 외국인과 영어로 의사소통을 잘할 수 있는 역량을 길러 주는 것이 아니라 토익 시험 잘 보는 요령을 집중적으로 가르쳐 주었다고 했다. 일종의 족집게 과외와 같은 형식으로 토익 강의를 받았고, 그렇게 학원에서 1년 넘게 꾸준히 문제 푸는 요령을 익히면서 계속 시험을 보다 보니 어느 날 토익 시험에서 만점을 받게 되었다는 것이다.

들고 다니는 책가방이 크다고 해서 다 공부를 잘하는 게 아니듯, 토익 점수가 높다고 해서 모두 영어를 잘하는 것이 결코 아니다. 전통적인 토익은 응시자의 듣기와 읽기의 능력만을 측정할 수 있을 뿐, 커뮤니케이션의 핵심적인 요소라고 할 수 있는 말하기와 쓰기의 능력을 측정할 수 없다. 상대방이 하는 말을 제아무리 잘 읽고 잘 들을 수 있다 하더라도, 나의 생각을 말이나 글로써 상대방에게 전달할 수 없다면 어떻게 의사소통을 제대로 할 수 있단 말인가? 토익에서 만점인 990점을 받은 직원이 글로벌 무대에서 외국인들과 자유롭게 의사소통을 할 수 없다면 그 성적표가 기업에 무슨 유익함이 있으리오. 만약 독자들 가운데 영어라는 언어를 제대로 습득하고 싶다면, 스펙보다는 실력을 키우고 싶다면, 지금부터라도 토익의 환상에서 하루빨리 벗어나야 할 것이다.

돈 버리는 영어 공부 지금 당장 그만둬라

ROI(Return On Investment, 투자수익률)는 주로 기업에서 경영성과를 측정하는 용어로 사용되고 있는데, 어떠한 사업에 일정한 금액을 투자(Investment)해서 벌어들인 금액(Return) 비율로 나타내는 지표를 말한다. 예를 들어 어느 기업이 신제품을 개발하는 과정에서 100억 원을 투자하여 10억 원의 이익을 남겼다고 가정할 경우 ROI는 10%(100억 원 ÷ 10억 원)가 되는 것이고, 동일한 금액을 투자하여 1억 원의 수익을 냈을 경우의 ROI는 1%(100억 원 ÷ 1억 원)가 된다. 그런데, 신제품을 개발하는 과정에 100억 원을 투자했는데, 이것저것 다 제하고 나니 한 푼도 벌지 못했다라고 하면 ROI는 0이 되고, 오히려 10억 원의 적자를 보게 되면 ROI는 -10%가 되는 것이다.

영어를 정복하기로 마음먹은 독자라면 영어를 습득하는 과정 내내 바로 이 ROI의 개념을 항상 염두에 두어야만 한다. 영어 공부를 하는 과정에서 교재비, 학원비, 연수비 등 적지 않은 돈이 들어가는데, 이 모든 금액들이 투자(Investment)에 포함된다. 영어책 몇 권 구입하고,

동네에 있는 영어 학원 두어 달 다닌다고 가정할 경우 투자 금액은 기껏해야 몇십만 원에 불과할 것이다. 그런데, 만약 4년제 대학에서 영어를 전공하면서 학교에 매 학기 등록금을 납부하고, 거의 매년 유명한 영어 학원에 다니면서 학원비를 내며, 해외로 어학연수까지 다녀온다고 한다면 영어 때문에 투자한 금액은 수천만 원 또는 수억 원으로 늘어날 수도 있다. 영어라는 외국어를 습득하는 과정에 어느 정도의 금액을 투자했느냐도 중요하지만, 투자한 금액에 대비하여 얼마를 벌어들였느냐가 훨씬 중요하다.

영어 학원에 다녀 본 적도 없고, 영어 교재를 구입한 적도 없기에 영어 때문에 지출된 돈이 거의 없는 경우 굳이 골치 아프게 ROI를 생각할 필요도 없다. 하지만, 가끔 영어 학원도 다니고, 온라인 영어 교육 업체에도 가입하고, '남들 다 가는데 나도 한번~' 하고 영어권 국가에서 어학연수를 계획하고 있는 경우라면 반드시 ROI를 따져 볼 필요가 있는 것이다. 바로 이 영어 ROI에 대해 관심을 갖고 주위에서 영어를 공부하는 사람들을 유심히 관찰을 해 보면 두 가지 형태의 이질적인 집단으로 나누어짐을 알 수 있다. 한쪽은 '돈 버는 영어'를 하고 있고, 다른 한쪽은 '돈 버리는 영어'를 하고 있다는 것이다.

'돈 버는 영어'를 하고 있는 사람들은 영어를 습득하는 과정에서 거의 돈을 들이지 않으면서도 그 '영어'라는 도구를 활용하여 수익을 창출하는 집단이다. 비록 어설픈 수준이라 할지라도 그 영어를 활용하여 한국을 방문하는 외국인들을 자신의 고객으로 확보하기도 하고, 완벽한 문장은 아니더라도 해외의 바이어들에게 견적서를 보내기도 하며, 어눌한 발음일지라도 외국의 업체에게 전화를 걸어 신제품의 생산량을 확인하기도 한다. 또한 '돈 버는 영어'를 하는 사람들의 또 다른 특징으로는 '영어'보다는 '경쟁력 있는 제품' '차별화된 기술' '고객에게 만족을 주는 서비스'가 훨씬 더 중요하다는 인식이 강하다. 그러한 확고한 믿음 때문에 '영어를 습득하는 과정'에 적은 양의 에너지와 시간을 사용하고, 신규고객을 발굴하거나 신기술을 개발하는 과정에 훨씬 더 많은 시간과 에너지를 사용한다. 따라서 그들은 영어를 습득하려고 별도의 시간을 내서 영어 학원을 다니거나 영어권 국가로 어학연수를 떠나지 않는다. 대신 출퇴근 시간, 잠을 청하는 시간, 엘리베이터로 이동하는 시간 등의 자투리 시간을 최대한 활용하여 자기 스스로를 영어에 노출하려는 습관이 몸에 배어 있다.

한편, '돈 버리는 영어'를 하는 사람들은 영어를 습득하는 과정에서 막대한 양의 시간과 비용, 그리고 에너지를 사용하면서도 그 '영어'라는 도구를 비생산적으로 사용함으로써 수익을 창출하지 못하는 집단이다. 이들이 대표적인 특징으로는 자신에게 영어에 접할 수 있는 환경이 주어지면 영어 공부에 열정적으로 매진하다가도 환경이 변하게 되면 영어를 멀리해 버린다. '어떤 영어 강사가 잘 가르친다더라' 하는 소문에 민감하게 반응하여 영어 학원에 의존하고, '영어를 잘하려면 영어권 국가에 꼭 어학연수를 다녀와야만 한다더라'라는 친구의 말을 맹신하는 경향이 강하다. 이 집단의 가장 큰 문제는 영어라는 언어를 습득하는 과정에 국내에서 그리고 해외에서 그야말로 엄청난 돈을 지불했음에도 불구하고, ROI가 거의 제로에 가깝거나 마이너스를 기록한다. 수천 또는 수만 달러를 영어 공부하는 데에 아낌 없이 지출했지만, 영어를 이용하여 아무런 부가가치를 만들어 내지 못함으로써 비생산적인 인생을 살게 되는 것이다.

조직행동을 연구하는 학자들에 의하면, 자신에게 영향을 미치는 사건들을 통제할 수 있다고 믿는 정도가 사람마다 다르다고 한다. 이를 전문용어로 통제의 위치(locus of control)라고 하는데, 내적 통제의 위치(internal locus of control)가 높은 사람일수록 자신이 선택한 의사결정과 행동이 대부분의 사건을 결정한다고 믿는 반면, 외적 통제의 위치(external locus of control)가 높은 사람들은 자신에게 일어나는 대부분의 사건은 운명 또는 다른 사람들에 의해 결정된다고 믿는다. 예를 들어 지각을 한 학생에게 '수업 시간에 왜 늦었는지?'에 대해서 물어보면 그 학생이 내적 통제의 위치가 강한 사람인지, 아니면 외적 통제의 위치가 강한 사람인지에 대해 쉽게 구분할 수 있다. 높은 외적 통제의 위치(high external locus of control)를 보이는 학생의 경우 '도로에 차가 많이 막혀서' '마을 버스가 제시간에 안 와서' '엄마가 늦게 깨워 줘서' 등 자신이 수업 시간에 늦은 이유에 대해 주로 외부의 요인 탓으로 돌리는 경향이 강하다. 반면, 높은 내적 통제의 위치(high internal locus of control)를 보이는 학생의 경우에는 '본인이 늦잠을 자서' '자신이 시간관리를 잘 못해서' 등 수업 시간에 늦은 이유를 다른 사람이나 환경의 탓으로 돌리지 않고, 본인의 실수나 잘못임을 인정하는 경향이 강하다.

따라서 '돈 버는 영어'를 하는 사람들은 대부분 내적 통제의 위치(internal locus of control)가 높은 경향을 보인다. 이 집단에 속하는 사람들은 비록 집이나 직장 주변에 영어 학원이 별로 없다 하더라도 스스로 영어를 효과적으로 학습하는 방법들을 연구하고 찾아낸다. 또한, 이들은 영어 공부만을 위해 휴학이나 휴직을 하지 않고 학교생활 또는 직장생활과 병행하면서 영어를 습득하는 특징을 갖는다. 학교에 제출해야 하는 과제물이 많고 직장에서 처리해야 할 업무의 양이 많다 하더라도 이들은 자투리 시간을 최대한 활용하여 영어와 멀어지지 않으려는 노력을 기울인다.

이와는 반대로 '돈 버리는 영어'를 하는 사람들은 대부분 외적 통제의 위치(external locus of control)가 높은 경향을 보인다. 이 집단에 속하는 사람들은 집이나 직장 주변에 잘 가르치는 영어 강사나 영어 학원이 있으면 영어 공부를 열심히 하다가도 이사를 가거나 이직을 하는 등 환경이 바뀌면 금세 영어를 멀리하게 된다. 또한 영어를 공부하는 장소를 영어 학원이나 도서관 등으로 한정을 짓고, 영어 공부를 할 수 있는 분위기가 조성되지 않을 경우에는 자기 스스로를 영어와 단절시켜 버리는 경향이 강하다. 또한 '돈 버리는 영어'를 하는 사람들의 경우 '영어 공부에 전념하겠다'는 이유로 잘 다니던 학교에 휴학을 하고 어학연수를 떠나는 경우도 있고, '직장생활을 하면서 영어 공부를 하는 것은 불가능하다' '한국말을 쓰지 않는 환경에서 영어를 마스터하겠다'는 생각으로 멀쩡하게 다니던 직장에 사표를 내던지고 아예 해외 유학을 선택하는 경우도 있다. 그리고 나중에 깨닫게 된다. '아~ 영어가 결코 만만한 게 아니구나'라고.

영어 사냥을 목전에 둔 그대. '나는 결코 돈 버리는 영어를 하지 않겠다'는 각오를 단단히 해야만 한다. 어떻게 태어난 인생인데, 돈 들이고 시간 들이고 에너지 들여서 배운 영어를 길거리에서 우연이 만난 외국인에게 길이나 알려 주는 데에 써서야 되겠는가? 장구한 세월 동안 엄청 고생해서 스트레스받으면서 습득한 영어로 '자막 없이 미국 드라마 보기' 정도에 써먹어서야 되겠는가 말이다. 영어라는 언어를 과학적이고 효율적인 방법으로 습득하는 것도 중요하지만, 과연 어떻게 하면 영어 ROI를 극대화할 수 있을 것인가 하는 것이 훨씬 더 중요하다. 따라서 영어라는 언어를 습득하는 과정에 들어가는 금액은 최소화(minimum investment)하고, 영어로 벌어들이는 금액은 극대화(maximum return)해야만 한다. 그렇게 하기 위해서는 '인생'이라는 큰 경기에 영어를 결코 주전선수로 기용해서는 안 된다. 당신이 타고난 재능, 당신이 좋아하고 남보다 잘할 수 있는 일이 주(major)가 되어야 하고, 영어는 당신의 재능과 비즈니스에 도움을 주는 부(minor)의 역할을 하도록 판을 짜야만 한다. 반드시 그렇게 해야만 '돈 버는 영어'를 할 수 있는 것이다. 혹시 지금까지 영어를 자신의 인생에 주전 선수에 기용하고, 적잖은 돈을 영어 공부하는 데에 지출해 온 독자가 있다면 지금 당장 그만두어야 한다. '돈 버리는 영어'를.

5

해외어학연수 절대 가지 마라

필자는 우리나라에 유학을 온 외국인 학생들을 대상으로 대학강단 에서 몇 학기 동안 영어로 수업을 진행한 적이 있다. 일간지에 〈임규 남의 비즈니스 잉글리시〉를 6개월 동안 연재한 적도 있고, 영어를 주 제로 하여 2권의 책을 집필하기도 했다. 코로나 시대 이전에는 해외출 장이 잦은 편이었는데, 수시로 외국인들과 영어로 업무를 진행했고, 최근에는 Skype나 Zoom을 이용하여 해외에 있는 현지인들과 화상으 로 회의를 하기도 한다. 그렇다 보니 사람들은 필자가 영어를 배우기 위해 학창 시절 영어권 국가에서 유학을 했거나 최소한 해외에서 어학 연수를 받았을 것으로 오해를 하는 경우가 있다. 하지만, 필자는 거의 서른이 다 되어서야 비행기를 처음 타 봤을 정도로 대한민국 순수 토 종인데, 영어를 제2의 언어로 습득하는 과정에서 거의 돈을 들이지 않 았다. 따라서 필자는 단지 영어를 배우기 위해 많은 시간과 비용을 요 구하는 해외어학연수에 대해서 매우 부정적인 견해를 가지고 있다.

몇 년 전 모 방송국으로부터 패널로 출연해 달라는 요청을 받았는데, 토의 주제는 조기유학 및 해외어학연수와 관련된 것이었다. 진행자와 필자는 약 한 시간 남짓으로 구성된 프로그램을 마무리 하면서 다음과 같은 대화를 나누었다.

진행자: "오늘 여러 가지 이야기를 해 봤는데요, 마지막으로 정리를 한번 해 보겠습니다. 우문일 수도 있는데요, 오늘 주제가 조기유학 어학연수인 만큼, 어린이들의 조기유학 어학연수 필요한가요? 아닌가요?"

임규남: "조기유학이나 어학연수가 경우에 따라서 약이 될 수 있지만, 무계획적으로 '남이 가니까 나도 가야지' 식으로 가는 것은 독이 될 가능성이 대단히 높습니다. 그래서 아이를 조기유학이나 어학연수를 보낼 때는 내가 얻게 되는 것과 잃게 되는 것, 그리고 우리 아이가 얻게 되는 것과 잃게 되는 것을 면밀히 분석해서, 감성에 치우치지 말고 객관적인 자료에 의해서 판단하고 결정하는 것이 중요합니다. 꼭 가야 할 상황이라면 짧게 다녀올 수 있도록, 국내에서 충분히 학습한 것들을 해외에서 적용해 봄으로써 실력을 배가시킬 수 있는 기회로 삼는 것이 훨씬 더 중요하다고 생각합니다."

영어를 잘하려면 영어권 국가에서 유학을 하거나 최소한 어학연수를 꼭 다녀와야 하는 시절이 있었다. 1980년대 초반만 하더라도 우리나라 국민들은 해외여행을 자유롭게 할 수 없었다. 당시의 영어는 무역업이나 주한미군 관련 종사자들이 주로 업무상 사용하는 언어였고, 영어를 효과적으로 학습할 수 있는 시설이나 도구가 국내에 절대적으로 부족했다. 영어를 공용어로 사용하지 않는 우리나라 국민들에게 영어를 제대로 가르칠만한 원어민들의 수도 크게 부족했고, 영어로 진행하는 방송이나 영어 교재도 흔하지 않은 시절이 있었던 것이다. 따라서 지금으로부터 이삼십 년 전에는 영어를 잘 구사하기 위해 영어권 국가로 유학을 가거나 어학연수를 다녀오는 것은 어떻게 보면 지극히 자연스러운 선택이었던 것이다.

하지만, 시절이 크게 변했다. 영어 학습과 관련한 환경은 변해도 너무 크게 변했다. 거실의 소파에서 TV 리모컨 버튼 하나만 누르면 미국의 CNN과 영국의 BBC에서 영어로 진행하는 뉴스를 실시간으로 시청할 수 있다. 영어 뉴스 프로그램뿐만 아니라 드라마 스포츠 음악과 미술, 요리 분야에 이르기까지 시청자가 원하기만 하면 24시간 영어로 진행하는 프로그램을 보고 들을 수 있다. 우리나라의 영어 방송 채널인 아리랑TV에서도 거의 모든 프로그램을 영어로 진행하고, 우리말로 나오는 대목에는 영어 자막을 제공한다. 영어가 잘 안되는 대한민국 국민들을 위해서 EBS와 같은 공영방송에서는 영어 교육 프로그램을 초급 중급 고급 등 체계적으로 분류하여 영어와 우리말로 아주 자세하고 친절하게 공짜로 가르쳐 준다. 국가나 자치단체에서 운영하는 도서관에 가면 수천 권에 달하는 영어 학습교재, CD, VOD 등을 무료로 빌려준다. 〈코리아 헤럴드〉와 〈코리아 타임즈〉와 같은 영자 신문뿐만 아니라 영어 소설과 영어 잡지가 도처에 넘쳐 난다. PC나 휴대전화로 인터넷에 연결만 하면 제아무리 어려운 영어 단어도 몇 초 안에 그 뜻을 확인할 수 있고, 다양한 종류의 영어 학습 프로그램에 접속해서 24시간 영어 공부가 가능하다.

한편, '하계 영어캠프' '겨울방학 영어캠프' '해외 스쿨링' 등의 이름하에 주로 초등학교와 중학교 학생들을 대상으로 영어권 국가에서 실시하는 어학연수 시장이 해마다 큰 폭으로 증가하고 있다. 실제로 우리나라 초중고교 학생들이 해외에서 영어를 배우기 위해서 쓰는 돈이 수천억 원에서 1조 원에 이른다는 보도가 있을 정도로 어학연수 시장은 상상을 초월할 정도로 크다. 특히 여름방학이나 겨울방학을 이용하여 영어권 국가로 떠나 몇 주 동안 실시되는 영어캠프의 인기는 해가 더할수록 식을 줄을 모른다. 4주 동안 필리핀에서 진행되는 영어캠프는 3~4백만 원, 같은 기간 동안 미국에서 진행되는 영어캠프는 6~7백만 원 정도의 가격이 형성되어 있고, 미국 동부 지역에서 8주 동안 진행되는 영어캠프는 1천 3백만 원이 넘는다고 한다.

왜 이렇게 해외에서 진행되는 영어캠프가 인기일까? 여러 가지 다양한 이유가 존재하겠지만, 무엇보다 우리나라 학부모들에게는 '영어를 잘하기 위해서는 반드시 영어권 국가로 연수를 다녀와야 한다'라는 고정관념이 매우 강하게 자리잡고 있기 때문이 아닐까 하는 생각이 든다. 또한 방학 때마다 미국으로 영국으로 어학연수를 떠나는 옆집 아이를 보게 되면, 마치 우리 애도 안 보내면 안 될 것 같은 생각이 드는 게 어쩌면 인지상정일 것이다. 경제적으로 여유가 되어 사랑하는 자녀의 글로벌 마인드 함양 차원에서 한 번쯤 해외에 내보내는 것을 어찌 탓할 수 있으리오. 하지만, 가정 형편도 어려운데, '남이 보내니까 나도 보낸다'는 묻지마 식으로, 그것도 매년 방학 때마다 수백만 원씩의 비용을 들여 자녀를 영어권 국가에 어학연수를 시키는 것은 정말이지 큰 문제가 아닐 수 없다.

필자가 오랜 기간 동안 주변을 유심히 관찰한 결과로는 영어를 거의 사용하지 않는 직업을 갖고 있거나, 글로벌 무대에서 일해 본 경험이 없거나, 혹은 '영어 하나만 확실히 하면 먹고산다'라는 믿음이 큰 부모일수록 해외어학연수에 대한 선호도가 강한 듯하다. '나는 일평생 영어가 안 되어 지금 이 고생을 하고 있지만, 내 자식만큼은 **무슨 수**를 써서라도 영어를 기필코 잘하게 만들겠다'는 강한 집념이 낳은 결과가 아닐까 싶다. 그러한 집념이 자식을 사랑하는 마음에서 비롯되었을진대, 문제는 바로 그 '무슨 수'에 있다고 본다.

다음은 몇 년 전 필자가 집필했던 《해외 영어연수 조기유학 독인가? 약인가?》에서 발췌한 것으로 '대한민국이 전 세계에서 영어 공부하기에 가장 좋은 나라인 이유를 네 가지'에 대해 설명한 것이다.

> **첫째, 대한민국은 영어 학습에 필요한 인프라가 거의 완벽하게 구축되어 있다.** 다시 말해서 우리나라는 영어 천국이라고 해도 과언이 아닐 만큼 영어를 학습할 수 있는 환경이 거의 완벽에 가까울 정도로 조성되어 있다. 안방이나 거실에서 리모컨 버튼 하나만 누르면 하루 종일 영어를 들을 수 있다. *CNN, BBC*, 아리랑*TV* 등에서 주로 나오는 뉴스나 시사 전문 프로그램 외에도, 드라마, 만화영화, 스포츠, 할리우드 영화에 이르기까지 본인이 원한다면 하루 24시간 일 년 365일 내내 영어와 접할 수 있다는 이야기다.

집에서 몇 발자국만 나가 보라. 영어 학원의 천지요, 영어로 된 원서나 영어 관련 학습서를 판매하는 서점들이 사방팔방에 널려 있다. 가까운 공립 도서관에 가 보라. 엄청나게 많은 종류의 영어 학습 시청각 기자재나 교재들 때문에 입이 딱 벌어질 것이다. 바빠서 신문밖에 볼 시간이 없다고? 〈Korea Times〉나 〈Korea Herald〉에 익혀야 할 영어 표현들이 얼마나 많이 들어 있는지 모른다. 우리말 해설로 가득 차 있는 간지를 몇 달만 모아도 한 권의 영어 학습서가 된다.

둘째, 대한민국은 영한, 그리고 한영의 표현 전환을 위한 최적의 학습 장소이다. 가끔 EBS 영어 교육 프로그램을 듣다가 알게 된 내용인데, 미국이나 영국으로 영어연수를 간 학생들이 한국에 있는 영어 강사에게 이메일로 질문을 해 온다. 영어를 배우겠다고 비싼 달러를 싸 들고 본토에 갔는데, 한국에 있는 영어 강사에게 영어 좀 가르쳐 달라고 요청을 하다니……. 이보다 더한 아이러니가 세상에 또 있을까? 이러한 사례들은 영어를 학습하기에 가장 좋은 나라가 바로 대한민국이라는 사실을 입증하는 것이 아니고 무엇이겠는가?

다음은 해외로 어학연수를 떠난 학생들이 한국에서 영어를 가르치는 분들에게 해 온 대표적인 질문들이다.

- 새옹지마에 어울리는 영어식 표현에는 어떤 게 있습니까?
- 전 추위를 잘 타서 남들보다 옷을 두툼하게 입는 편인데, '나는 추위를 잘 타요'라는 표현을 영어로는 어떻게 말하나요?

• 미국인 선생님이 삼계탕에 대해서 말해 보라고 하는데 어떻게 설명해야 하나요?

과연 그 어느 미국인 강사가 위의 질문들에 대해서 정확히 알아듣고 가장 적합한 영어식 표현들을 한국인 학생들에게 알려 줄 수 있을까?

셋째, 대한민국에서는 영어를 거의 공짜로 배울 수 있다.
맑은 공기, 즐거운 마음, 절제, 걷기 운동 - 이것들에는 두 가지 공통점이 있는데, 하나는 모두가 건강에 좋다는 것이고 다른 하나는 모두가 공짜라는 것이다. 어찌 보면 우리 몸에 정말 좋은 것은 모두가 거의 공짜인 것 같다는 생각을 해 본다.
물론 외국어를 배우면서 땡전 한 푼 들이지 않는 방법이 있을 리 없지만, 그래도 거의 돈 들이지 않고 영어를 학습할 수 있는 방법이 우리 주위에는 그야말로 널려 있다. TV와 라디오에서 매일 나오는 다양한 영어 학습 프로그램들은 녹화나 녹음을 해서 반복하여 시청함으로써 학습의 효과를 극대화할 수 있다. 만약 당신이 새로운 영어 표현 한 개를 완전히 숙지하기로 했다고 가정하자. 아무리 인내심이 많은 미국인 영어 강사라 하더라도 수업 시간에 같은 표현을 열 번 이상 반복해서 말해 보라고 한다면 수업 도중에 강의실 밖으로 나가 버릴지도 모른다. 하지만 컴퓨터나 모바일 기기는 열 번이고 백 번이고 당신이 완전히 암기할 때까지 불평 한마디 하지 않고 반복하여 들려준다. 미국에 소재한 학교나 학원에서는 강사들이 한 번 말하고 지나가는 문장들을 교육 방송의 영어 회화 프로그램에서는 원어민 강사가 본토발음으로 들려줄 뿐만 아니라 한국인 강사가 모든 문장을 자세히 설명해 준다. 자막까지 동원되어 학습자의 시청각 효과를 극대화해 주는 모든 과정이 거의 공짜나 다름 없다.

'한국에서는 말하기 훈련(Speaking practice)을 할 수 없지 않느냐?'며 반론을 제기하는 분도 더러 있을 거다. 장담컨대, 영어가 잘 안되는 것은 다양한 영어 표현들이 학습자의 뇌에 체계적으로 저장되어 있지 않기 때문이지 외국인과 말할 기회가 없는 상황이 주된 원인은 결코 아니다. 지속적인 반복 학습을 통하여 학습자의 뇌 속에 뭔가가 저장되어 있어야 제때 제대로 꺼내 쓸 수가 있다는 말이다.

글로벌화가 가속화되면서 한국을 찾는 외국인의 수가 해마다 큰 폭으로 증가하고 있다. 주위를 가만히 둘러보라, 관광객에서 비즈니스맨, 주한미군, 그리고 영어 강사에 이르기까지 영어를 모국어로 쓰는 사람들을 적지 않게 만날 수 있다. 그들과 대화를 시도해 보라. 함께 차도 마시고, 영화도 보러 가고, 집에 초대해서 우리 고유의 음식도 대접하고……. 오히려 그들이 친절한 당신에게 고마움을 느낄 것이다.

넷째, 대한민국에서는 사랑하는 가족과 생이별을 할 필요 없이 영어를 배울 수 있다. 언젠가 모 일간지에 어느 기러기 엄마의 눈물을 소재로 한 기사는 우리 사회가 얼마나 성공지상

주의 물질만능주위에 빠져 있는지를 새삼 일깨우기에 충분했다. 영어 때문에 두 딸을 데리고 영어권 국가로 떠난 지 3년이 되었는데, 아이들의 영어 실력은 예상과 기대에 크게 못 미쳐 큰딸은 현지 대학의 입학이 불투명하고, 둘째 딸 역시 현지 학교에 잘 적응하지 못해 한국으로 돌아가자며 매일같이 조르고…… 아빠는 한국에 홀로 남아 가족과 생이별을 한 채 건강도 챙기지 않고 돈을 벌어 생활비와 수업료를 송금하고…… 참으로 안타까운 사연이 아닐 수 없다. 대체 영어가 뭐 길래 그토록 소중한 가족들이 그 오랜 시간 동안 생이별을 해야 한단 말인가? 만약 지금 이 시간 영어 때문에 자녀를 홀로 외국에 보내려고 하는 부모가 있다면 한 번쯤 깊이 재고해 볼 것을 권한다. 한창 부모의. 사랑을 받으며 행복한 가족의 의미를 몸으로 느껴야 할 나이에 부모와 수년간을 떨어져 살아야 하는 자녀에게 진정으로 바라는 것이 무엇인지에 대해서 말이다.

'우리나라 사람이 영어를 가장 효율적으로 배울 수 있는 나라는 바로 대한민국'이라고 말하는 데에 나는 조금도 주저함이 없다. 세계에서 현재 영어를 모국어로 사용하는 나라는 미국, 영국, 호주, 뉴질랜드, 캐나다 이렇게 5개국인데, 우리나라는 그 다섯 개 나라만큼이나 영어 교육의 인프라가 거의 완벽하게 구축되어 있다. 특히 성인이 되어 영어를 습득하고자 하는 사람들에게 대한민국은 최적화된 학습환경을 제공하고 있다. 단, 대부분의 우리나라 사람들이 그 최적화된 인프라를 언제 어디에서 어떻게 돈 들이지 않고 이용할 수 있는지에 대한 노하우(know how)가 부족할 뿐이다.

6

3천 시간으로 승부하라

'8주 만에 자막 없이 미국 드라마 봐요'
'66일 만에 선명하게 들린다'
'하루 30분으로 미국인 되는 법'
'5주 만에 말할 수 있을지 몰랐어요'
'평생 안 들렸던 영어가 3주 만에 들렸어요'
'질질 끌지 말고 딱 3개월'

영어 학습에 관심이 있는 독자라면 위의 광고문구 가운데 하나쯤은 기억하고 있을 것이다. 이러한 광고 카피는 영어를 빨리 배우고 싶어 하는 학습자들의 눈길을 끌기에 충분한데, 마치 몇 주 혹은 몇 달 안에 영어를 마스터할 수 있을 것만 같은 착각을 불러일으키기 때문이다. 이렇게 온라인으로 영어 교육 사업을 하는 기업들이 매년 광고비에 지출하는 비용은 무려 1천억 원에 이를 것으로 추산된다. 어떤 기업은 몇 년 전 광고비로 한 해에만 177억 원을 사용했는데, 폭발적으로 늘어난 수강생들 덕분에 그 기업의 대표는 배당금으로만 50억 원을 받았다고 한다. 좋은 영어 프로그램 만들어 마케팅을 잘해서 돈 많이 벌어 가겠다는데 자본주의 사회에 그 누가 시비를 걸 수 있을까? 그런데, 문제는 그들이 보다 많은 수강생을 확보하기 위해서 사용하고 있는 광고문의 내용들이 대부분 사실과 다르거나 지나칠 정도로 과하게 포장되어 있다는 것이다. 특히 최근 온라인 영어 교육 시장이 포화 상태에 달해 회원 수가 감소하기 시작하자, 더욱더 자극적이고 거의 사기성에 가까울 정도로 말도 안 되는 광고 카피가 여기저기 난무하고 있는 게 현실이다.

이러한 광고문에 현혹되어 '혹시나~'의 마음으로 영어 공부에 다시 도전해 보고, 몇 달이 지나자 다시 '역시나~'의 마음으로 영어 공부를 포기하는 대한민국 사람들이 한둘이 아니다. 어떤 온라인 영어 교육 기업은 1백만 회원을 자랑한다고 하니, 매년 수백만 명의 우리나라 사람들이 영어라는 외국어 하나 때문에 도전과, 실패, 그리고 좌절을 끊임없이 반복하고 있는 것이다. 영어에 관한 한 우리나라에서 매년 수백만 명의 패자가 발생하고 있는 게 작금의 현실이지만, 그렇게 도전과 실패가 반복되는 과정에서도 어디에나 승자는 있게 마련이다. 승자의 첫 번째 그룹은 영어를 짧은 기간 내에 마스터하게 해 주겠다고 속여 학습자들로부터 돈을 가로채는 회사의 대표들이고, 두 번째 그룹은 자신의 유명세를 이용하여 영어 프로그램을 홍보해 주는 대가로 수억 원을 출연료의 명목으로 받아 챙기는 연예인들이며, 세 번째 그룹은 과학적 방법으로 검증되지 않은 광고문들을 국민들에게 여과 없이 전달해 주고 막대한 돈을 챙기는 온라인 포탈 사이트들과 홈쇼핑 업체들이다.

Learning a foreign language is a kind of race against time. (외국어를 배운다는 것은 일종의 시간과의 경주와도 같은 것이다.)

영어 사냥을 나서기 전에 독자들이 반드시 암기해야만 하는 문장이다. 위의 영어문장을 메모지에 적어 놓고 한 열 번쯤 반복해서 큰 소리로 읽다 보면 자연스럽게 외워질 것이다. 열 번 읽어서 외워지지 않으면, 백 번 아니 천 번이라도 읽어서 반드시 암기를 해야 한다. 왜냐하면, 영어를 학습과정에서 학습자들이 반드시 명심해야 하는 가장 기본적인 팩트(fact), 그 자체이기 때문이다. 다음 장에서 자세히 소개하겠지만, 영어든 중국어든 스페인어든 우리 인간이 한 언어를 습득하기 위해서는 기본적으로 3천 시간이 필요하다. 최소한 3천 시간이 특정 언어에 지속적으로 노출이 되어야 언어 습득을 위한 준비 단계를 마칠 수 있다는 이야기다. 특히 성인이 되어 외국어를 습득한다는 것은 그 자체가 매우 큰 도전이고 모험일 수밖에 없다. 아이들의 경우 특정 언어를 사용하는 환경에서 자연스럽게 언어를 익힐 수 있지만, 성인이 되어서는 외국어 습득을 위한 환경을 스스로 조성해야 하기 때문에 엄청난 양의 에너지와 열정, 그리고 시간이 필요한 것이다.

서울대 출신 7인이 아니라 7천 명이 함께 개발한 프로그램으로 공부를 한다 하더라도, 아니 서울대보다 세계적으로 인지도가 더 높은 하버드대학교 영문학과 교수들이 공동으로 개발한 프로그램으로 공부를 한다 하더라도, 언어 습득을 준비하는 과정에서 필요한 최소한의 시간 3천 시간, 중급 수준의 언어를 구사하기 위한 6천 시간, 상급 수준의 언어를 구사하는 데에 필요한 9천 시간을 투자하지 않고서는 외국어의 습득은 거의 불가능에 가깝다고 보면 된다. 따라서 텔레비전을 보던 중 제아무리 유명한 연예인이 등장하여 '영어가 어떻고' 하면서 시선을 끌어당긴다 하더라도, 혹은 특허가 아니라 노벨상을 받은 영어 프로그램이라고 하더라도 영어를 '몇 주 만에 어쩌고' '몇 달 만에 저쩌고' 하는 터무니없는 광고를 접하게 되면 '흥~ 놀고 있네!' 하고 바로 다른 채널로 넘어가야 한다. 다른 건 몰라도 영어만큼은 시간으로, 반드시 시간으로 승부를 걸어야 하기 때문이다. 제아무리 유명한 영어 학원에 등록을 했다 하더라도, 특허를 받은 영어 프로그램으로 공부를 한다 하더라도, 아니 하버드대학교 영어학과 교수로부터 특별개인지도를 받는다 하더라도, '영어는 곧 시간과의 싸움'임을 인정하지 않는 이상 영어 사냥에 성공할 가능성은 거의 제로(0)에 가깝다는 사실을 꼭 기억하기 바란다.

아래에 소개한 글은 필자가 이전에 집필했던 책의 내용 가운데 일부를 발췌한 것으로, 아주 오래전에 어느 동시 통역사로부터 우연히 들었던 '3천 시간 이론'에 관한 것이다. 그 이론이 언제 학계에 보고가 되었는지, 누가 연구를 했으며, 어떠한 방식으로 검증이 되었는지에 대해서 딱히 확인할 방법은 없다. 하지만, 모국어가 아닌 외국어를 보다 과학적인 방법으로 습득하기를 희망하는 사람들에게 이 '3천 시간 이론'은 매우 유용한 참고가 될 것으로 확신한다.

3천 시간 이론에 의하면 '인간이 한 언어를 습득하기 위해서는 그 첫 번째 단계로 인간의 뇌가 청각을 통하여 3천 시간 정도 특정한 언어에 연속적으로 노출되어야 한다'는 것이다. 다시 말해서 모국어든 외국어든 간에 언어를 습득하기 위해서는 가장 기본적으로 필요한 시간이 3천 시간인데, 이 시간 동안 그 언어가 연속적으로 인간의 귀에 노출되어야만 언어 습득을 위한 준비 단계가 끝난다는 게 그 이론의 핵심이다. 아이들은 갓난아기 때부터 시작해서 두 돌이 될 때까지 하루 평균 4시간 정도가 모국어에 반복적으로 노출되는데, 옹알거림의 단계(생후 6개월까지)와 종알거림의 단계(생후 6개월~만 1세)를 지나서 두 돌이 되면 거의 웬만한 말들은 다 알아 듣고, 약 300개의 단어를 조합하여 자신의 의사표현을 하게 된다는 게 지금까지 알려진 정설이다. 하루 4시간 * 365일 * 2년을 계산하면 2,920시간이 된다. 즉, 인간이 언어라는 커뮤니케이션의 도구를 활용하여 본인의 의사를 전달하는 데에는 최소한 약 3천 시간이 필요하다는 주장에 일리가 있다는 것을 단적으로 증명해 주는 대목이다. 두 돌이 지나서 만 5세가 되면 약 2,000개의 단어를 조합하여 언어를 구사하는 능력이 생긴다. 그 3년 동안 하루 평균 8시간 정도가 부모, 형제, 친구, 텔레비전 등을 통해서 연속적으로 노출되는데, 이 시간을 합하면 8,760시간이 된다. 이쯤에서 정리해 보자면, 인간이 특정 언어를 알아듣고 가장 기본적인 의사전달을 하는 데 필요한 시간은 3천 시간, 1차적인 언어학습을 마친 상태에서 학술용어와 전문용어

당신이 먼저 **회사를 잘라라**

를 제외하고 일상생활에 필요한 의사소통을 원활하게 하는 데 필요한 시간은 약 9천 시간이라는 결론이 나온다. 하지만, 영어 교육에 대한 우리의 현실은 어떤가? 교육인적자원부의 자료에 따르면 우리나라 초등학교 중학교 고등학교 영어 수업을 다 합치면 842시간에 이른다고 한다. 3,000시간에서 정확히 2,158시간이 모자라는 숫자다.

한편, 성인이 되어 영어에 3천 시간을 노출시킨다는 것은 엄청난 의지와 노력을 요구한다. 아이들은 놀면서 영어를 학습하게 되지만, 성인이 돼서는 수업 시간 혹은 근무 시간 이외에 별도로 학습을 해야 하기 때문이다. '아이들의 제2언어 학습 속도가 성인에 비해서 훨씬 빠르다.'라고 인식되어 있는 것은 바로 두 집단 간 언어를 학습하는 환경이 너무도 상이한 데에서 비롯된다. 해외에서든 국내에서든 아이들은 영어와 접할 수 있는 환경이 일단 조성되면 짧은 기간 내에 3천 시간을 영어에 노출시킬 수가 있다. 아이들이 영어그림책이나 텔레비전에서 하는 영어 만화만 하루에 8시간씩 본다고 가정할 경우 단 1년이면 제2언어학습을 위한 준비 단계가 끝난다. (8시간 * 365일 = 2,920시간) 이 학습을 3년간 더 반복시키면 아무리 길어도 3년이면 영어를 마스터하게 되는 것이다. 하지만, 직장인의 경우는 어떤가? 일어나자마자 출근 준비 해야지, 잠이 덜 깨어 버스나 지하철에서 졸거나 우리말로 인쇄된 신문 읽어야지, 사무실에 들어서는 순간부터 퇴근하기까지 한국인

상사 한국인 동료 한국인 고객들과 우리말로 대화하고, 퇴근 길에 동창 만나서 한잔해야지, 퇴근하고 나면 대한민국 국적을 가진 아이들과 놀아 주고 저녁 식사 후에는 텔레비전에서 나오는 9시 저녁 뉴스, 스포츠 뉴스, 그리고 사극 한 편 봐야지……

그래서 영어 학원에 다니지 않느냐고? 매년 연초에 두세 달씩 다녔다가 봄 되면 몸도 나른해지고 별로 늘지도 않는 것 같고 해서 작심 석달 되는 그런 영어 학원 말인가? 어림 반 푼 없는 말씀. 당신이 아침형 인간으로 체질까지 바꿔 가며 단 하루도 빼놓지 않고 1년간 열심히 영어 학원을 다녔다 치자. 1시간 * 365일 = 364시간. 3000시간 이론에서 필요로 하는 시간보다 정확히 2,635시간이 부족하다. 다시 말해서 1년 동안 단 하루도 거르지 않고 8년 동안 영어 학원을 다닐 경우 제2언어의 학습에 대한 기초 단계가 끝난다는 말씀이다. 휴가다 출장이다 회식이다 해서 절반쯤 빠지게 되면 산술적으로 줄잡아 16년이 걸린다.

이쯤 해서 '그럼 나도 한번 3천 시간에 도전해 볼까?'라는 생각을 하는 독자들에게 꼭 전하고 싶은 메시지가 하나 있다. 그것은 바로 학습자 스스로를 영어라는 언어에 3천 시간 동안 지속적으로 노출시켜야 하며, 만약 간헐적으로 노출이 될 경우에는 학습효과가 반감될 수 있음을 반드시 기억해야 한다. 굳이 어렵게 생각할 필요도 없이 유아 시절로 돌아가 보자. 아주 어렸을 적에 만약 부모님들이 월에 며칠 정도만 혹은 몇 시간 정도만 우리들을 우리말에 노출을 시키셨더라면 과연 우리가 지금처럼 우리말을 잘할 수 있을까? 마치 기존에 영어 공부하듯, 계절에 따라서 매번 다르게, 한 달에 한두 번 정도만 우리말에 간헐적으로 노출이 되었더라면, 결코 우리는 지금 우리말로 원활하게 의사소통을 하지 못할 것이다. 따라서 영어 사냥을 꿈꾸는 사람이라면 1차적으로 최소한 3천 시간 정도를 영어라는 언어에 지속적으로 노출시키겠다는 각오를 단단히 해야 한다. 그토록 안 되던 영어가 몇 주 만에 들린다는 둥, 3개월이면 충분하다는 둥, 몇 주 만에 미국인처럼 말할 수 있다는 둥……. 눈만 뜨면 보이는 이런 말도 안 되는 헛소리에 더 이상 현혹되어서는 결코 안 된다.

7

자투리 시간을 최대한 활용하라

영어의 습득이 꼭 필요하다고 느끼고 있는 직장인들에게 '그럼 왜 영어 공부를 안 하는지?'에 대해 물어보면 열에 아홉은 '시간이 없어서'라는 답변을 한다. '시간이 없어서 영어 공부를 못 하고 있는 것이지, 결코 영어 공부를 안 하는 것은 아니다'라는 볼멘소리들을 한다. 가만히 들어보면 그들의 항변에 일리가 있다. 일어나자마자 출근 준비 해야지, 회사에 도착하면 각종 회의 참석에 보고서 작성에, 퇴근해서 저녁 식사 마치고 가족과 함께 드라마 한 편 보고 나면 하루 일과 끝인데, 대체 영어 공부할 시간이 어디 있느냐? 직장생활 하나 하기에도 바쁜데, 언제 시간을 내서 영어 공부를 할 수 있겠느냐?는 말에 어느 정도 수긍이 간다. 그렇지 않아도 회사에서 일하느라 하루 종일 업무 스트레스에 시달리는데, 영어 공부 때문에 또 스트레스를 받을 수는 없다는 것이다. 그래서인지 멀쩡하게 다니던 학교와 직장을 때려치우고 영어권 국가로 어학연수를 떠나는 학생과 직장인들이 적지 않은 듯하다.

그렇다면 과연 정말 우리는 시간이 없어서 영어 공부를 못하고 있는 것일까? 결론부터 말하자면 '그렇지 않다'는 것이다. 이 땅에 존재하는 모든 사람들에게는 하루 24시간이라는 시간이 똑같이 주어진다. 우리가 영어 공부를 못 하고 있는 것은 '영어 공부를 할 시간이 없어서'가 아니라 '영어 공부를 할 시간을 확보하지 못해서'라는 표현이 더 정확하다. "그 말이 그 말 아녀?"라고 반문하는 독자도 있을 것이다. 하지만, 필자가 이번 장을 통해서 전하고자 하는 핵심적인 메시지는 영어를 효율적으로 습득하기 위해서는 '자투리 시간을 최대한 활용해야 한다'는 것이다. 시간을 관리하는 기법, 즉 타임 매니지먼트(time management)에서 가장 중요한 부분이 바로 자투리 시간의 효과적인 활용이다. 자투리 시간의 사전적인 의미는 '일과(日課) 사이에 잠깐씩 남는 시간'을 의미한다. 출퇴근 시간, 누군가를 기다리는 시간, 엘리베이터에서 순서를 기다리는 시간, 버스나 지하철을 기다리는 시간 등이 모두 자투리 시간에 속한다고 볼 수 있다.

오늘날 현대의 직장인들에게 과연 몇 시간 정도의 자투리 시간이 주어질까? 자투리 시간을 측정하는 기준에 따라 각양각색이긴 하지만, 우리나라에서 직장생활을 하는 사람들에게는 하루에 최소 2시간에서 3시간 정도의 자투리 시간이 주어진다는 게 일반적인 견해다. 뭐니 뭐니 해도 가장 많은 비중을 차지하는 자투리 시간은 출퇴근 시간일 것이다. 한 포털 사이트에서 조사한 자료에 따르면 우리나라 수도권 직장인들의 하루 평균 출퇴근 소요 시간은 1시간 43분으로 집계되었다고 한다. 주 5일 근무제를 기준으로 출근과 퇴근을 하는 데에 들어가는 시간이 연간 무려 446시간이나 된다(5일 * 52주 * 103분 = 26,780분)는 이야기다. 매일 아침 창문을 열고 청소기 돌리고 바닥을 닦는 등 청소하는 과정에 약 30분 정도가 걸린다고 한다면, 1년 동안 청소하는 시간만 182시간이 넘는다(30분 * 365일 = 10,950분). 출퇴근하는 시간에 멍을 때리거나 잠을 자거나 혹은 모바일 게임을 했다면, 그 103분의 시간은 그저 **이동하는 시간**에 불과하다. 하지만, 그 시간에 EBS 라디오에서 진행하는 영어 프로그램을 청취하거나 영자 신문을 읽으면서 출퇴근을 한다면 그 103분의 시간은 바로 **영어를 학습하는 시간**이 되는 것이다.

한편, 집중력을 필요로 하지 않는 반복적인 행위들, 예컨대 공원에서 산책을 하거나 집에서 스트레칭을 하거나 혹은 다림질을 하는 시간까지도 넓은 의미의 자투리 시간(1일 평균 2시간 50분 가정)에 포함시킬 경우 3년 동안 자투리 시간만으로 3천 시간 이상을 확보할 수 있다(170분 * 365일 * 3년= 186,150분). 예를 들어, 어느 직장인이 주중에 갈아입을 와이셔츠 다섯 벌을 매주 토요일 다리는 상황을 가정해 보자. 다림질은 어느 정도 익숙해지면 특별한 기술이나 집중력을 필요로 하지 않기 때문에 다림질을 하는 동안에 얼마든지 영어에 노출될수 있다. 셔츠 다섯 장을 다리는 데에 걸리는 시간이 약 20분 정도라고 한다면, 1년에 약 43시간 정도가 소요된다(20분 * 52주 = 1,040분). 3년이면 126시간을 영어에 노출시킬 수 있다는 이야기다. 혹시 앞 장에서 소개했던 '3천 시간 이론'을 읽는 동안 '허걱~ 3천 시간이나?' 하고 생각한 독자가 있었다면, 3년 동안 자투리 시간만 제대로 활용해도 3천 시간 이론에서 주장하는 언어 습득의 효과가 있음을 기억하기 바란다.

아래에 제공하는 표는 이런저런 이유로 지금까지 자투리 시간을 제대로 활용해 보지 못한 독자들을 위한 것이다. 본인의 자투리 시간을 계산하기에 앞서 가장 먼저 해야 할 일은 본인의 하루 일과를 오전과 오후, 그리고 주중과 주말로 나누어서 구체적으로 나열해 보는 것이다. 그다음은 자투리 시간에 포함되는 항목들을 열거한 다음 각 항목마다 평균적으로 소요되는 시간을 기재한다. 그다음에는 평일의 자투리 시간에 5를 곱하고, 주말의 자투리 시간에 2를 곱한 값을 구한 후에 두 개의 숫자를 더하게 되면 본인에게 주어지는 1주 동안의 자투리 시간을 구할 수 있게 된다. 그 시간에 곱하기 52주를 하게 되면 1년간의 자투리 시간을 알 수 있다.

자투리 시간 계산표

	평일		주말	
오전	도보로 마을버스 정류장까지 이동		아침식사 전	
	마을버스 타고 지하철까지 이동		아침식사 후 휴식	
	지하철 타고 출근		영어에 집중하여 노출	
	지하철역에서 직장까지 이동		청소하는 시간	
	근무개시 전 여유시간		기타 1:	
	기타 1:		기타 2:	
	기타 2:		기타 3:	
	소계(a)		소계(d)	
오후	점심식사 후 휴식		점심식사 후 휴식	
	퇴근 후 지하철까지 이동		모임(취미활동)을 위한 이동 1	
	지하철 타고 퇴근		모임(취미활동)을 위한 이동 2	
	지하철역에서 마을버스로 이동		모임(취미활동) 마치고 이동 1	
	마을버스 정류장에서 집까지 이동		모임(취미활동) 마치고 이동 2	
	저녁 식사 후 휴식시간		저녁 식사 후 휴식시간	
	취침 전 잠을 청하는 시간		취침 전 잠을 청하는 시간	
	기타 1:		기타 1:	
	기타 2:		기타 2:	
	소계(b)		소계(e)	
	합계(c = a+b)		합계(f=d+e)	

1주간 자투리 시간 = (c * 5) + (f * 2)

조직에서 왕따를 당하라

영어 습득을 위해 필요한 3천 시간의 확보를 위해서는, 시간관리의 마술사가 되기 위해서는, 그리고 영어 사냥을 성공적으로 마치기 위해서는 무엇보다 먼저 주도적인 가치관을 확립하는 것이 중요하다. 주도적인 가치관이란 무엇을 뜻하는가? 자기 자신이 삶의 주체가 되어, 타인의 요구나 강요에 휘둘리지 않고, 남이 아닌 나의 인생을 살아가는 것이다. 자기계발 분야의 대부라 불리는 코비(Stephen R. Covey) 박사는 그의 저서《성공하는 사람들의 7가지 습관(The 7 habits of highly effective people)》에서 '주도적이 될 것(Be proactive)'을 제1의 습관으로 꼽았다. 성공적인 삶을 살기 위해서는 반드시 자기 자신이 주체가 되어야 하며, 나머지 6가지 습관도 자기 자신이 삶의 주체가 되어 행동을 해야만 얻을 수 있다는 것이 코비 박사의 주장이다.

보다 성공적인 삶을 살기 위해서는 주도적인 가치관의 확립이 매우 중요한데, 적지 않은 수의 사람들이 주도적인 가치관보다는 피동적인 가치관에 의존하여 직장생활을 하고 있는 듯하다. 어떠한 가치관을 갖느냐에 따라 직업을 선택하는 주체가 달라지기도 하고, 직장생활의 목적이 달라지기도 한다. 주도적인 가치관하에서는 직업을 선택하고 정리하는 주체가 바로 '나 자신'이지만, 피동적인 가치관 하에서는 그 주체가 '기업'이다. 주도적인 가치관을 갖고 있는 사람들의 경우 '자아실현'이 직장생활의 목적인 반면, 피동적인 가치관을 갖고 있는 사람들에게 있어서 직장생활의 목적은 그저 '먹고살기 위함'에 불과하다. 주도적인 가치관이 확립되어 있는 직장인들은 '어떻게 하면 조직에 더 기여할 수 있을까?' '어떻게 하면 조직과 함께 더 성장할 수 있을까?'에 대한 연구를 하는 반면, 피동적인 가치관의 지배를 받는 사람들은 '회사로부터 무엇을 더 얻어 낼 수 있을까?' '회사에서는 언제 구조조정을 할 것인가?' 하는 생각에 더 몰두한다. 주도적인 가치관하에 직장생활을 하는 사람들에게는 언제나 '성장과 발전'이 주요 관심사인 반면, 피동적인 가치관 하에 직장생활을 하는 사람들에게는 항상 '직장상사에게 잘 보이는 것'이 주요 관심사인 것이다. 의사결정을 내리는 과정에서도 주도적으로 일하는 사람은 '성과를 더 높일 수 있는 방법'을 중요한 요소로 생각하지만, 피동적으로 일하는 사람은 '직장상사가 원하는 방법'을 더 중요한 생각한다.

'주도적으로 생각하고, 주도적으로 행동하며, 주도적으로 자기계발을 하는 사람들이 결국은 성공한다'라는 의견에 반론을 제기하는 사람들이 많지 않을 것이다. 그럼에도 불구하고 적지 않은 수의 사람들이 피동적인 가치관하에 직장생활을 하는 이유는 무엇일까? 여러 가지 이유가 있을 수 있겠지만, '혹시 조직에서 왕따를 당하지 않을까?' 하는 두려움이 의식저변에서 작용하고 있기 때문이다. 상사가 따라 주는 술을 거절하지 못하고 억지로 마시는 경우, 별로 친하지 않는 직장 동료의 결혼식에 예의상 참석해야 하는 경우, 최신 유행하는 스타일에 관심을 가져야 하고 인기 연예인의 뉴스에 귀를 기울여야 하는 경우' 기타 등등의 생활패턴이 '왕따에 대한 두려움'과는 전혀 무관하다고 그 누가 자신 있게 말할 수 있으리오.

그대가 이미 영어 사냥을 본격적으로 시작하기로 굳은 결심을 했다면, 조직에서 어느 정도 왕따 당하는 것을 두려워해서는 안 된다. 왕따라고 해서 다 같은 왕따가 아니다. 왕따에는 나를 더 성장시키고 발전시키는 '긍정적인 왕따'가 있고, 나에게 고통을 주고 퇴보적인 삶을 살게 만드는 '부정적인 왕따'가 있다. 긍정적인 왕따는 나를 더 계발시킬 수 있는 시간과 에너지를 주지만, 부정적인 왕따는 삶의 의욕을 꺾고 에너지를 빼앗아 갈 뿐이다. 비록 똑같이 혼자 있는 시간이라 할지라도 긍정적인 왕따는 나에게 고독의 시간을 주지만, 부정적인 왕따는 나에게 외로움을 준다. '고독이나 외로움이 그게 그거 아니냐?'라고 의문을 제기하는 독자가 있을 수도 있겠지만, 전문가들이 말하는 고독과 외로움에는 분명한 차이가 있다.

외로움의 영어식 표현은 loneliness이고, 고독의 영어식 표현은 solitude이다. 외로움(loneliness)은 '상대방의 부재를 느끼는 상태, 또는 사람들과 함께 있어도 심리적으로 혼자인 상태'를 의미한다. 반면에 고독(solitude)은 '혼자 있어도 상대방의 부재를 느끼지 못하고, 심리적으로 자유로움을 즐기는 상태'를 뜻한다. 따라서 고독은 우리에게 명상의 시간을 통해서 자아를 발견하게 도와주고, 삶의 목적과 방향을 재정립할 수 있는 기회를 제공해 준다. 또한 고독은 우리에게 대자연의 아름다움을 감상할 수 있는 시간을 주고, 보다 성장하고 발전하는 삶을 위한 자기계발의 기회를 준다. 하지만, 외로움은 내적 연약함에 기인한 것이다. 그 외로움 때문에 스스로 우울한 상황을 만들어 내고, 그 상황이 지속적으로 반복될 경우 심리적 질병을 얻게 된다. 따라서 고독은 '긍정적인 왕따', 외로움은 '부정적인 왕따'와 깊은 연관성이 있는 것이다.

'오늘 밤 퇴근길에 한잔하자'라는 동료들의 제안을 반복적으로 거절하게 되면 어느 시점에 가서는 더 이상 술자리에 부르지 않는다. 동호회에서 맡은 바 역할을 충실하게 하지 않으면 언젠가는 퇴출될 수도 있다. 100만 명 이상의 관객을 끌어 모은 최신 영화, 또는 최고의 시청률을 기록중인 TV드라마를 안 보게 되면 '아웃싸(outsider)' 취급받는다. 이렇듯 남들이 나에게 요구하는 시간을 주지 않으면, 또는 남들이 일반적으로 하는 생활패턴을 따라가지 않으면 조직에서 왕따를 당하게 될 가능성이 매우 높다. 하지만, 앞에서도 수차례 반복해서 강조했듯이, 영어 사냥을 제대로 하기 위해서는 엄청난 양의 시간이 필요하다. 언어의 습득을 위해 기본적으로 필요한 시간만 3천 시간이다. 이 시간을 채우고 난 이후에도 영어에 지속적으로 노출을 해야만 중급이나 상급 수준의 영어 실력을 갖추게 되는 것이다. 술자리에서 왕따를 당하지 않고서는 해낼 재간이 없다는 이야기다. 시시콜콜한 잡담을 주고받는 모임에서 왕따를 당하지 않고서 대체 무슨 수로 그 많은 시간들을 확보할 수 있다는 말인가?

　미움받는 용기보다 더 중요한 것이 바로 거절하는 용기이다. '미움을 받는다'는 것은 수동적인 표현으로 나 아닌 다른 사람이 주체가 되지만, '거절을 한다'라는 것은 능동적인 표현으로 다른 사람이 아닌 내가 행동의 주체가 된다. 따라서 삶을 주도적으로 살아가는 사람들은 자신의 시간을 필요로 하는 상대방의 요구나 부탁을 정중하게 거절하는 습관이 몸에 배어 있다. 남이 아닌 자신의 인생을 살아가기 위해서는 무엇보다 '시간'이 가장 중요한 자산임을 그들은 잘 알고 있기 때문이다.

　언젠가 "나는 1년에 백 번도 넘게 장례식장에 갑니다"라며 지인의 애경사에 빠짐없이 참석하는 것에 대해 매우 자랑스럽게 말하는 어느 직원의 이야기를 들었던 기억이 난다. 같은 조직에 몸담으면서 그의 생활패턴을 자연스럽게 관찰할 기회가 있었는데, 그는 언제나 남의 눈치를 보고, 항상 상사의 비위를 맞추려고 애를 쓰며, 사람들과의 네트워크 형성을 위해 각종 모임이나 술자리에 빠짐없이 참석하는 스타일이었다. 나중에 알게 되었지만, 그는 여러 면에서 실력과 역량이 크게 부족한 사람이었다. 실력이 없으니 자신감도 없고, 자신감이 없으니 자신의 인생을 남에게 의존하면서 살아가는 삶의 패턴을 유지하게 된 것이다.

　영어도 실력이다. 영어든 기술이든 그 무엇이든, 나에게 실력이 부족하면 내가 아닌 남의 인생을 살아가게 되어 있다. 나의 꿈이 아닌 남이 만들어 놓은 꿈을 좇아갈 수밖에 없고, 건강이 좋지 않음에도 불구하고 상사가 따라 주는 술을 억지로 들이킬 수밖에 없는 것이다. 내 인생의 비전과 중장기 계획이 없는 상태에서 부고나 청첩장을 받게 되면, 소중한 일들을 뒤로 미루거나 자기계발의 과정을 중단한 채 장례식장이나 결혼식장으로 향하기 십상이다.

엄청난 양의 시간을 필요로 영어를 제대로 사냥하기 위해서는 술자리, 동호회 등 각종 모임에서 왕따를 당하라. 조직에서 왕따 당하는 것이 두려운 나머지 이 자리 저 자리 열심히 쫓아다녀 봐야 별 볼일 없다. 그 순간에는 소속감도 느끼고 심리적으로 위안도 얻을 수 있겠지만, 인생 전체를 놓고 볼 때는 손해임이 분명하다. 나만의 주특기를 계발하고, 남과 차별화할 수 필살기를 장착할 때까지, 그리고 글로벌 무대에서 소통할 정도로의 영어 실력을 쌓기 전까지는 왕따를 두려워하지 말라. 차라리 과감하게 왕따를 당하라. 그 과정에서 그대를 미워하는 자(者)들도 만날 것이고, 양해해 주는 분들도 만날 것이다. 긍정적인 왕따는 그대에게 적잖은 양의 시간을 가져다줌으로써 어제보다는 오늘, 오늘보다는 내일 더 나은 그대가 될 수 있도록 도와줄 것이다. 만약 그대가 더 이상 왕따를 두려워하지 않겠다는 굳은 각오를 했다면, 이제부터는 그대 자신에게 다음과 같은 약속을 해야만 한다.

'나는 이제부터 더 이상 남의 인생을 살지 않겠다. 보다 더 성장하는 삶을 살기 위해서 1초라도 아껴 쓰겠다. 내가 꼭 참석을 해야 하는 자리에만 가고, 나머지는 부의금이나 축의금으로 대신하겠다.'

그저 들러리로 와 달라는 부탁을 받거나, 혹은 굳이 안 가도 될 자리에 초대를 받거든 이렇게 말하라. "귀한 자리에 초대해 주셔서 대단히 감사합니다. 그런데 죄송해서 어떡하죠? 다음 주말에 정말 중요한 선약이 있어서요."

약속은 꼭 다른 사람하고만 하는 것인가? 그대는 이미 그대 자신에게 '이제 더 이상 남의 인생을 살지 않겠다'라는 약속을 했고, 다음 주말에는 4시간 동안 영어 학습에 몰두하기로 한 그대와의 선약이 있는 것이다. 이 세상에서 가장 중요한 약속은 그대 자신과 하는 약속임을 기억하기 바란다.

9

'순수 토종을 위한 3단계 학습법'으로 도전하라

"한국인들이 영어를 못하는 이유는 바로 영어식 사고를 안 한다는 거예요. 영어를 잘하려면 영국 사람이나 미국 사람처럼 생각을 해야 제대로 된 영어를 할 수 있는데, 자꾸만 한국식 사고방식으로 영어를 하려고 하니까 잘 못하는 거예요."

아주 오래전에 재미교포 출신 영어 강사로부터 들었던 이야기다. 아마 적잖은 독자들도 '영국인이나 미국인처럼 생각을 해야 영어를 잘할 수 있다'는 말을 한 번쯤 들어 봤을 것이다. 이렇게 억지 주장을 하는 사람들의 공통된 특징이 몇 가지 있는데, 그중 하나는 그들 대부분은 어릴 적 가족과 함께 영어를 모국어로 사용하는 국가로 이민을 가서 영어권 문화에 익숙한 사람들이라는 것, 그리고 다른 하나는 외국어 학습에 대한 개념이 전혀 없는 사람들이라는 것이다. 한국인 부모 사이에서 태어나 한국에서 자랐고, 한국인 친구들과 함께 놀았고, 한국인 교사들로부터 수업을 받았으며, 머리털 나고 지금까지 줄곧 한국말을 쓰면서 지냈는데, 아니 도대체 어떻게 미국 사람처럼 생각을 하라는 말인가?

영어권 국가에 조기유학을 다녀오거나 오랜 이민 생활 끝에 다시 고국으로 돌아온 사람들 중에 영어 좀 한다는 것이 무슨 대단한 능력쯤으로 착각을 하고, 영어 학습에 대해 이러쿵저러쿵 떠벌리는 사람들을 경계할 필요가 있다. 그렇게 능력이 많은 사람 같으면 영국이나 미국에서 자리 잡고 달러나 좀 벌어 오시지, 왜 한국에 돌아와서는 이 학원 저 학원 기웃거리며 일자리를 구하는 신세가 되었느냐 말이다. 물론 그들이 다 무능하다는 것도, 그들의 주장이 다 틀렸다는 것도 아니다. 단지 내가 열받아하는 것은, 그들이 무심코 내뱉는 잘못된 영어 학습법 때문에 수많은 우리나라 사람들이 영어 사냥에 도전했다가 실패하고 또 도전했다가 실패하고를 반복하면서 귀중한 시간과 에너지를 낭비하고 있다는 사실이다.

나는 지금까지 오십 평생 살아오면서 영어를 못하는 한국 사람을 단 한 명도 만나 본 적이 없다. 우리나라 사람들은 단지 영어를 안 할 뿐, 영어를 못하는 것이 결코 아니다. 버스(Bus)도 커피(Coffee)도 스포츠(Sports)도 스트레스(Stress)도 모두 영어에서 온 표현이지만, 우리나라 모든 국민들이 거의 매일 자연스럽게 사용하고 있는 외래어가 아니던가? 우리말과 외래어만 제대로 학습하면 대한민국에서 먹고사는 데에 전혀 지장이 없고, 해외에 관광을 가면 통역은 가이드에게 맡기면 되는 거고, 외국인과 비즈니스를 하게 될 경우에는 통역사 고용하면 되지 않는가 말이다. 하지만, 우리에게 영어를 습득해야 하는 분명한 이유가 있고, 영어를 습득함으로써 우리가 얻게 되는 가치가 있을 경우 우리는 우리의 선택에 의해서 영어를 학습하게 되는 것이다. 영어를 모국어로 사용하는 사람들마저도 이제 더 이상 "영어할 줄 아세요?(Can you speak English?)"라고 물어보지 않는다. 글로벌 문화에 대해서 배워 본 적이 전혀 없는 무식한 사람들이나 그렇게 묻는 것이지, 제대로 교육을 받은 사람이라면 "영어 사용하세요?(Do you speak English?)"라는 표현으로 말을 걸어오게 되어 있다.

대한민국에서 한국인 부모 사이에서 태어나 한국인들이 다니는 학교에 다니면서 영어를 배운다는 것은 결코 만만한 일이 아니다. 특히 우리나라에서 성인이 되어 외국어를 습득한다는 것은 참으로 도전적인 일이 아닐 수 없다. 그러나 우리가 한 가지 확실하게 인지를 하고 넘어가야 하는 것은, 영어라는 언어가 우리가 계속 도전과 실패를 반복하면서 인생의 귀중한 시간을 허비할 만큼 가치가 있는 것이 결코 아니라는 것이다. 따라서 영어는 한 번 도전해서 바로 성공을 해야 하는 것쯤으로 생각을 해야만 한다. 영국이나 미국에서 태어난 사람들은 그들에게 맞는 영어 학습법이 있고, 인도나 필리핀에서 태어난 사람들에게 맞는 영어 학습법이 있듯이, 대한민국에서 태어난 사람들, 특히 성인이 되어 영어를 습득하고자 하는 우리들에게는 우리에게 맞는 학습법이 별도로 있는 것이다.

'영어 원서 몇 권만 달달 외워라' '매일 CNN을 시청하라' '영자 신문만 보면 된다' '무슨 대학 출신 몇 명이 만든 영어 교재로 공부하라' '특허받은 영어 학습법으로 공부하라' 등 영어 학습에 무슨 만병통치약이라도 있는 듯 저마다 목청을 높여 대고 있다. 이제부터는 '영어, 이거 하나면 된다'라는 광고 문구를 접하게 되면 시선을 속히 다른 곳으로 돌리기 바란다. 허풍을 넘어 거짓말에 가깝기 때문이다. 일평생 영어를 사용하지 않던 사람이 주구장창 CNN만 틀어 놓는다고 해서, 기초적인 어휘력이 부재한 상태에서 무조건 영자 신문만 본다고 해서, 명문대학을 졸업한 사람이 만든 영어 교재로 공부한다고 해서, 혹은 유명한 영어 학원에만 다닌다고 영어가 잘될 것이라는 기대는 이제부터는 아예 접어야 한다. 그 대신, 나의 수준에 맞는 영어 교재를 선택하고, 나의 상황에 맞는 학습 시간을 선택하며, 순수 토종에 맞는 학습법을 단계적으로 익혀야 한다.

다음에서 소개하는 '순수 토종을 위한 3단계 학습법'은 대한민국에서 태어나 성인이 된 사람들 가운데 지금까지 주로 한국말만 사용해 온 사람들, 영어는 중고등학교 시절에 배운 게 거의 전부인 사람들, 지금까지는 영어와 담을 쌓고 지내왔지만 영어를 해야 하는 분명한 목표가 있기에 영어 사냥을 막 시작하려고 하는 사람들, 비싼 달러 싸 들고 영어권 국가로 어학연수 갈 필요 없이 우리나라에서 영어를 습득하고자 하는 사람들, 학업이나 직장생활을 유지하면서 자투리 시간을 활용하여 영어를 마스터하고자 하는 사람들, 그리고 돈 들이지 않고 거의 공짜로 영어를 습득하기 희망하는 사람들을 위한 코너이다. 또한 '순수 토종을 위한 3단계 학습법'은 지난 몇 년 동안 경영대학원에서 MBA과정을 수강하는 직장인들을 상대로 실험을 한 결과 학습자의 목표가 분명하고 의지가 확고한 경우 매우 효과가 있음을 알게 되었으며, 여기에 소개되는 글은 필자가 몇 년 전 다른 저서를 통해 발표했던 내용에서 상당 부분 인용하였음을 미리 밝혀 둔다.

• STEP 1(입문단계)

- 학습목표

외국인에게 영어로 나와 내 가족을 소개할 수 있으며, 취미 혹은 날씨 등 단편적인 것들을 소재로 한 영어 회화가 가능하다.

- 학습방법

① 중학교 영어 교과서, 혹은 이와 비슷한 수준의 영어 교재를 구한다. 영어로만 되어 있는 교재보다는 단어와 숙어, 그리고 문장에 대한 해설이 한글로 자세하게 설명되어 있는 교재가 적절하다. 교재에 나와 있는 영어문장 전체를 빠짐없이 읽고, 읽고, 또 읽는다. 소리 내서 읽는 게 더 효과적이고, 읽고 난 다음 그 문장들을 노트에 하나씩 써 보는 게 더 효과적이다. 교재에 나온 문장들을 영한 한영으로 전환하는 훈련을 하루도 빠짐없이 해야 한다. 첫 단어만 보고도 외웠던 문장 전체를 더듬지 않고 70% 이상을 말할 수 있으면 다른 교재로 넘어가도 좋다. 비슷한 수준의 교재를 최소한 세 권 이상 확보한 후 학습하기를 권한다.

② 매일 아침 EBS 라디오에서 진행되는 〈Easy English〉를 청취한다 (모든 프로그램은 방송국 사정에 따라서 변경될 수 있으므로 이와 유사한 프로그램이라고 생각해 주길 바란다). 이 프로그램은 영어왕초

보가 영어에 입문을 쉽게 하도록 도와줄 것이다. 이 프로그램에서는 한국인 강사와 외국인 강사가 동시에 출연하여 일상생활에 필요한 아주 기본적인 영어 표현들을 재미있게 가르쳐 준다. 가능하면 녹음을 해서 점심식사 후에 한 번, 그리고 퇴근 길에 한 번 더 듣고, 주말에는 1주일 분량을 한 번 더 들어서 복습을 하기를 권한다.

③ 1일 10개 이상의 단어 혹은 숙어를 반드시 외워야 한다. 시중에 나와 있는 초급자용 혹은 중고등학생용 단어장을 구입해서 항상 휴대하고 다니면서 틈만 나면 외워야 한다. 가급적 네이티브 스피커(native speaker)가 직접 녹음한 원음파일이 함께 제공되는 교재가 효과적이다. 또한, 단어만 개별적으로 외우려고 할 경우 제대로 암기하지 못할 가능성이 높다. 따라서 두세 개의 단어를 이어서 외울 수 있도록 노력해야 한다. 예를 들어 flower(꽃)이라는 단어를 개별적으로 외우기보다는 beautiful flower(아름다운 꽃)로 우는 게 좋은데, 이때 단어에 들어 있는 모양이나 뜻을 연상하면서 암기를 하는 것이 효과적이다. 또한 다른 뜻을 가진 두 개 이상의 단어가 조합하여 새로운 뜻을 만들어 내는 관용 표현의 경우 묻지도 따지지도 말고 그냥 외워야 한다.

④ EBS TV, 혹은 케이블 교육방송 프로그램 가운데 학습자가 쉽게 따라갈 수 있는 영어 회화 프로그램 1~2개를 시청한다. 가능하면 예약 녹화 기능을 최대한 활용하고, 퇴근 후 이 녹화된 프로그램을 반복 시청한다. 주말에 1주일분을 연속으로 시청하게 되면 학습효과를 배가

시킬 수가 있다.

• STEP 2(성장 단계)

- 학습목표

외국인과 다양한 주제로 대화를 나눌 수 있으며, 학습자의 감정과 의지를 상대방에게 영어로 분명하게 전달할 수 있는 수준에 도달한다.

- 학습방법

① 고등학교 교과서, 혹은 이와 비슷한 수준의 영어 교재를 구한다. 토론 관련 교재, 영한대역문고 등도 권장할 만하다. 이때부터의 모든 교재는 교재의 내용이 녹음된 CD, 혹은 MP3 파일이 지원되는 것을 구한다. 청취 훈련과 독해 훈련이 동시에 병행되어야 하기 때문이다.

② Vocabulary 22,000 수준의 어휘를 완전히 외워야 하고, 아울러 관용 표현의 범위도 500개~700개 수준으로 늘려야 한다. 별도의 단어장을 만들어 학습자에게 익숙하지 않은 단어와 숙어, 그리고 관용 표현들을 빼곡히 적어 놓고 틈만 나면 외워야 한다. 이제부터는 단어와 숙어를 하나하나씩 외우지 말고, 반드시 문장 속에 삽입하여 그 문장을 통째로 암기하는 훈련을 해야 한다. 예컨대, 'arduous'라는 단어는 very hard or very difficult(아주 힘이 드는)의 의미를 갖고 있는데, 'arduous=아주 힘 드는' 이런 식으로 외우지 말고, 'This is an arduous task for me(이것은 나에게 아주 힘든 업무다).' 이런 식으로 쉬운 예문을 하나 만들어 그 문장을 통째로 암기하는 훈련을 해야 한다.

③ 매일 아침에 방송되는 EBS 라디오의 〈입이 트이는 영어(입트영)〉와 〈귀가 트이는 영어(귀트영)〉를 청취한다. 특히 〈입이 트이는 영어(입트영)〉에서는 매일 주제를 달리하여 원어민끼리의 대화를 들려주고, 그 대화 가운데 사용된 단어와 숙어, 관용 표현, 속담, 발음까지도 아주 상세하게 설명해 준다. 또한, 〈입이 트이는 영어(입트영)〉와 〈귀가 트이는 영어(귀트영)〉는 한 번 듣고 버리기에는 아까운 표현들이 너무 많은 관계로 반드시 녹음을 해 두었다가 하루에 2~3회씩 반복해서 듣기를 권한다. 녹음하기 어려운 경우 EBS의 홈페이지에서 '반디'라는 어플리케이션을 휴대폰에 설치한 다음 동일한 프로그램을 수차례 반복적으로 청취할 수 있어야 한다.

④ 아리랑TV 뉴스를 반복 시청한다. 인터넷에서는 영문 뉴스 대본을 제공하는데, 처음 뉴스를 시청할 때는 영어 대본을 보지 않고, 전체적인 내용을 파악하는 데에만 집중해서 시청한다. 두 번 째 시청할 때는 영어 대본을 보면서 아나운서의 멘트를 따라 읽는 훈련을 한다. 마지막으로 뉴스를 한 번 더 재생하여 영어 대본 없이 한 번 더 시청한다.

⑤ STEP 2부터는 영자 신문과 조금씩 친해지려는 훈련을 해야 한다. 〈The Korea Times〉와 〈The Korea Herald〉는 매일 책 한 권 분량

의 기사와 함께 학습지까지 제공한다. 영자 신문이 좀 부담스럽게 느껴지는 학습자는 우선 영자 신문과 함께 딸려 오는 간지부터 공부하는 것도 추천할 만한 방법이다. 기사에 대한 우리말 해설, 문법, 어휘, 등이 풍부하게 실려 있는 간지를 한 달간 모으면 웬만한 영어 교재로서의 손색이 없다. 이 간지를 안주머니나 수첩 속에 넣고 다니다가 자투리 시간에 틈틈이 학습하는 습관을 길러야 한다. 영자 신문에서 가장 부담 없이 읽을 수 있는 부분이 칼럼인데, 특히 〈The Korea Times〉의 'Dear Abby' 또는 〈The Korea Herald〉의 'Dear Annie'를 꾸준히 읽기를 권한다. 이 칼럼들을 계속 읽다 보면 다양한 영어 표현과 함께 미국인들의 생활양식, 사고방식, 가치관, 등에 대해서 폭넓게 이해할 수 있는 계기가 된다.

• STEP 3(성숙 단계)

- 학습목표

독해 및 청취 훈련을 강화하여 보다 수준 높은 영어를 구사하며, 특히 외국인들과 함께 업무를 진행할 수 있는 수준에까지 도달한다.

- 학습방법

① STEP 3에서는 상급 코스로 도약하는 단계이기 때문에 더 다양하고 더 많은 종류의 교재와 함께 영어 원서를 꾸준히 읽는 훈련을 해야 한다. 본격적인 훈련에 앞서서 STEP 2에서 학습했던 교재들을 복습하는 차원에서 한 번씩 훑어보는 게 좋다. 성장 단계에서 녹음하여 들었

던 각종 프로그램들을 날 잡아서 처음부터 끝까지 듣고 따라 말해 보는 연습이 필요하다. 좀 더 난해하다고 생각되는 교재, 다양한 분야의 교재를 선택하기를 권한다. 프레젠테이션, 관용 표현, 속담, 이메일, 무역서신, 인터뷰, 외국인 회사, 영어 면접 등 다양한 분야에 대해 내용들이 풍부한 교재들이 좋다.

② Vocabulary 33,000 같은 교재를 통하여 어휘력을 최대한 늘려야 한다. 영한사전보다는 영영사전 또는 영영한 사전을 통하여 새로운 단어와 숙어들을 최대한 많이 익히길 권한다. Idiom Dictionary 혹은 관용 표현 교재에 소개되어 있는 다양한 표현들을 예문과 함께 꾸준히 학습해 나가야 한다.

③ CNN, BBC, 아리랑TV 등 영어 방송 채널에 보다 많은 시간을 할애해야 한다. 여러 프로그램을 1회씩 시청하기보다는 하나의 프로그램을 녹화하거나 방송국 홈페이지에 방문하여 여러 번 보면서 따라 말해 보는 연습을 꾸준히 해야 한다. 영어 방송이 너무 어렵게만 느껴지는 학습자는 영어 학원에서 2~3개월 정도 청취반 강의(CNN반 등)를 수강함으로써 영어 방송에 대한 청취 요령을 터득하거나, 영어 방송만을 전문적으로 하는 학습지를 정기구독하면서 영어 방송 프로그램들과 친숙해지는 계기를 만드는 것도 좋은 방법이다.

④ 영어를 모국어로 사용하는 사람들과의 대화하는 기회를 자주 갖고 독해와 청취 훈련과 함께 말하기 훈련에도 많은 시간을 할애해야

한다. Speaking Practice(말하기 훈련)를 3단계부터 강조하는 이유가 있다. 읽고 듣는 훈련이 제대로 되어 있지 않은 상태에서 말하기 연습에 많은 시간을 쏟는 것은 단지 심리적인 위안만 될 뿐, 체계적인 영어 학습에는 거의 도움이 되지 않는다. 풍부한 어휘와 다양한 표현들이 우리 뇌의 주기억장치 속에 저장되어 있지 않다면, 유창한 영어를 구사하기란 거의 불가능하다는 이야기다.

자연스럽게 외국인 친구를 사귀거나 혹은 외국인에게 한국말을 가르치는 기회를 갖게 되면 비교적 짧은 시간에 충분한 학습효과를 볼 수 있다. 하지만, 여건상 외국인과 자주 접촉할 수 없는 환경이라면 영어 회화 학원에 등록해 원어민 강사의 도움을 받기 바란다. 한국에 거주 하는 외국인 강사의 수가 날이 갈수록 늘고 있으며, 이들에게 약간의 정성과 관심만 보인다면 추가 비용 없이 얼마든지 말하기 훈련을 할 수 있다.

⑤ 한국어 방송보다는 영어 방송에, 한글로 된 일간지보다는 영자 신문에 더 많은 시간을 분배해야 한다. 영자 신문을 읽을 때는 읽기 쉬운 칼럼에 그치지 말고, 사설, 정치, 경제면 등에 균등한 시간을 배분하여 영어로 다양한 정보를 수집하기를 바란다. 또한 3단계부터는 영한 대역 문고보다는 원서를 가급적 많이 읽어야 한다. 《The Seven Habits of Highly Effective People》(Stephen R. Covey), 《What Matters Most》(Hyrum W. Smith), 《Rich Dad Poor Dad》(Robert T. Kiyosaki), 《How to Become a Rainmaker》(Jeffrey J. Fox), 《Become a better you》(Joel Osteen), 《How to simplify your life》(Tiki

당신이 먼저 **회사를 잘라라**

Justenmacher), 《Don't sweat the small stuff》(Richard Carlson)과 같은 자기계발서나 《Straight From The Gut》(Jack Welch), 《My way》(Bill Clinton), 《My American Journey》(Colin Powell)와 같은 자서전류를 권하고 싶다. 같은 내용의 책이라 할지라도 영문 원서 한 권을 읽는 데에 걸리는 시간이 어쩌면 국문 도서보다 두세 배 이상 걸릴지도 모른다. 하지만 일단 원서를 집어 들었을 때는 세 번쯤 읽겠다는 각오로 덤벼들어야 한다. 첫 번째 읽을 때는 읽다가 모르는 단어가 나오더라도 그저 연필로 밑줄만 그어 두고 넘어가야 한다. 그저 대의만 파악하고 넘어가지 않으면, 한 권 읽는 데 몇 개월이 걸릴지 알 수가 없다. 두 번째 읽을 때는 단어 하나하나를 영영사전 혹은 영영한사전을 이용해 찾아서 책에 노트하고, 국문 번역서와 한 줄 한 줄 비교해 가면서 읽기를 바란다. 이렇게 한 권을 꼼꼼하게 다 읽고 나면 뿌듯한 마음도 들겠지만, 그 책의 표지만 봐도 질려 버리는 상황을 경험하게 될 것이다. 하지만, 그렇다고 곧바로 다른 책으로 넘어가지 말고, 반드시 다시 한번 더 읽어서 그 책에 들어 있는 다양한 표현들을 완전히 숙지하기를 권한다. 반복 학습이 그만큼 중요하기 때문이다.

10

두려움을 비전으로 바꿔라

세계적인 엔터테인먼트 기업 MGM 그룹의 회장 겸 최고경영자로
근무했던 알렉스 예메니지언(Alex Yemenidjian). 아르헨티나에서 태
어난 그는 10대에 가족과 함께 미국으로 건너가서 아메리칸 드림을
실현시킨 인물로 잘 알려져 있다. 어느 방송국의 토크 쇼 프로그램에
초대를 받은 그에게 진행자가 이렇게 물었다. "예메니지언 회장님, 단
도직입적으로 여쭤보겠습니다. 성공의 비결이 뭡니까?" 순간 방송국
의 스튜디오는 적막감이 느껴질 정도로 조용했다. 스튜디오의 객석은
미래의 경영자를 꿈꾸는 젊은 직장인들로 가득 차 있었고, 그들은 세
계적인 경영자로부터 '성공의 비결'을 직접 듣게 되었다는 사실에 무
척이나 고무되어 있었다. 진행자의 갑작스런 질문에 잠시 머뭇거리던
예메니지언 회장은 한 개의 단어를 툭 내뱉듯 말했는데, 순간 카메라
는 의아해하는 방청객의 얼굴들을 클로즈업하기 시작했다. 당시 집에
서 TV로 그 프로그램을 시청 중이던 필자 역시 고개를 갸우뚱거렸다.
그가 했던 말은 다름 아닌 "Fear(두려움)"였다. "아니 두려움 때문에 성
공했다니요?" 멋쩍은 웃음을 지으며 '좀 더 구체적으로 말해 달라'는

진행자의 요청에 그의 설명이 이어졌다.

그의 아버지는 아르헨티나의 수도 부에노스 아이레스에서 구두를 만들어 생계를 이어 나갔다. 가난에 찌들었던 그의 가족은 그가 중학교에 들어갈 때쯤 미국으로 이민을 갔는데, 미국이라는 낯선 땅에 도착한 첫날부터 그는 매일같이 두려움을 느꼈다. 무엇보다 언어 장벽이 가장 큰 문제였다. 갑작스런 이민으로 영어에 대한 준비가 전혀 되지 않았고, 학교에서는 영어 때문에 동급생들로부터 놀림을 받기 일쑤였다. 그 상태로는 고등학교도 제대로 마칠 수 없을 것 같은 두려운 마음이 들었다. 캘리포니아 주립대학에 들어가서 회계학을 공부할 때도 늘 두려움이 그를 따라다녔다. 가난한 이민자의 집안으로 하루하루 생계를 이어 나가기에도 벅찬데, 대학을 졸업해서 제대로 된 직장을 구할 수 있을지에 대한 두려움이 시도 때도 없이 그를 괴롭혔다. 그런데 어느 날, 그는 두려움(fear)을 비전(vision)으로 바꾸기로 결심했다. 그에게 두려움이 소리 없이 찾아올 때마다 그는 더 배우고 성장하기 위해서 책을 가까이했다. 시시각각으로 찾아오는 두려움을 이겨 내기 위해서 배움의 끈을 놓지 않았고, 언제 다시 찾아올지 모르는 그 두려움 때문에 1분 1초를 아껴 썼다. 그 두려움에 굴복하지 않으려고 자기 관리를 철저히 했고, 그 두려움을 비전으로 바꾸기 위해서 남다른 노력을 기울여 왔다. 그렇게 10년이 지나고, 20년이 지났다. 그리고 나중에 알게 되었다. 그가 미국에서 성공할 수 있었던 비결은 다름 아닌 '두려움' 때문이었다는 것을.

필자는 회사의 사원에서부터 부서장, 임원, 그리고 회장에 이르기까지 우리나라에서 직장생활을 하고 있는 모든 사람들의 공통점 한 가지를 발견하게 되었다. 그들은 모두 매일같이 두려움을 느끼면서 직장생활을 하고 있다는 것이다. 이 사실은 필자가 회사원의 신분으로 직장생활을 할 때는 잘 몰랐지만, 경영대학원에서 MBA과정을 지도하는 교수로서 수많은 직장인들과의 대화를 통해서 알게 된 것이다. 대기업의 총수는 다를 것이라 생각했지만, 급변하는 경영환경 때문에 그에게도 수시로 두려움이 찾아온다는 이야기를 듣고 나서야 편견이 사라졌다. 혹시 지금 이 책을 읽고 있는 그대도 직장생활을 하는 동안 가끔 두려움을 느끼는가? 직장 내에서의 입지가 아직 확고하지 않음으로 인해 수시로 두려움에 시달리는가? 비록 지금은 잘나가고 있지만, 언젠가 구조조정의 대상에 포함되지는 않을까 하는 두려운 마음이 드는가? 팬데믹 상황이 언제 어떻게 다시 시작될지 두려운가? 만약 그대가 불확실한 미래 때문에 시도 때도 없이 두려움을 느끼며 직장생활을 하고 있다면, 그대는 지극히 정상적인 직장인임이 분명하다. 바로 이 대목에서 우리가 함께 생각해 봐야 하는 중요한 문제는, '두려움이 갖고 있는 엄청난 양의 에너지를 어떻게 활용할 것인가?' 하는 것이다.

　인생은 선택의 연속이다. 우리는 이제 두려움을 비전으로 바꾸기 위해 새로운 선택을 해야만 한다. 두려움에 압도당하여 넓은 문으로 들어갈 것인가? 그렇지 않으면, 두려움을 활용하여 좁은 문으로 들어갈 것인가? 만약 그대가 많은 사람들이 선호하는 넓은 문을 선택한다면. 그대는 순간적인 즐거움과 안락함, 그리고 심리적인 위안을 얻을 수 있을 것이다. 왜냐하면 두려움이 몰려오면 사람들은 대개 그 두려움을 떨쳐내기 위해 좀 더 재미있고, 좀 더 자극적이고, 좀 더 시간을 빨리 죽일 수 있는 것들을 함께 찾아다니는 성향이 있기 때문이다. 그래서 넓은 문으로 들어간 많은 사람들은 자신의 꿈을 좇기보다는 남이 만들어 놓은 꿈을 좇아 다니느라 그들의 소중한 시간을 허비하게 된다. 따라서 그들은 늘 유행에 민감하게 반응하고, 인기 있는 드라마를 놓치는 법이 없으며, 자신의 뉴스보다는 남의 뉴스에 더 많은 관심을 갖는 것이다.

만약 그대가 소수의 사람만이 선호하는 좁은 문을 선택한다면, 그 문은 화려해 보이지도 않고, 그 문을 통해 들어선 길도 평탄하지 않기 때문에 힘겨운 여정이 될 수 있다. 절벽에서 떨어지지 않기 위해 정신을 바짝 차려야 할 뿐만 아니라, 여기저기 깔려 있는 장애물들을 치워내느라 그대의 이마에는 구슬땀이 흘러내릴 것이다. 하지만, 그대가 좁은 문으로 들어가서 험난한 길을 계속 걸어가다 보면, 언젠가는 성공의 기쁨을 만끽하고 있는 그대의 모습을 발견하게 될 것이다. 어떻게 태어난 인생인데, 두렵고 겁이 난다는 이유로 도전을 멈출 수 있단 말인가? 시시각각으로 찾아오는 그 두려움 때문에 결코 좌절하거나 포기하지 말아야 한다. 오히려 그 두려움으로 인해 동기부여가 되어 보다 밝은 미래를 위해 오늘도 힘차게 정진해야만 한다.

참고문헌

강정범, 《세일즈 자존감》, 호이테북스.

로타르 J. 자이베르트, 《자이베르트 시간관리》, 한스미디어.

스티븐 코비, 《성공하는 사람들의 7가지 습관》, 김영사.

임규남, 《회사가 키워주는 신입사원의 비밀》, 위즈덤 하우스.

임규남, 《해외 영어연수 조기유학 독인가? 약인가?》, 종합출판.

임창희·홍용기, 《비즈니스 커뮤니케이션》, 비앤엠북스.

Adam Grant, 《Give and Take》, Penguin Books.

Cheryl Hamilton, 《Communicating for Results》, Cengage Learning.

Daniel Goleman, 《Emotional Intelligence》, Bantam Books.

Hyrum W. Smith, 《10 Natural Laws of Successful Time and Life Management》, Gimm-Young Publishers.

Jack Canfield·Mark V. Hansen/ Les Hewitt, 《The Power of Focus》, Health Communication.

James Semradek, 《7 Principles for Creating Your Future》, Executive Excellence Publishing.

Joel Osteen, 《Become a Better You》, Free Press.

John Slocum · Don Hellriegel, 《Principles of Organizational Behavior》, Cengage Learning.

Laurence J. Peter, 《The Peter Principle》, William Morrow & Co.

Malcolm Gladwell, 《Outliers》, Back Bay Books.

Nelson·Quick, 《ORGB》, Cengage Learning.

Richard Carlson, 《Don't Sweat the Small Stuff》, Hachette Books.

Tal Ben-Shahar, 《Happier》, McGraw-Hill Education.

William L. Gardner · Claudia C. Cogliser · Kelly M. Davis · Matthew P. Dickens, 《Authentic leadership》, The Leadership Quarterly.

| 감 사 의 편 지 |

　세상적인 기준으로 볼 때 저는 결코 독실한 크리스천은 아닌 듯합니다. 하지만, 저는 우주만물을 창조하시고 우리의 삶을 주관하시는 하나님을 믿는 사람입니다. 이 책을 포함하여 지금까지 제가 누려 온 모든 축복은 온전히 그분의 은혜임을 고백하며, 이 모든 영광을 하나님께 돌리고 싶습니다.

　어머니, 그리고 아버지. 하늘보다 더 높고 바다보다 더 깊은 사랑으로 저를 길러 주신 부모님께는 글로써 감사한 마음을 표현할 방법이 없네요. 그래서 그저 한 줄기의 눈물로 대신하고자 합니다. 진실된 신앙인의 모습을 보여 주신 장인어른과 장모님, 착하고 어진 아내, 믿음직하고 자랑스러운 아들, 언제나 든든한 버팀목이 되어 준 형제자매에게 마음속 깊은 곳에서 우러나오는 고마운 마음을 전합니다.

　직장에서 동고동락을 함께했던 동료와 선후배들, 그리고 경희대학교 국제캠퍼스에서 소중한 인연을 맺어 온 학생들의 얼굴 하나하나를 찬찬히 떠올리며 감사한 마음을 보냅니다. 아울러 제가 지은 책을 읽어 주시고, 보다 성장하고 발전하는 삶을 추구하시는 모든 독자님들에게도 깊은 감사의 말씀을 드립니다. 여러분의 앞날에 성공과 건강의 축복이 함께하기를 기원합니다.

임규남 올림

당신이
먼저
회사를
잘라라

ⓒ 임규남, 2021

초판 1쇄 발행 2021년 11월 1일
　　2쇄 발행 2021년 11월 19일

지은이　　임규남
펴낸이　　이기봉
편집　　　좋은땅 편집팀
펴낸곳　　도서출판 좋은땅
주소　　　서울특별시 마포구 양화로12길 26 지월드빌딩 (서교동 395-7)
전화　　　02)374-8616~7
팩스　　　02)374-8614
이메일　　gworldbook@naver.com
홈페이지　www.g-world.co.kr

ISBN　979-11-388-0318-2 (03190)